礼赞70年

从站起来、富起来到强起来

中国纪检监察报社
中央纪委国家监委网站　著

中国方正出版社

前　言

2019年是新中国成立70周年，也是中国共产党在全国执政70周年。70年来，在中国共产党坚强有力领导下，全党全国各族人民同心同德、艰苦奋斗，取得令人瞩目的伟大成就。特别是党的十八大以来，以习近平同志为核心的党中央统筹推进“五位一体”总体布局、协调推进“四个全面”战略布局，全面开创中国特色社会主义事业新局面，推动党和国家事业发生历史性变革、取得历史性成就，中华民族迎来了从站起来、富起来到强起来的伟大飞跃，迎来了实现伟大复兴的光明前景。

为生动反映70年来党和人民的奋斗实践，解读新中国70年历史性变革中所蕴藏的内在逻辑，阐述历史性成就背后的中国特色社会主义道路、理论、制度、文化优势，8月1日至9月27日，中国纪检监察报社、中央纪委国家监委网站聚焦中国共产党为什么“能”、马克思主义为什么“行”、中国特色社会主义为什么“好”，联合推出“礼赞70年”58篇系列报道。这组系列报道策划立意深远，彰显习近平新时代中国特色社会主义思想的真理伟力，思想深刻、导向鲜明；内容厚重大气，借助反映历史巨变的关键词，突出前后对比，展现辉煌历程；故事生动感人，运用“一滴水见太阳”的写作手法，见微知著、寓理于事；文风平实质朴，形式图文并重，精心选取一黑一彩两张配图，画面视角独特，深化了文章意蕴。

70年在人类历史长河中只是弹指一挥间，但对中国人民和中华民族来讲，这是沧桑巨变、换了人间的70年。“礼赞70年”系列报道正是描绘这个巨变的精彩篇章——这是一组有年代感的真实记录，这是一种引发共鸣的深沉情感，这是一份跨越时空的凝重思考。

现将系列报道汇集出版，以飨读者。

目　录

从站起来、富起来到强起来

聂新鑫

强起来，这就是今天全国各族人民对国家前途命运最热切的期望。“站起来”的中国，只有又“富”又“强”，才能真正巍然屹立于世界民族之林，为人类和平与发展作出更大贡献。

1949年春天，中国共产党人从河北平山西柏坡出发进京“赶考”。与此同时，分散在各地的民主党派代表、不同的人民团体代表以及社会知名人士响应共产党号召、克服各种阻力，相继赶赴北平。

初夏时节，政治协商会议的筹备工作正在紧张进行。此时的北平，还没有一个能够召开几百人会议的会场。中央决定这次会议在中南海怀仁堂举行，但怀仁堂是个很小的四合院，只好在四合院院子上盖上屋顶，把怀仁堂改造成会场。

9月21日，中国人民政治协商会议第一届全体会议开幕，各方代表包括候补代表共662人参加了会议。当天晚上，北平新华广播电台播出了毛泽东在大会上的开幕词。毛泽东用那浓重的湖南乡音坚定、有力地说道“占人类总数四分之一的中国人从此站起来了”。

在这次会议上，上海工人代表范小凤在发言中说：“今天我——一个年轻的女工，能够站在中国人民政治协商会议的讲台上来说话，这是5000年来中国历史上没有的事，我感到无上光荣！”少数民族代表张冲发言：“我们彝族一向受压迫，受歧视，人们叫我们做蛮子、猓猡，不当做人看待。但是，今天我们做了人，并且做了国家的主人，来参加这个中国历史上没有先例的大会。”

“我们的民族将再也不是一个被人侮辱的民族了，我们已经站起来了。”这是一个民族积聚百年的心声。

经历“倒下去”的怆痛，才能理解“站起来”的艰辛。

1949年10月1日，在开国大典上，毛泽东等领导同志检阅空中飞行编队。

2015年9月3日，中国人民抗日战争暨世界反法西斯战争胜利70周年纪念大会在北京隆重举行。这是航拍的直升机梯队飞过天安门广场。

殖民地，这个名词标记着中国人民不堪回首的痛苦记忆。1840年，中国开始走向半殖民地半封建社会的黑暗深渊。鸦片战争，英国只凭16艘军舰、一万多名士兵，就让清政府签订了丧权辱国的《南京条约》。到甲午战争结束，中国彻底沦为半殖民地半封建国家，战乱频仍、山河破碎、民不聊生。

为了摆脱这样的命运，无数志士仁人在黑暗中求索，各种主义“你方唱罢我登场”，但都没能解决中国的前途和命运问题。孙中山先生曾感叹，“中国纵有4万万人，一盘散沙而已”。

出生于1911年的季羡林，在他读中学的时候，还从来没有想到要做什么学者，当时唯一的目标和希望就是能抢到一只“饭碗”。而那时社会上能生产“铁饭碗”的如邮政局、铁路局、盐务稽核所，都掌握在不同国家的殖民者手中。之所以是“铁饭碗”，是因为在半殖民地的中国，不管“城头”怎么“变幻大王旗”，外国势力是谁也不敢碰的。

面对当时的状况，历史学家蒋廷黻在《中国近代史》一书中，发出了著名的蒋廷黻之问：近百年的中华民族根本只有一个问题，那就是中国人能近代化吗？能赶上西洋人吗？能利用科学和机械吗？能组织一个近现代的民族国家吗？能的话，我们的民族前途是光明的；不能的话，我们的民族是没有前途的。

俄国十月革命，让中国先进分子从马克思列宁主义的科学真理中看到了解决中国问题的出路。在马克思列宁主义同中国工人运动的结合过程中，中国共产党于1921年应运而生，给中华民族注入了全新的激情、尊严与血性。

中国共产党广泛团结民众，提出的纲领和奋斗目标，成为中国社会发展的正确方向，是中国革命最可信赖的组织者和坚强的领导力量，代表着中华民族、全体中国人民的根本利益。从此，中国人民有了主心骨，一盘散沙的中国人开始重新凝结为一个整体。老百姓为了支持党和人民军队，拿出了最后一把口粮、最后一尺布，送走了最后一个儿子。中国共产党团结带领中国人民，彻底推翻三座大山，建立中华人民共和国，让中国人民真正站立起来，中华民族的命运得到根本扭转。

中国共产党广泛团结民众，提出的纲领和奋斗目标，成为中国社会发展的正确方向，是中国革命最可信赖的组织者和坚强的领导力量，代表着中华民族、全体中国人民的根本利益。

康庄，中央纪委离休干部，1931年出生于山西吕梁一个贫苦农家。他的父亲在抗战时期是一名以行医为掩护的地下党员。在康庄八九岁时，父亲在家里窑洞开会，他就在外面站岗放哨。13岁时，由老红军介绍，加入了儿童团，当上了儿童团长，14岁成为八路军战士，18岁加入中国共产党。

1947年春天，康庄跟随党中央机关从延安转移到河北平山西柏坡，后又进入北平城，亲眼见证了开国大典。那天，康庄就站在天安门城楼下西华表处。

70年过去了，88岁的康庄仍然清晰地记得，当毛泽东向世界庄严宣告“中华人民共和国中央人民政府成立了”，全场30多万人不由自主泪流满面，不少女同志哭出声来。人们大声欢呼，嗓子喊哑了，把手里的鲜花和自己的帽子都抛向天空，全场一片欢腾，许多人的手拍肿了。

从“站起来”的那一天起，中国共产党就带领人民为富起来、强起来开始新的探索。新中国成立时，社会经济形势极为严峻，当年全国粮食总产量较抗战前减少21%，机械工业几乎等于零，全国人口80%以上是文盲，所有铁路公路在解放时几乎都不能通车。怎样让4万万同胞摆脱贫困，怎样把落后的中国建设好，这是进京“赶考”的中国共产党人要解决的最大难题。

面对“共产党在军事上得了满分，在经济上恐怕要得零分”的种种怀疑，面对“中共的胜利将不过是昙花一现而已”的种种诘难，中国共产党交出了令世人惊叹的答卷。在较短时间内，党领导人民完成社会主义革命，建立起社会主义基本制度，在一穷二白基础上建立起独立的比较完整的工业体系和国民经济体系。新中国成立后30年的社会主义革命和建设，为改革开放积累了重要的思想、物质、制度条件。以党的十一届三中全会为标志启动的改革开放，让中国人民“富起来”。

“国以民为本，民以食为天”，天大地大，吃饭最大，怎样才能让老百姓摆脱贫困，吃饱饭、吃好饭，始终是中国共产党要解决的头等大事。“富起来”的改革，首先从农村开始。1982年1月1日，中共中央下发改革开放后的第一个“中央一号文件”——《全国农村工作会议纪要》，拉开了带来人民生活巨变的农村改革序幕。自此，“中央一号文件”的重点始终聚焦农业、农村和农民。截至2019年的《中共中央、国务院关于坚持农业农村优先发展做好“三农”工作的若干意见》，中共中央为解决“三农”问题，共下发21个“中央一号文件”。

改革开放40年，我国粮食年产量从3亿吨到超过6亿吨，中国人实现了把饭碗牢牢端在自己手里。从20世纪80年代的凭票供应，到如今在手机上一点，琳琅满目的米袋子、菜篮子就可以送到家里，不论冬夏、南北，新鲜蔬菜水果应有尽有。与此同时，人民生活水平全面提升。国际社会普遍赞赏我国发展成就，认为中国是发展中国家的“优等生”。

党的十八大以来，以习近平同志为核心的党中央团结带领全党全国各族人民，统筹推进“五位一体”总体布局、协调推进“四个全面”战略布局，全面开创中国特色社会主义事业新局面，推动党和国家事业发生历史性变革、取得历史性成就。中国特色社会主义进入新时代，中华民族正以崭新姿态屹立于世界的东方，中国人民走在追求美好生活更宽广的道路上。

中国作为世界第二大经济体、第一大工业国、第一大货物贸易国、第一大外汇储备国、第二大外资流入国，成为世界经济增长的主要稳定器和动力源。脱贫攻坚取得决定性进展，2012年底至2018年底，累计脱贫8239万人，中国书写了世界上“最成功的脱贫故事”，书写了古老民族的现代化传奇……中国用几十年时间走完了发达国家几百年走过的工业化历程，种种不可能在中国人民手中成为现实。

2017年10月26日，美国《华盛顿邮报》以“中国正在创造历史”为题刊文称，在地球的另一端，刚刚发生了真正具有历史意义的事件。这个具有历史意义的事件，指的就是在太平洋彼岸召开的中共十九大。

习近平总书记在党的十九大报告中指出：中国特色社会主义进入了新时代，意味着近代以来久经磨难的中华民族迎来了从站起来、富起来到强起来的伟大飞跃，迎来了实现中华民族伟大复兴的光明前景。

有人做了统计，党的十九大报告中，“强国”一词提了23次。除了从宏观上作出“全面建设社会主义现代化强国”的重大战略部署外，还提出“科技强国”“质量强国”“航天强国”“网络强国”“交通强国”“海洋强国”“文化强国”“人才强国”等一系列具体目标。

强起来，这就是今天全国各族人民对国家前途命运最热切的期望。“站起来”的中国，只有又“富”又“强”，才能真正巍然屹立于世界民族之林，为人类和平与发展作出更大贡献。

曾多次访华的联合国秘书长古特雷斯说，中国提出的“构建人类命运共同体”，符合2030可持续发展的重要理念。世界希望变得繁荣，那么就需要共同的愿景、共同的发展，需要构建共同的繁荣，当今的中国担任着非常重要的角色。

只有创造过辉煌的民族，才懂得复兴的意义；只有经历过苦难的民族，才对复兴有如此深切的渴望。中华文明五千年生生不息，历史见证了新中国70年巨变，历史也必将见证中华民族走向伟大复兴。

从没有共产党就没有新中国到中国特色社会主义最本质特征

韩亚栋

没有共产党就没有新中国，没有共产党也就没有今天的中国，党的领导是我们战胜一切困难和风险的“定海神针”。牢牢把握中国共产党领导这一中国特色社会主义最本质的特征、中国特色社会主义制度的最大优势，就要始终坚持中国共产党是最高政治领导力量不动摇。

河北平山，中国革命圣地西柏坡所在地。曹火星，1924年10月生于平山县西岗南村，13岁参加了县农民抗日救国会。此后，一直在晋察冀边区群众剧社工作。

1943年4月，曹火星加入中国共产党。10月，他和战友们深入平西根据地开展抗日宣传。平西根据地是1938年3月创建的北平第一个抗日根据地，是插在华北敌后的一把尖刀。

19岁的曹火星看到了延安《解放日报》发表的社论《没有共产党就没有中国》，于是，他结合自己6年来的亲身感受，在房山霞云岭堂上村一间土房的小炕桌上，创作出了歌曲《没有共产党就没有中国》。

一传十，十传百，这首歌响遍了抗日根据地。当时，曹火星笔下的歌词有一句“坚持抗战六年多”。1944年，群众自动把这句词改成了“坚持抗战七年多”。当抗战胜利时，歌词最终凝固为“他坚持了抗战八年多”。

1950年的一天，毛泽东听到女儿李讷唱《没有共产党就没有中国》，便纠正说，没有共产党的时候，中国早就有了，应当改为“没有共产党就没有新中国”。一个“新”字，点睛之笔，这首歌成为经典。

中国是一个历史悠久的东方大国，中华民族以自己的勤劳智慧曾经创造了在世界上领先的中华文明，对人类发展作出过重大贡献。但是当历史步入近代，中国却落伍了。鸦片战争成为历史的转折点，西方侵略者纷至沓来，把中国推入深渊，但中国人民的不屈和反抗始终没有停止。

在追求民族复兴的道路上，1921年中国共产党诞生。中国人民在探索中比较，在比较中选择。改良主义失败了，人民选择了革命；其他政治力量承担不了领导革命的历史任务，人民选择了中国共产党。

党团结带领人民经过28年的浴血奋战，推翻了帝国主义、封建主义和官僚资本主义三座大山，建立了中华人民共和国，使人民成为国家、社会和自己命运的主人，中华民族从此开启了发展进步的新纪元。开国大典前，宋庆龄在参加中国人民政治协商会议第一届全体会议时说："我们达到今天的历史地位，是由于中国共产党的领导。"

1954年9月15日，在中南海怀仁堂，工业战线的劳模王崇伦、农业战线的劳模李顺达、年龄最大的代表齐白石老人、年龄最小的代表青年女工郝建秀，1210名全国人大代表参加了第一届全国人民代表大会第一次会议。毛泽东致开幕词——《为建设一个伟大的社会主义国家而奋斗》，号召全国人民努力工作，准备在几个五年计划之内，将现在这样一个经济上文化上落后的国家，建设成为一个工业化的具有高度现代化程度的伟大国家。

在这次会上，毛泽东提出："领导我们事业的核心力量是中国共产党。"

1962年1月11日至2月7日，中共中央召开扩大的中央工作会议，共七千多人出席。这是中国共产党成立以来举行的规模最大的工作会议，后来人们称它为"七千人大会"。毛泽东在会议上说："工、农、商、学、兵、政、党这七个方面，党是领导一切的。党要领导工业、农业、商业、文化教育、军队和政府。"

正是在中国共产党的领导下，才真正把全民族带动起来组织起来，新中国呈现出与旧中国完全不同的发展轨迹，在实现民族复兴的道路上快速前行，从"温饱"到"小康"再到"全面建成小康"，迎来了从站起来富起来到强起来的伟大飞跃。正如美国学者费正清所说，中国共产党过去创造了"革命的世界奇迹"，今天又创造了"发展的世界奇迹"。

新时代，需要宏伟方略的指引。党的十九大报告用"八个明确"和"十四个坚持"，将新时代中国特色社会主义思想和基本方略，系统、清晰地展现在人们面前。其中"八个明确"第八条是："中国特色社会主义最本质的特征是中国共产党领导，中国特色社会主义制度的最大优势是中国共产党领导，党是最高政治领导力量。"深刻揭示了党的领导与中国特色社会主义的关系，在习近平新时代中国特色社会主义思想中具有关系全局的根本地位。

中国共产党一路走来，已有98年历史，在全国执政70年，恰似风华正茂，最根本的原因在于中国共产党扎根于中国人民和中华民族之中，始终成为"两个先锋队"。

2018年1月18日至19日，十九届二中全会在北京举行，审议通过了《中共中央关于修改宪法部分

《没有共产党就没有新中国》词曲诞生地北京市房山区霞云岭。

游客在上海中共一大会址前合影留念。

内容的建议》。一个多月后，十三届全国人大一次会议召开，审议宪法修正案（草案）是这次大会的主要议程。3月11日，大会举行第三次全体会议，表决通过了《中华人民共和国宪法修正案》，把“中国共产党领导是中国特色社会主义最本质的特征”写入宪法总纲第一条，以国家根本大法的形式确定了党在国家中的领导地位。

中国共产党一路走来，已有98年历史，在全国执政70年，恰似风华正茂，最根本的原因在于中国共产党扎根于中国人民和中华民族之中，始终成为“两个先锋队”。

《中国共产党章程》第一句便规定，“中国共产党是中国工人阶级的先锋队，同时是中国人民和中华民族的先锋队”。早在党的二大通过的决议，就第一次对党的性质作出明确表述：“共产党是所有阶级觉悟的无产阶级分子的组合，是无产阶级的先锋军”。1935年瓦窑堡会议提出，中国共产党不仅是中国无产阶级的先锋队，同时“又是全民族的先锋队”。1945年，党的七大通过的党章规定：“中国共产党，是中国工人阶级的先进的有组织的部队，是它的阶级组织的最高形式。中国共产党代表中国民族与中国人民的利益。”明确了党代表全国各族人民利益。根据党的历史发展和现实状况，党的十六大修订的党章，正式将“一个先锋队”凝练成“两个先锋队”。

西方国家的政党，只有自己的阶级或阶层属性，而没有人民与民族属性。中国共产党除了最广大人民群众的利益，没有自己特殊的利益。宪法第一条规定，中华人民共和国是工人阶级领导的、以工农联盟为基础的人民民主专政的社会主义国家。中国共产党“两个先锋队”的政党属性，宪法对我国国体的规定，诠释着中国共产党领导是中国特色社会主义最本质的特征。

在中国共产党领导下，面对国际风云变幻，新中国集中力量办大事，一张蓝图绘到底，完成一个又一个阶段性使命任务。到2018年，中国国内生产总值突破90万亿元，对世界经济增长贡献率超过30%。

法国前总理德维尔潘认为：“中国所具有的集中力量和长期奋斗的决心是西方国家所经常缺乏的”，当世界上一些国家在搞党争“拳击赛”的时候，中国共产党却始终坚持一切为了人民、一切依靠人民，在不同阶段用不同方法，一棒接一棒地跑好历史的“接力赛”。

没有共产党就没有新中国，没有共产党也就没有今天的中国，党的领导是我们战胜一切困难和风险的“定海神针”。牢牢把握中国共产党领导这一中国特色社会主义最本质的特征、中国特色社会主义制度的最大优势，就要始终坚持中国共产党是最高政治领导力量不动摇。

70年前，新华社在《关于国旗、国歌和年号》的答读者问中写道：五星红旗，红色旗面象征革命；旗上的五颗五角星及其相互关系，象征共产党领导下的革命人民大团结；四颗小五角星各有一尖正对着大星的中心点，表示围绕着一个中心而团结。

从推翻三座大山到奋力实现两个百年目标

闫　鸣

在以习近平同志为核心的党中央坚强领导下，我们很快就要全面建成小康社会、实现第一个百年奋斗目标了，中华民族正站在“两个一百年”奋斗目标的历史交汇点上。

江苏无锡荡口古镇的一间民居里，保存着一支老式自动铅笔。它是80多年前法国生产的，却见证了两部伟大中国音乐作品的诞生。

1939年夏天，冼星海把这支笔送给要去晋察冀边区的学生王莘，并对他说：“这是我在巴黎音乐学院获得的奖品，我用这支笔写出了你最喜欢的《黄河大合唱》，希望你也能拿它写出震撼人心的作品！”

十年后，时任天津音乐工作团团长的王莘参加了开国大典。在观礼台上，看着群众游行队伍雀跃着从面前走过，王莘忽然想到：如果这时候大伙儿能一边行进，一边唱着同一首歌，该有多好！

接下来的近一年时间，王莘写了100多首歌，却没有一首让他满意。

1950年9月，团里需要购置乐器，王莘听说北京西四牌楼附近的一家当铺有些旧乐器，就前往采购。那天，王莘背着买到的乐器，从西四牌楼往火车站走。再次经过天安门，鲜艳的国旗正高高飘扬，一群小朋友正在旗杆旁排演国庆歌曲。那一刻，他情不自禁唱出一段旋律：“五星红旗迎风飘扬，胜利歌声多么响亮……”

火车开车的时间快到了，王莘不敢误了车，但又怕忘了刚刚闪现的灵感，就在路上不断重复，一边走一边唱着，歌声伴着脚步，不觉泪水溢出眼眶。

一上火车，王莘就急着把歌词记下来，可是翻遍口袋也找不到纸。他从地上捡起一个空烟盒拆开，赶快把前面几句记在烟盒的背面。

火车飞驰，王莘望着车窗外快速闪过的树林、房屋、田野，目光飘得很远，“越过高山，越过平原，跨过奔腾的黄河长江……”《歌唱祖国》就这样创作出来。到家后，王莘连夜把歌谱誊写下来，用的正是老师冼星海赠送的那支法国自动铅笔。

“我们勤劳，我们勇敢，独立自由是我们的理想；我们战胜了多少苦难，才得到今天的解放”，唱出的是中国共产党团结带领中国人民推翻帝国主义、封建主义、官僚资本主义奴役压迫的坚定决心和艰辛历程。

“我们的生活天天向上，我们的前途万丈光芒……歌唱我们亲爱的祖国，从今走向繁荣富强”，唱出了人民对国家富强、民族振兴、人民幸福的美好憧憬。

从1840年开始，帝国主义、封建主义、官僚资本主义给中国人民带来了深重灾难。中国共产党一经成立，就承担起带领人民实现民族独立和解放的历史任务。1922年中共二大明确提出了反帝反封建的民主革命纲领。

1945年春天，中共七大召开，毛泽东在会上说，抗日战争胜利后，中国一定要走独立的、自由的、民主的、统一的、富强的路，一定要搬掉压在中国人民头上的大山。6月11日，在闭幕式上，毛泽东给大家讲了中国古代寓言故事《愚公移山》，又说：“现在也有两座压在中国人民头上的大山，一座叫做帝国主义，一座叫做封建主义。中国共产党早就下了决心，要挖掉这两座山”。

1948年4月，毛泽东在晋绥干部会议上发表讲话时说：“无产阶级领导的，人民大众的，反对帝国主义、封建主义和官僚资本主义的革命，这就是中国的新民主主义的革命，这就是中国共产党在当前历史阶段的总路线和总政策”。推翻三座大山的目标，在革命实践中一步步清晰起来。

深厚的中华文化赋予中国共产党人独特的民族精神，也是中国共产党智慧和力量的源泉。即便困难如“太行”“王屋”，只要有决心和毅力，全体中国人民一起努力，就没有搬不走的山。

深厚的中华文化赋予中国共产党人独特的民族精神，也是中国共产党智慧和力量的源泉。即便困难如“太行”“王屋”，只要有决心和毅力，全体中国人民一起努力，就没有搬不走的山。

新中国成立后，“富起来”的任务紧迫地摆在中国共产党人面前。毛泽东等中共领导人提出逐步实现“现代化的工业、现代化的农业、现代化的交通运输业和现代化的国防”的设想，后来又逐渐确立了实现“四个现代化”的战略目标。

1975年1月13日晚8时，第四届全国人民代表大会开幕。77岁的周恩来最后一次作政府工作报告。他在报告中说：“三届人大的政府工作报告曾经提出，从第三个五年计划开始，我国国民经济的发展，可以按两步来设想：第一步，用十五年时间，即在一九八〇年以前，建成一个独立的比较完整的工业体系和国民经济体系；

《歌唱祖国》的作者王莘（左二）在抗美援朝战场防空洞内教志愿军战士演奏这首歌曲。

在2008年北京奥运会开幕式上，各民族儿童在《歌唱祖国》的旋律中簇拥着鲜艳的中国国旗入场。

第二步，在本世纪内，全面实现农业、工业、国防和科学技术的现代化，使我国国民经济走在世界的前列……”

代表们报以长时间雷鸣般的掌声。作为这份报告起草者的邓小平，后来成为报告的亲身实践者。

1979年12月6日，邓小平会见来访的日本首相大平正芳。会谈中，大平正芳一连向邓小平提出两个问题：中国根据自己独自的立场提出了宏伟的现代化规划，要把中国建设成伟大的社会主义国家。中国将来会是什么样？整个现代化的蓝图是如何构思的？大平正芳提出的，正是邓小平长期思考的问题。邓小平为中国现代化规划了“三步走”战略：第一步，从1981年到1990年，国民生产总值翻一番，实现温饱；第二步，从1991年到20世纪末，再翻一番，达到小康；第三步，到21世纪中叶，再翻两番，达到中等发达国家水平。

在“三步走”战略基础上，党的十五大报告首次提出：到建党一百年时，使国民经济更加发展，各项制度更加完善；到21世纪中叶建国一百年时，基本实现现代化，建成富强民主文明的社会主义国家。党的十八大发出了向实现“两个一百年”奋斗目标进军的时代召唤。

2012年召开的党的十八大选举产生了新一届中共中央领导集体。11月15日上午，习近平等十八届中共中央政治局常委，步入人民大会堂东大厅，首次集体公开亮相。习近平总书记对在场的中外记者说：“我们的责任，就是要团结带领全党全国各族人民，接过历史的接力棒，继续为实现中华民族伟大复兴而努力奋斗。”

十几天后，习近平总书记来到国家博物馆参观《复兴之路》展览。他在看过《共产党宣言》第一个中文全译本、《中国共产党的第一个纲领》等文物和照片后说，实现中华民族伟大复兴，就是中华民族近代以来最伟大的梦想，“我坚信，到中国共产党成立100年时全面建成小康社会的目标一定能实现，到新中国成立100年时建成富强民主文明和谐的社会主义现代化国家的目标一定能实现，中华民族伟大复兴的梦想一定能实现！”

“国内生产总值从五十四万亿元增长到八十万亿元，稳居世界第二，对世界经济增长贡献率超过百分之三十”“农业现代化稳步推进，粮食生产能力达到一万二千亿斤”“开放型经济新体制逐步健全，对外贸易、对外投资、外汇储备稳居世界前列”……党的十九大报告中的数据，全方位展示了十八大以来中国发展的五年“成绩单”。

新时代，新目标，新期待。十九大报告不仅明确了“决胜全面建成小康社会”的目标任务，更清晰擘画出全面建成社会主义现代化强国的时间表、路线图，提出“两步走”战略安排：从二〇二〇年到二〇三五年，在全面建成小康社会的基础上，再奋斗十五年，基本实现社会主义现代化；从二〇三五年到本世纪中叶，在基本实现现代化的基础上，再奋斗十五年，把我国建成富强民主文明和谐美丽的社会主义现代化强国。这一新的战略安排，丰富了“两个一百年”奋斗目标的内涵。在以习近平同志为核心的党中央坚强领导下，我们很快就要全面建成小康社会、实现第一个百年奋斗目标了，中华民族正站在“两个一百年”奋斗目标的历史交汇点上。

从1840年“倒下去”算起，经过109年的抗争，我们迎来了中华民族“站起来”的时刻。又经过70年的奋斗，中国共产党领导人民走出了一条中国特色社会主义道路，走上了实现“两个一百年”奋斗目标的新征程，中华民族伟大复兴展现出前所未有的光明前景。

从人民当家做了主人
到坚持和完善人民代表大会制度

王少伟

人民代表大会制度作为我国的根本政治制度，不是凭空设想出来的，而是中国共产党领导人民经过长期奋斗和探索得来的。这一制度扎根中国土壤、汲取充沛养分，是符合中国国情和实际、体现社会主义国家性质、保证人民当家作主、保障实现中华民族伟大复兴的好制度。

1954年9月的一个早晨，梳着两条大辫子的申纪兰，穿着连夜缝制的一身蓝色卡其布新衣，“骑上毛驴去见毛主席”。

从村子到城里，山连山、沟套沟，毛驴走了7个小时，火车又把她带到北京。到中南海怀仁堂参加第一届全国人民代表大会的路，她一共走了四天。

申纪兰17岁嫁到山西长治平顺西沟，这个太行山夹缝中的村子。为了让全村人吃饱肚子，1951年，村里几个互助组联合成立了合作社，申纪兰当了副社长。1952年，她当选全国劳模。第一届全国人民代表大会的妇女代表有147人，申纪兰是其中一员。

1954年9月15日下午三时许，毛泽东致第一届全国人民代表大会第一次会议开幕词：“这次会议所制定的宪法将大大地促进我国的社会主义事业……我们正在做我们的前人从来没有做过的极其光荣伟大的事业。”

在中国建立什么样的政治制度，是一个关系国家前途、人民命运的根本性问题，也是近代以后中国人民面临的一个历史性课题。为解决这一课题，中国人民进行了艰辛探索，孜孜不倦寻找着适合国情的政治制度模式。

辛亥革命之前，太平天国运动、洋务运动、戊戌变法、义和团运动、清末新政等都未能取得成功。辛亥革命之后，中国把目光投向西方及日本，尝试过君主立宪制、帝制复辟、议会制、多党制、总统制等各

1954年9月27日，申纪兰在第一届全国人大一次会议上投票选举国家领导人。

2019年1月22日，申纪兰走在山西省平顺县西沟村的街道上。为建设美丽乡村，申纪兰每天忙里忙外不歇息。

人民大会堂内部设计吸收了“水天一色”的文化元素，顶棚为大穹隆形，与墙身交界处成大圆角形，天顶与四壁上下浑然一体。

种形式，各种政治势力及其代表人物纷纷登场，但中国依然是山河破碎、积贫积弱，中国人民依然生活在苦难和屈辱之中。

中国该往何处去？向哪个方向走？在团结带领中国人民进行不懈奋斗、争取独立的过程中，中国共产党始终在寻找解决这一历史性课题的答案，对建立新型人民民主政权及其组织形式进行了长期探索。1940年1月，毛泽东在《新民主主义论》中指出："没有适当形式的政权机关，就不能代表国家。中国现在可以采取全国人民代表大会、省人民代表大会、县人民代表大会、区人民代表大会直到乡人民代表大会的系统，并由各级代表大会选举政府。"

1949年9月，具有临时宪法地位的《中国人民政治协商会议共同纲领》宣告，新中国实行人民代表大会制度。

1952年11月，中共中央决定，立即着手准备召开全国人民代表大会，制定宪法。

为了选出各级人民代表，中国进行了有史以来第一次全国人口普查。据统计，1953年6月30日24时全国人口为六亿零一百九十三万八千零三十五人。在人口普查的基础上，进行了选民登记。领到选民证的中国人第一次自主行使了神圣的民主权利。

人民民主和社会主义原则，必须以国家根本大法的形式固定下来。1953年12月27日，刚在专列上度过60周岁生日的毛泽东，率领宪法起草小组抵达杭州。

"没有适当形式的政权机关，就不能代表国家。中国现在可以采取全国人民代表大会、省人民代表大会、县人民代表大会、区人民代表大会直到乡人民代表大会的系统，并由各级代表大会选举政府。"

西湖之畔，北山路84号30号楼前，一间不起眼的平房，成了毛泽东在杭州期间的办公场所。他在这里一住就是两个多月。

"搞宪法就是搞科学"。在他的办公桌上，摆满了各种书籍、资料和文件，包括苏联、东欧国家、一些资本主义国家的宪法译本。他精力集中，思考、研究问题经常到了忘我的地步，往往一干就是一个通宵。

1954年6月14日，中央人民政府委员会通过了《中华人民共和国宪法草案》，并予以公布，交付全民讨论。当年全国高等学校暑期统一招考中，就有"中国共产党提出的宪法草案中规定中华人民共和国是什么样性质的国家"的试题。根据大讨论中提出的意见，宪法草案又做了一些修改。

9月20日下午四时五十分，中华人民共和国的缔造者们，同其他全国人大代表一道开始无记名投票，对宪法草案进行表决。五时五十五分，宣布表决结果：投票数共1197张，同意票1197张。《中华人民共和国宪法》全票通过，从此建立起中华人民共和国的根本政治制度——人民代表大会制度，在中国开辟了人民当家作主的新纪元。

来自广东省的全国人大代表蔡廷锴将军说："现在是真正的民主，人民有了各项权利，这是中国开天辟地第一次!"

位于天安门广场西侧的人民大会堂，是全国人民代表大会召开会议、人民代表共商国是的地方。

建设万人大礼堂，这是毛泽东早在延安时就有的想法。新中国成立后，毛泽东又一次提出："完全用我们自己的力量，能不能建起能坐一万人的礼堂来?"

1958年8月，中央决定为庆贺共和国10周年盛典，在北京建设包括"万人大会堂"在内的十大建筑。当时，距1959年国庆节只剩不到400天。完全不依赖任何外国专家的设计及施工力量，全凭中国人自己，在400天内建起包括"万人大会堂"在内的十大建筑，这个任务究竟有多难?

对比一下同期世界上其他著名建筑的施工时间——纽约联合国总部大厦建了7年，比"十大建筑"晚一年开工的悉尼歌剧院则用了14年才建成。

人民会堂人民建。为了设计大会堂，工人、学生、教授以及全国各地的设计单位纷纷献计献策。短短一个月，就提出了84个平面方案和189个立面方案。三天之内，来自全国17个省市的33位顶级建筑师来到北京，随后提出了各具异彩、不拘一格的方案。

周恩来确定了最终的方案："所用的材料必须全部国产，不许进口；兴建中厉行节约，不得浪费，一切都要量力而行。"

在大会堂里，万人大礼堂就占去了将近一半——要在这间能装进整个天安门城楼的大屋子里开会，怎样才能让所有人都看得见、听得清？设计师吸收了"水天一色"的中国文化特色，把顶棚做成大穹隆形，顶棚和墙身的交界做成大圆角形，使天顶与四壁连成一体。没有边、没有沿、没有角，达到了上下浑然一体的效果。除了中央大厅、大礼堂、大宴会厅等，大会堂内还有以全国各省、直辖市、自治区名称命名的、富有地方特色的厅堂。

1959年9月，大会堂顺利竣工交付使用。人民大会堂从此走进中国人的生活，走进中国的政治舞台。

2014年9月5日，人民大会堂，全国人民代表大会成立60周年庆祝大会在此举行。习近平总书记在回顾人民代表大会制度建立和发展的历程后指出："在中国实行人民代表大会制度，是中国人民在人类政治制度史上的伟大创造，是深刻总结近代以后中国政治生活惨痛教训得出的基本结论，是中国社会100多年激越变革、激荡发展的历史结果，是中国人民翻身作主、掌握自己命运的必然选择。"

在这次大会上，习近平总书记强调要坚持和完善人民代表大会制度，并提出四个"必须"：必须毫不动摇坚持中国共产党的领导、必须保证和发展人民当家作主、必须全面推进依法治国、必须坚持民主集中制。新时代坚持和完善人民代表大会制度，方向更加明确。

鞋子舒服不舒服，只有脚最清楚。任何国家的制度设计，必须根植于自己的历史文化传统，否则就会水土不服，甚至会画虎不成反类犬，把国家前途葬送掉。

人民代表大会制度作为我国的根本政治制度，不是凭空设想出来的，而是中国共产党领导人民经过长期奋斗和探索得来的。这一制度扎根中国土壤、汲取充沛养分，是符合中国国情和实际、体现社会主义国家性质、保证人民当家作主、保障实现中华民族伟大复兴的好制度。

今年90岁的申纪兰，是中国唯一一位连任13届的全国人大代表。从1954年到现在，她没有缺席任何一届，一直忠实履行人大代表职责，带着人民群众的嘱托赴京参会，积极建言献策。这些年，她提过很多与修路、交通相关的建议。今年，她提交了“关于加快推进聊（城）邯（郸）长（治）客专项目的建议”。“修通路，迈大步，带领大家去致富。路修好了，才能实现更好的发展。”

2019年3月3日上午，申纪兰从长治乘飞机到北京参加全国两会，只花了1个多小时。

从共同纲领到新型政党制度

瞿 艽

中国共产党领导的新型政党制度，不仅符合当代中国实际，而且符合中华民族一贯倡导的天下为公、兼容并蓄、求同存异等优秀传统文化，能够形成更广泛、更有效的民主，画出最大同心圆，最大限度把各阶层各方面的智慧和力量凝聚起来，把全社会全民族的积极性、主动性、创造性发挥出来。

1949年7月的一个清晨，上海市虹口区山阴路，32岁的供销合作社职员曾联松正浏览报纸上的新闻，忽然，一则由新政协筹备会刊登的征求国旗国徽图案及国歌词谱启事，吸引了这位美术爱好者的目光。

经过近一个月的创作，曾联松提交了他设计的国旗样稿。

新政协筹备会第六小组负责拟定国旗、国徽及国歌方案。应征稿件如雪片一样纷至沓来。到8月20日征稿截止，共收到来自海内外，包括当时尚未解放的国民党统治区的应征国旗图案2992幅，国歌歌谱632件，歌词694首，国徽图案900幅。

刚开始进入复选，曾联松的设计并不是最热门的作品。大多数评委倾向于由一颗五角星和一条黄河组成的图案。但经过反复讨论，由曾联松原稿简化而来的五星红旗图案脱颖而出，最终成为中国人民政治协商会议第一届全体会议通过的国旗方案。

国旗旗面的红色象征革命，旗上的五颗五角星及其相互关系象征中国共产党领导下的革命人民大团结。中国人民政治协商会议第一届全体会议，通过《中国人民政治协商会议共同纲领》（以下简称《共同纲领》），宣告中华人民共和国成立，标志着爱国统一战线和全国人民大团结在组织上完全形成，以及中国共产党领导的多党合作和政治协商制度正式确立。

1949年1月22日，到达解放区的李济深、沈钧儒、马叙伦、郭沫若等55名各民主党派负责人和民主人士，联名发表了《我们对于时局的意见》，首次公开提出："愿在中共领导下，献其绵薄，共策进行，以期中国人民民主革命之迅速成功，独立、自由、和平、幸福的新中国之早日实现。"9月，中国人民政治协商会议第一届全体会议召开后，各民主党派以《共同纲领》为政治基础，一致宣布自觉接受中国共产党的领导。

以政协会议为新的起点，新型政党制度在中国扎根。

"中国共产党领导的多党合作和政治协商制度作为我国一项基本政治制度，是中国共产党、中国人民和各民主党派、无党派人士的伟大政治创造，是从中国土壤中生长出来的新型政党制度。"

2018年3月4日下午，北京铁道大厦，全国政协十三届一次会议民盟、致公党、无党派人士、侨联界委员举行联组会。

在听取致公党中央副主席闫小培等8位委员发言后，习近平总书记指出："中国共产党领导的多党合作和政治协商制度作为我国一项基本政治制度，是中国共产党、中国人民和各民主党派、无党派人士的伟大政治创造，是从中国土壤中生长出来的新型政党制度。"

近代政党是在欧洲和北美资产阶级革命中产生的。英国在1688年"光荣革命"前后产生了辉格党和托利党，随后演变为自由党和保守党，再往后工党取代自由党；18世纪70年代美国独立后，在议会中出现了联邦党和反联邦党两大政治派别，之后演变为共和党和民主党。

诸如此类的资产阶级政党，曾对于历史发展起到促进作用，但终究演变成维护资产阶级统治的工具。受制于党派利益、阶级利益、区域和集团利益，只能通过多党竞争、轮流坐庄来平衡矛盾、化解纠纷，难以避免其代表性的狭隘和局限。

我国新型政党制度是合作型政党制度，突破了西方竞争性政党制度的框架局限。中国共产党是坚强领导核心，代表最广大人民根本利益；民主党派在中国共产党领导下，各自联系一部分社会主义劳动者、社会主义事业的建设者和拥护社会主义的爱国者，是重要的参政党。这一全新的政党制度在代表最广大人民根本利益的同时，统筹兼顾了社会各阶层各方面的具体利益；超越了以往政党之间零和竞争、松散联结等各种关系样式，创造出紧密合作的政党关系新格局。

新型政党制度的本质，是中国特色社会主义协商民主。就中国共产党和国家重大方针政策和决策部署听取各民主党派中央、全国工商联负责人和无党派人士的意见，是长期以来形成的制度，也是社会主义协商民主的重要体现。

"这是我自2017年12月担任民建中央主席以来，第一次就重点调研专题，在习近平总书记主持召开的党外人士座谈会上发言。"说起一年前参加党外人士座谈会的经历，全国人大常委会副委员长、民建中央主席郝明金记忆犹新。

围绕"探索建设自由贸易港"课题，2018年全国两会一结束，民建中央立即成

1949年9月21日至30日，中国人民政治协商会议第一届全体会议隆重举行。图为中南海新华门前庆祝会议召开的群众队伍。

家和万事兴。我国基层乡村通过召开党员和村民参加的民主协商议事会，听取群众意见建议，丰富了基层民主协商形式。

立由郝明金担任组长的专题调研组开展调研。调研成果被郝明金带到了2018年7月中共中央召开的党外人士座谈会上。

“我代表民建中央口头发言，重点就自由贸易港建设提出了意见建议。这些口头意见建议和调研报告受到中共中央高度重视，有关部门认真研究，有的意见建议被采纳，为推进我国自由贸易港建设作出了一份贡献。”郝明金说。

有事好商量，众人的事情由众人商量，找到全社会意愿和要求的最大公约数，是人民民主的真谛。在党际协商民主带动下，社会主义协商民主在各个领域得到了快速发展，不断创造出新形式，远远超出政党协商的范畴。

“社会主义协商民主是我国人民民主的重要形式。”党的十八大首次以党代会报告的形式提出并系统论述“健全社会主义协商民主制度”。协商民主从主体看，包括政党协商、人大协商、政府协商、政协协商、人民团体协商、基层协商、社会组织协商；从内容看，包括战略协商、决策协商、政策协商、事务协商；从形式看，包括通报情况、征求意见、开展调研、定期交流、论证咨询、听证评估、座谈讨论、直接提出意见建议等多种。经过多年实践，协商民主实现了广泛、多层、制度化发展，协商民主制度和工作机制不断健全完善。

人民是否享有民主权利，要看人民在选举时是否有投票的权利，也要看人民在日常政治生活中是否有持续参与的权利；要看人民有没有进行民主选举的权利，也要看人民有没有进行民主决策、民主管理、民主监督的权利。在中国共产党领导下，人民内部各方面围绕改革发展稳定重大问题和涉及切身利益的实际问题，在决策之前和决策实施之中开展广泛协商，努力形成共识，真正体现出人民的主人翁地位。

“履不必同，期于适足；治不必同，期于利民。”中国共产党领导的新型政党制度，不仅符合当代中国实际，而且符合中华民族一贯倡导的天下为公、兼容并蓄、求同存异等优秀传统文化，能够形成更广泛、更有效的民主，画出最大同心圆，最大限度把各阶层各方面的智慧和力量凝聚起来，把全社会全民族的积极性、主动性、创造性发挥出来。这也是对人类政治文明的重大贡献。

“中国共产党代表人民整体利益，采用协商民主和民主集中制的方法来决策，决策力、决策质量总体上明显高于西方国家的小圈子决策、游说集团决策和民粹主义决策的模式。”复旦大学中国研究院院长张维为说。

从颁布施行《共同纲领》，到提炼概括、完善发展新型政党制度，70年前播下的种子，有根、有源、有生命力，如今已成参天大树。

从打破旧世界到进入新时代

王雅婧

经过中国共产党成立以来98年、新中国成立以来70年的持续奋斗，中华民族伟大复兴展现出光明的前景。现在，我们比历史上任何时期都更接近中华民族伟大复兴的目标，比历史上任何时期都更有信心、有能力实现这个目标。

2019年5月，“浦江早晨——纪念上海解放70周年实物史料展”展出了一本普通上海市民的《生活日记》。其中“四日生活记忆录”章节，再现了1949年5月25日至28日四天的情景。

这正是上海解放前后，从25日清晨听说解放军进入上海，到28日马路上生意恢复正常，“字里行间不仅记载了历史性的一刻，更是上海获得新生的如实写照”。

28日下午，上海市政府大楼内，新任市长陈毅从国民党最后的代理市长赵祖康手中接过旧市政府的印信，对在场公职人员说：“今天上海已变成人民的城市，我们接管上海就是要建立人民政权。改造旧上海，建设新上海，是人民政府的根本宗旨。”

1949年初，中国最大的城市上海有几百万人口，其工业产值和贸易总额约占中国的一半。当中共中央华东局着手接管上海的准备工作时，许多人带着不同的心理，看着共产党有没有能力管理这样一座大城市。

曾任华东局城工部副部长的王尧山回忆：“大家学习了一系列接管政策，陈毅和华东局其他领导同志也分头参加了讨论。有一次陈老总还风趣地问大家：如果你们到了上海，大粪3天没人倒，全城到处发臭，怎么办？全世界人民看着，全国人民看着，共产党怎么办？帝国主义更是冷眼相看的。”

接管之后，共产党团结各方人士，加强与民族资产阶级的联盟关系，多次邀请上海工商界、文化界代表人士和各民主党派知名人士召开座谈会，阐明党的政策，征求意见。实现边接边管边生产，中纺公司所属的30多个工厂在接收后两三天内全部复工，沪西区各厂甚至没有停产。

中国共产党有这样的志气，毛泽东在中共七届二中全会上说："我们不但善于破坏一个旧世界，我们还将善于建设一个新世界。中国人民不但可以不要向帝国主义者讨乞也能活下去，而且还将活得比帝国主义国家要好些。"

共产党接手的是个一穷二白的"烂摊子"。1949年，全国的钢铁产量只有14.7万吨、煤产量6000多万吨、发电量30万千瓦、粮食产量2亿多吨，公路通车里程仅8万公里、铁路里程仅2万多公里。

"五年规划"——中国经济发展的路标，从中可以感受到中国共产党着眼发展、谋划长远的战略。1953年，中国制定第一个"五年计划"，用156个工业项目开启了工业化之路。

1954年9月15日，第一届全国人大一次会议开幕，毛泽东在开幕词中说："准备在几个五年计划之内，将我们现在这样一个经济上文化上落后的国家，建设成为一个工业化的具有高度现代文化程度的伟大的国家。"

一张白纸能画出最新最美的画图。成立第一到第八机械工业部，建立起完整的工业化体系；全国人民勒紧裤腰带，独立研制出"两弹一星"，让重新站立起来的腰杆挺得更直更硬；用中国农民耳熟能详的"土、肥、水、种、密、保、管、工"八个字指导生产，建设了红旗渠等一批水利工程和农业基础设施；送走了血吸虫、天花、麻风等为害千年的瘟神，建立起较为完备的卫生服务体系，人口寿命、数量和素质大大提升。

中国共产党，不仅能够建设新世界，而且还可以把它建设得很好。二十几年时间，中国从一个完全的农业国变成以工业为主的国家。

中国共产党，不仅能够建设新世界，而且还可以把它建设得很好。二十几年时间，中国从一个完全的农业国变成以工业为主的国家。

改革开放后，社会主义制度优越性更是得到了极大发挥。党带领人民不断探索实践，将社会主义与市场经济有机结合起来，建立社会主义市场经济体系，成功开创中国特色社会主义。

经过40多年的发展，中国成为世界第二大经济体，实现了从"赶上时代"到"引领时代"的伟大跨越，迎来了从站起来富起来到强起来的伟大飞跃，推动中国特色社会主义进入新时代。

新时代，不是轻轻松松、敲锣打鼓进入的，更不是一蹴而就的，而是在发展中通过量的积累，最终实现的质的飞跃。

党的十八大以来，以习近平同志为核心的党中央，统筹推进"五位一体"总体布局、协调推进"四个全面"战略布局，党和国家事业全面开创新局面，取得了改

1949年7月6日，上海举行军民大游行，欢天喜地庆解放。一位上海姑娘把鲜花挂到了解放军战士的枪上。

湖南湘西十八洞村，过去因为贫穷而出名。2013年11月，习近平总书记在这里首次提出“精准扶贫”。如今的十八洞村已经脱贫，并且入选首批全国乡村旅游重点村名单。图为该村首家农家乐“巧媳妇”的厨房里，主人在忙着为游客炒菜。

革开放和社会主义现代化建设的历史性成就。

新时代，是中国共产党领导人民进行伟大社会革命的成果，也是党领导人民进行伟大社会革命的继续，必须一以贯之进行下去。新时代需要新思想指引。奋斗目标是什么，历史使命是什么，社会主要矛盾是什么，战略步骤如何安排等一系列问题，习近平总书记在党的十九大报告中以“八个明确”和“十四个坚持”给出了答案和方向。

“既要全面建成小康社会、实现第一个百年奋斗目标，又要乘势而上开启全面建设社会主义现代化国家新征程，向第二个百年奋斗目标进军。”党的十九大报告为中华民族伟大复兴勾勒出清晰的路线图：到2020年，是全面建成小康社会决胜期；从2020年到本世纪中叶，可以分两个阶段来安排，把我国建设成富强民主文明和谐美丽的社会主义现代化强国。

从党的十九大到二十大，是“两个一百年”奋斗目标的历史交汇期。第一个百年奋斗目标冲刺收官，是全面建成小康社会“接力赛”的最后一棒。第二个百年奋斗目标全面开局起步，又是建设社会主义现代化国家新的“接力赛”的第一棒。这是特殊而关键的5年，必须跑好这两棒，跑出一个好成绩。如期实现第一个百年奋斗目标，就能为实现第二个百年奋斗目标奠定坚实基础。

经过中国共产党成立以来98年、新中国成立以来70年的持续奋斗，中华民族伟大复兴展现出光明的前景。现在，我们比历史上任何时期都更接近中华民族伟大复兴的目标，比历史上任何时期都更有信心、有能力实现这个目标。

梦想可感知，可触摸。更美好的图景正在中国大地上生动展现开来。

从《为人民服务》到不忘初心、牢记使命

曹俊明

全心全意为人民服务，中国共产党是诚心诚意、实打实在做。始终坚持一切为了人民、一切依靠人民，把人民拥护不拥护、赞成不赞成、高兴不高兴作为衡量一切工作的标准，体现在每个优秀共产党员的实际行动中，在各自岗位上心系群众、扎实苦干。

1944年9月8日下午，延安凤凰山枣园沟口操场，为战士张思德举行追悼会。

张思德18岁参加红军，随部队经过长征到达陕北，在战斗中受了重伤后调入中央军委警卫营。1937年10月，加入了中国共产党。1941年，张思德随警卫营到南泥湾开荒，克服困难，努力完成生产任务。1943年初夏，到毛泽东身边当警卫战士。

烧木炭又苦又累，烧一窑炭当地群众要10天，张思德只要7天。1944年9月5日，天下着小雨，张思德和战友正在炭窑内工作，炭窑突然崩塌，他奋力把战友推开，自己却再没能出来，牺牲时年仅29岁。

追悼会现场，张思德遗像旁，挂着毛泽东亲笔写的挽联，“向为人民利益而牺牲的张思德同志致敬”。

一点多钟，毛泽东头戴八角帽、身穿粗布衣，迈着沉重的步子走进会场。在遗像前默哀许久，他说：“我们的共产党和共产党所领导的八路军、新四军，是革命的队伍。我们这个队伍完全是为着解放人民的，是彻底地为人民的利益工作的。张思德同志就是我们这个队伍中的一个同志。”“为人民利益而死，就比泰山还重……”

追悼会后，演讲整理成文，毛泽东写下5个字——为人民服务。9月21日，在《解放日报》刊登。

中国共产党从最初起就是为了服务于人民而建立的，一切党员的牺牲、努力和斗争都是为了人民解放。党的一大通过的纲领，明确我们党

的名称为“中国共产党”，纲领中写“革命军队必须与无产阶级一起推翻资本家阶级的政权，必须支援工人阶级，直到社会阶级区分消除为止”，根本是要改变中国各族人民被剥削、被压迫的状况，实现民族独立、国家解放和人民富强。

1945年，党的七大根据一大以来党领导革命24年的经验和中国社会的实际，决定再一次修改党章。《关于修改党章的报告》提出，要制定党的总纲，加在党章前面，是党章的前提和总则，党员都必须承认。中国共产党之所以走到现在，在于坚持实行了为人民服务的基本原则，使党成为建立在人民群众中和人民保持密切联系，而且有严格纪律的党。这些原则一直体现在历次党章内，实践证明完全正确。

七大党章在总纲中明确：中国共产党人必须具有全心全意为中国人民服务的精神，必须与工人群众、农民群众及其他革命人民建立广泛的联系，并经常注意巩固与扩大这种联系。每一个党员都必须理解党的利益与人民利益的一致性，对党负责与对人民负责的一致性。

“全心全意为人民服务”这面鲜艳的旗帜，召唤着一代又一代中国共产党人。

1948年9月8日，在中共中央政治局会议的报告和结论中，毛泽东首次提出“人民政府”：“我们是人民民主专政，各级政府都要加上‘人民’二字，各种政权机关都要加上‘人民’二字。”

中国共产党区别于其他任何政党的一个显著标志，就是植根人民，一刻也不脱离群众，全心全意为人民服务。这是共产党人最大的光荣。

生老病死，人生四关。血吸虫、天花、麻风等为害千年，严重威胁中国人民的身体健康。解放前我国人均寿命不到35岁。新中国成立后，共产党的一件大事就是消灭各种传染病、流行病。农村长年缺医少药。毛泽东指示：“应该把医疗卫生工作的重点放到农村去！”“培养一大批‘农村也养得起’的医生，由他们来为农民看病服务。”农村赤脚医生队伍成长起来，平时在田间荷锄扶犁，工作时背上医药箱走家串户。“借问瘟君欲何往，纸船明烛照天烧。”中国人送走了瘟神，人口寿命、数量和素质大大提升。2018年，我国居民人均预期寿命提高到77岁。

“衣食住行”四个字形象地说明了从温饱迈向小康的发展历程。“衣食”即是温饱，再加上“住行”就是小康。70年来，我国城乡面貌发生了翻天覆地的变化，忍饥挨饿、缺吃少穿、生活困顿这些几千年来困扰我们民族的问题，总体上一去不复返。

中国共产党区别于其他任何政党的一个显著标志，就是植根人民，一刻也不脱离群众，全心全意为人民服务。这是共产党人最大的光荣。

全心全意为人民服务，中国共产党是诚心诚意、实打实在做。始终坚持一切为了人民、一切依靠人民，把人民拥护不拥护、赞成不赞成、高兴不高兴作为衡量一切工作的标准，体现在每个优秀共产党员的实际行动

张思德（左）和战友一起烧炭。1944年9月5日，张思德烧炭时因炭窑崩塌而牺牲。

国测一大队队员在珠穆朗玛峰峰顶测量。

中，在各自岗位上心系群众、扎实苦干。雷锋、王进喜、焦裕禄、孔繁森、廖俊波、黄大年、王继才、张富清……这些时代楷模，是全心全意为人民服务的典范，是党的宗旨的忠实实践者。

2015年是我国自主完成珠穆朗玛峰高程测量40周年。参加当年测量工作的国家测绘地理信息局第一大地测量队6位老队员，一起给习近平总书记写了一封信，由《党建》杂志社转交。

在党94岁生日这天，习近平总书记给这6位老队员、老党员回了信。信中说：40年前，国测一大队的同志同军测、登山队员一起，勇闯生命禁区，克服艰难险阻，成功实现了中国人对珠峰高度的首次精确测量。不忘初心，方得始终。全国广大共产党员要始终在党爱党、在党为党，心系人民、情系人民，忠诚一辈子，奉献一辈子，以自己的实际行动，团结带领亿万人民为实现“两个一百年”奋斗目标、实现中华民族伟大复兴的中国梦而共同奋斗。

2016年7月1日，庆祝中国共产党成立95周年大会召开，习近平总书记指出：“我们党已经走过了95年的历程，但我们要永远保持建党时中国共产党人的奋斗精神，永远保持对人民的赤子之心。”面向未来，面对挑战，习近平总书记要求全党同志一定不忘初心、继续前进。

2017年10月18日，党的十九大召开，大会确定的主题正是——不忘初心，牢记使命，高举中国特色社会主义伟大旗帜，决胜全面建成小康社会，夺取新时代中国特色社会主义伟大胜利，为实现中华民族伟大复兴的中国梦不懈奋斗。“不忘初心，方得始终。中国共产党人的初心和使命，就是为中国人民谋幸福，为中华民族谋复兴。这个初心和使命是激励中国共产党人不断前进的根本动力。”

“初心”一词来源于《华严经》。“使命”一词最早出现在春秋战国时期。《论语》：“使于四方，不辱君命”，《战国策》：“唐雎不辱使命。”家国同构、修齐治平。“不忘初心，方得始终”既是修身做人的道理，也是为政的哲学。

2019年5月31日，“不忘初心、牢记使命”主题教育工作会议在北京召开。2019年是中华人民共和国成立70年，也是中国共产党在全国执政70年，在全党开展主题教育正当其时。

走得再远、走到再光辉的未来，也不能忘记走过的过去，不能忘记为什么出发。

70多年过去了，《为人民服务》早已写进小学课本，也烙印在中国共产党人心中。

走过中南海新华门，“为人民服务”五个字熠熠生辉。

从人民是真正的英雄到我将无我不负人民

郝思斯

烽火28年，执政70载，中国共产党与亿万人民紧密相连。为什么中国共产党常常问自己“为了谁、依靠谁、我是谁”，因为须臾不敢忘记自己的根基和责任。

意大利罗马，议会广场上公元前六世纪的方尖碑，正对着的蒙特奇特利欧宫，那是众议院所在地。2019年3月22日，习近平总书记出访欧洲，在这里会见意大利众议长菲科。

会见临近结束，“70后”的菲科说，“最后，我有一个很好奇的问题，不知能不能问一下？”

全场目光注视着他。“您当选中国国家主席的时候，是一种什么样的心情？”

大家轻声笑起来。菲科补充说：“因为我本人当选众议长已经很激动了，而中国这么大，您作为世界上如此重要国家的一位领袖，您是怎么想的？”

人民日报记者杜尚泽是在场者之一，她听到习近平总书记说，这么大一个国家，责任非常重、工作非常艰巨。我将无我，不负人民。我愿意做到一个“无我”的状态，为中国的发展奉献自己。

杜尚泽赶忙把这段话速记下来，10多分钟新闻稿一气呵成。很快，这篇发自现场的报道，在网络刷屏。

“无我”一词出现得很早。苏轼在为司马光写的碑文中有“公亦无我，惟民是度”，元代刘祁在《归潜志》中写道，“士大夫为吏者，当以至公无我处之”。“无我”是中国传统文化对胸怀天下、坦荡无私的境界追求。

中华文明五千年生生不息，滋养了一代代中国人的家国情怀、责任意识、担当精神，中国共产党的初心就浸润在这样深厚的文化中。

开国大典前一天傍晚，毛泽东、宋庆龄、朱德、刘伯承、贺龙、粟裕等人为人民英雄纪念碑奠基，毛泽东宣读了他写的碑文：

“三年以来，在人民解放战争和人民革命中牺牲的人民英雄们永垂不朽！三十年以来，在人民解放战争和人民革命中牺牲的人民英雄们永垂不朽！由此上溯到一千八百四十年，从那时起，为了反对内外敌人，争取民族独立和人民自由幸福，在历次斗争中牺牲的人民英雄们永垂不朽！”

“人民万岁！”开国大典，面对高呼“中国共产党万岁”的数十万游行群众，毛泽东回应。

人民是真正的英雄，人民是历史的创造者。

从“百年魔怪舞翩跹”到“一唱雄鸡天下白”，中国共产党引领中国人民，结束近代以来中国内忧外患交织、几近亡国的悲惨境遇，开启中华民族不断发展壮大、走向伟大复兴的历史征程，正因为人民是生存之基、力量之源和胜利之本。

新中国，自己的土地，自己的工厂，自己的国家，“中华儿女多奇志”“六亿神州尽舜尧”，中国人民的主人翁意识被激起，干劲十足。

1958年初夏，北京十三陵水库大坝工地，十几万人正在劳动。5月25日，中共八届五中全会在北京召开。当日下午，毛泽东、周恩来、朱德及与会的中央委员来到这里，加入劳动。

毛泽东身着灰布衣，脚穿圆口布鞋，手握着铁锹铲着土，周恩来笑容满面和工人们一起干活，朱德接过运土队员手里百十斤的扁担就走，几乎看不出已年过七十。

“毛主席来和我们一起干活，我们还不使出十二分的劲儿来干？”工地上，扁担队、小车队不断奔向大坝，多拉快跑的民工壮汉，铲土如飞的年轻士兵，凿石运料的机关干部，挑起扁担的青年学生，大家都想着尽快建好大坝，建成水库。

自1958年1月21日开工以来，近40万人轮流义务来到工地参加劳动，北京各区县农民和大中学生，共计2万多人，有的自带干粮，背着行李，翻山越岭，也要投入到建设中。

6月30日，面积相当于20个颐和园昆明湖的十三陵水库竣工，创造了我国水利史上一个奇迹。

中国的命运一经操在人民自己手里，中国就将如太阳升起在东方那样，以自己辉煌的光焰普照大地。

鞍山钢铁厂、上海电机厂、塘沽新港……一批重大工程相继竣工；过去没有的一些工业，包括飞机、汽车、发电设备、精密仪表、合金钢、塑料、无线电等，从无到有建起来。

英国元帅蒙哥马利1960年访问中国后说：“毛泽东的哲学非常简单，就是人民起

建设十三陵水库时热火朝天的劳动场面。

在天安门广场人民英雄纪念碑前举行的向人民英雄敬献花篮仪式。

决定作用。”

为人民而改革，改革才有意义；依靠人民而改革，改革才有动力。40多年来，从小岗村的“大包干”到经济特区的“杀出一条血路来”，从乡镇企业的异军突起到温州模式、苏南模式的各领风骚，人民的力量推动改革开放不断前行。邓小平说，“全国几十万个企业，几百万个生产队都开动脑筋，能够增加多少财富啊”！

中国共产党“一切为了人民、一切依靠人民”的信念，前所未有地将中华民族团结成一个整体。

> **中国共产党“一切为了人民、一切依靠人民”的信念，前所未有地将中华民族团结成一个整体。**

中国特色社会主义进入新时代。时代场景在变，但人民的奋斗不变、力量不变。

党中央决定设立河北雄安新区两年多来，一批基础性重大工程项目启动实施，“千年秀林”工程稳步推进，京雄城际铁路顺利开工，上百家高端高新企业成功落户。位于容城的雄安市民服务中心，自建成后，经常彻夜灯火通明。

离雄安一千多公里外的大庆油田，铁人王进喜是1205钻井队年轻队员的偶像。采油四厂的“杏扶7－丁4－斜丙622”号井，是1205队本年度打的第13口井。到2019年4月，这支队伍已累计钻井2343口，总进尺296多万米，相当于钻透了334座珠穆朗玛峰。

中国人民的奋斗与智慧，将一个个“不可能”变成了“可能”。新时代属于每一个人，每一个人都是新时代的见证者、开创者、建设者。只要精诚团结、共同奋斗，就没有任何力量能够阻挡中国人民实现梦想的步伐。

“人民把我放在这样的工作岗位上，我就要始终把人民放在心中最高的位置。”习近平总书记这样说。

2018年3月20日，在第十三届全国人民代表大会第一次会议上，习近平总书记说：“波澜壮阔的中华民族发展史是中国人民书写的！博大精深的中华文明是中国人民创造的！历久弥新的中华民族精神是中国人民培育的！中华民族迎来了从站起来、富起来到强起来的伟大飞跃是中国人民奋斗出来的！”

烽火28年，执政70载，中国共产党与亿万人民紧密相连。为什么中国共产党常常问自己“为了谁、依靠谁、我是谁”，因为须臾不敢忘记自己的根基和责任。

从一穷二白到全面建成小康

王 卓

全面建成小康社会是中国共产党向人民、向历史作出的承诺，是近十四亿中国人民的期盼。“小康”将从千百年来中国人民遥望的社会理想，变成具体的现实，这是中国历史亘古未有的跨越，也是中国对人类社会的贡献。

侯波，中国摄影家，曾担任毛泽东专职摄影师12年，毛泽东生前公开发表的700多幅照片中，有侯波拍摄的400多幅。

开国大典那天，毛泽东在天安门城楼上足足站了6个小时没有休息。宣告新中国成立、广场上万众欢腾、受阅的三军部队依次通过。侯波在镜头里发现，毛泽东的表情始终凝重。

日制九七式“老头坦克”、150毫米“花炮”、德制七九步枪、捷克式轻机枪。受阅的武器是“万国牌”，很多还是别国淘汰的旧品。

一辆装甲车正行驶到天安门西侧，突然因为机械故障熄了火。后面装甲车里的战士急中生智，赶快把自己这辆车开上前去，顶住前面开不动的车，一直顶到西长安街。

这个过程，城楼上的毛泽东看得清清楚楚，这已经是我军手中最好的装备了。当新组建的人民解放军空军战机飞过广场上空，毛泽东脸上露出了笑容。

那天的心情，毛泽东后来说“又愉快又不愉快”。“中国解放我是很高兴的，但是总觉得中国的问题还没有完全解决，因为中国很落后，很穷，一穷二白。”

一穷二白，“穷”就是没有多少工业，农业也不发达；“白”就是一张白纸，文化水平、科学水平都不高。当时的新中国是世界上最贫穷的国家之一，经济水平不要说与同时期资本主义发达国家和苏联无法相比，就是与国情相近的印度也有很大差距。在这样的基础上，加快社会主义建设，实现人民普遍丰衣足食、安居乐业，难度可想而知。

1956年4月25日，毛泽东在中央政治局扩大会议上，作了《论十大关系》的报告：“我曾经说过，我们一为‘穷’二为‘白’。”“从发展的观点看，这并不坏。穷就要革命，富的革命就困难。科学技术水平高的国家，就骄傲得很。我们是一张白纸，正好写字。”

一张白纸好写字。在这张富有无限可能的白纸上，中国共产党带领全国人民开始对社会主义现代化建设进行艰辛探索。

我国第一个核武器研制基地选址在青海湖北岸金银滩草原。世世代代居住在这里的1075户牧民，舍小家为大家，仅用三天时间就全部举家西迁。

1964年10月16日，中国第一颗原子弹爆炸成功，改变了世界形势和中国地位。“两弹一星”元勋彭恒武感慨：新中国，工农兵一起协力，集中全国力量搞核武器。靠出国不行，靠学人家也不行，要自己干出来。旧中国搞不成，只有新中国，依靠全国同心协力，核武器才搞成功。钱三强说：“曾经以为是艰难困苦的关头，却成了中国人干得最欢、最带劲、最舒坦的黄金时代！”

短短三十年间，在旧中国遗留的废墟上，中国共产党领导人民逐步建立起一套独立完整的工业体系和国民经济体系，为社会主义现代化奠定了宝贵的物质基础。

1979年，时任日本首相的大平正芳率团访问中国。他问邓小平：中国将来会是什么样？整个现代化的蓝图是如何构思的？邓小平说：“我们要实现的四个现代化，是中国式的四个现代化。我们的四个现代化的概念，不是像你们那样的现代化的概念，而是‘小康之家’。”

“小康”，出自《诗经》“民亦劳止，汔可小康。惠此中国，以绥四方”。从古到今，“小康”，一直是中国人对衣食丰足、安居乐业社会状态的恒久守望。

“中国式现代化”，用了这个从几千年中华文明中孕育的词。一代代中国人的期待，成为中国共产党领导现代化建设的目标。

“中国式现代化”，用了这个从几千年中华文明中孕育的词。一代代中国人的期待，成为中国共产党领导现代化建设的目标。

1982年，党的十二大提出：从1981年到20世纪末的20年，力争使全国工农业的年总产值翻两番，即由1980年的7100亿元增加到2000年的28000亿元左右。第二年春天，邓小平在苏杭等地考察，一路上看到人们喜气洋洋，新房子盖得很多，市场物资丰富，干部信心很足。他说，到20世纪末实现“翻两番”，“要有全盘的更具体的规划，各个省、自治区、直辖市也都要有自己的具体规划，做到心中有数”。

随着中国特色社会主义实践深入发展，中国共产党对小康社会认识也在不断深化。党的十三大提出“三步走”发展战略：第一步，从1981年到1990年实现国民生

1958年，中国第一台履带式拖拉机“东方红”开进村庄。

2015年，新一代“耕王”无人驾驶拖拉机进行田间作业。

产总值比1980年翻一番，解决人民的温饱问题；第二步，从1991年到20世纪末，使国民生产总值再增长一倍，人民生活达到小康水平；第三步，到21世纪中叶，人均国民生产总值达到中等发达国家水平，人民生活比较富裕，基本实现现代化。

“人民生活总体上达到小康水平”这个目标在20世纪末如期实现。在此基础上，党的十六大提出，在本世纪头二十年，集中力量，全面建设惠及十几亿人口的更高水平的小康社会。

党的十八大以来，以习近平同志为核心的党中央顺应我国经济社会新发展和广大人民群众新期待，提出了全面建成小康社会新的目标要求，从“建设”到“建成”，赋予了“小康”更高的标准、更丰富的内涵。

2012年11月，习近平总书记首次提出“实现中华民族伟大复兴的中国梦”这一战略思想时，就将全面建成小康社会与“两个一百年”奋斗目标、中国梦这三者紧密联系在一起，“到中国共产党成立100年时全面建成小康社会的目标一定能实现，到新中国成立100年时建成富强民主文明和谐的社会主义现代化国家的目标一定能实现，中华民族伟大复兴的梦想一定能实现”。

打赢脱贫攻坚战，是全面建成小康社会的底线任务。

黄河故道上的河南省兰考县，历史记载中，300多年里曾发过90多次水灾，100多年里有63个村庄被风沙掩埋。50多年前，焦裕禄就在兰考率领群众“战天斗地”。2017年，兰考将贫困的帽子彻底甩掉。

在党的十九大上，现任兰考县委书记蔡松涛举着一个介绍兰考巨变的APP二维码标牌，上面写着四个红字——拼搏兰考。“2020年，兰考有信心与全国人民一道实现小康。”

2012年至2018年，我国农村贫困人口从9899万减少到1660万，贫困发生率从10.2%下降到1.7%，相当于每小时约1500人、每分钟约25人脱贫。“中国减贫的成就，是人类历史上最伟大的事件之一。”世界银行前行长金墉对此高度评价。

全面建成小康社会，不仅是“小康”，而且还要“全面”。全面小康是“五位一体”全面进步的小康，经济、政治、文化、社会、生态文明建设全面推进，任何一个方面发展滞后都不行。

党的十九大报告指出，要坚决打好防范化解重大风险、精准脱贫、污染防治的攻坚战，使全面建成小康社会得到人民认可、经得起历史检验。打赢三大攻坚战，破解制约全面建成小康社会的重点难点，才能一鼓作气向第一个百年目标冲刺。

2018年6月，关于全面加强生态环境保护坚决打好污染防治攻坚战的意见出炉，“着力打好碧水保卫战”是污染防治攻坚战到2020年三场关键战役之一。

随即，最大规模饮用水水源地环境集中整治行动在全国各地展开。2018年底，已完成涉及276个地市1586个水源地的6251个环境违法问题整治，基本消除36个重点城市1009个黑臭水体。

2019年，全面实施长江保护修复、城市黑臭水体治理、渤海综合治理、农业农村污染治理正在进行。饮用水源地环境问题整治进一步推进到县区一级。截至8月7日，涉及156个地市527个县899个水源地的3626个环境问题，2937个已完成整治，整治完成率达81%。

建立协作机制、出台配套政策、开展集中治理、强化专项执法、启动应急联动、动员群众参与……世界看到了中国的决心。“历史上我们还没有发现其他国家能在如此短的时间内这样大幅减少污染的例子。”长期研究全球能源政策的美国经济学家迈克尔·格林斯通评价。

全面建成小康社会是中国共产党向人民、向历史作出的承诺，是近十四亿中国人民的期盼。

到2020年，“小康”将从千百年来中国人民遥望的社会理想，变成具体的现实，这是中国历史亘古未有的跨越，也是中国对人类社会的贡献。

中国共产党带领中国人民从一穷二白，走过温饱，走近全面小康，第一个百年奋斗目标触手可及。

从土地改革到全面深化改革

何 韬

中国全面深化改革之所以能顺利推进，正源于中国共产党在领导改革开放和社会主义现代化建设伟大社会革命的同时，坚定不移推进党的自我革命，确保党始终代表最广大人民根本利益。

每年8月初，素有“湖广熟，天下足”美誉的洞庭湖平原，早稻收完，晚稻已经插秧。

87岁的陈克斌，老家就在离洞庭湖不远的华容县万庾镇兔湖垸村。万庾镇得名很早，“庾”为露天谷仓，早在唐朝这里就建仓储粮。可陈老回忆，“号称万吨粮仓，但小时候基本没有吃过饱饭”。

1950年，陈家4口人通过土地改革分到了10亩地，告别了祖祖辈辈的佃户身份。“以前只敢种产量最有保障的作物，一般是种蚕豆，品质不好，但能保收。分田到户后可以自由调配，开始种水稻、高粱、豌豆，吃得饱，也吃得好了。”

土地，是农民的命根子，一部中国史也是一部土地革命史。从商鞅变法、王安石变法到张居正改革，无一不围绕着土地做文章。从全世界看，土地制度的变革也成为绝大多数国家走向现代化道路的必然选择。

中国共产党在革命斗争中逐步认识到，要以农村为工作重点，进行土地革命，开展武装斗争，建设根据地。1927年，中国共产党选择了农村包围城市战略，进入了十年土地革命战争时期。1947年10月，中共中央颁布《中国土地法大纲》，宣布“废除封建性及半封建性剥削的土地制度，实行耕者有其田的土地制度”。

1950年6月，《中华人民共和国土地改革法》颁布，明确规定没收地主的土地、耕畜、农具、多余的粮食及其在农村中多余的房屋，统一、公平合理地分配给无地少地及缺乏其他生产资料的贫苦农民所有。到1952年底，除一部分少数民族地区外，土地改革在全国大陆基本完成。约3亿无地少地的农民无偿地获得约7亿亩土地，免除了过去每年向地主交纳的3000万吨以上粮食的地租。1959年，西藏地区也开始了土地改革为中心的民主改革，农民真正获得了解放。

这场前后长达三十多年的土地改革，让存在两千多年的封建土地所有制彻底摧毁，大大激发了人们的劳动积极性。社会主义革命在较短时间内完成，迅速建立起社会主义基本制度和独立的比较完整的工业体系、国民经济体系，为此后发展进步奠定了坚实基础。

党的十一届三中全会召开，改革最先从土地、农村开始。

1978年冬夜，安徽小岗村18户村民聚集到严立华家中，偷偷按下手印，联名签订了分田和包干到户的契约。18个红手印，撬动起一场大变革。

那时，中国西南一家大型炼钢厂还在使用140年前的英国机器，北京王府井百货大楼商品仅有2.2万种，而瑞士的发电厂已经在用计算机管理，日本东京的大型商店商品则多达50万种。

这年初夏，一个中国代表团在西欧五国25个城市开展了为期一个多月的考察。

“差距太大，很有咄咄逼人的紧迫感”。代表团归来向中共中央政治局汇报，从下午3点半开始一直进行到晚上11点，足足讲了7个半小时。听了汇报，叶剑英分析：我们需要西欧的先进技术，他们资金过剩，技术需要找市场，引进技术的重点应放在西欧。聂荣臻说：过去我们对西方的宣传有片面之处，这反过来又束缚了我们自己。这次调查比较全面，应当拍板了！不要光议论了！

“改革开放是决定当代中国命运的关键一招，也是决定实现‘两个一百年’奋斗目标、实现中华民族伟大复兴的关键一招。”

邓小平说，“如果现在再不实行改革，我们的现代化事业和社会主义事业就会被葬送”。党的十一届三中全会作出了把党和国家工作重心转移到经济建设上来、实行改革开放的历史性决策。拨乱反正后的中国，改革加速。

小岗破冰，深圳试水，浦东闯关，平潭浪涌，前海开发，雄安启航，改革开放让中国发生了翻天覆地的变化，即便最大胆的预言家也很难想象到这个古老的国家“史诗般的进步”。

“改革开放是决定当代中国命运的关键一招，也是决定实现‘两个一百年’奋斗目标、实现中华民族伟大复兴的关键一招。”习近平总书记的论断正是中国共产党和亿万中国人民对改革开放的认识和感悟。

改革开放已成为当代中国最鲜明的特色，当代中国共产党人最鲜明的品格。

2013年，中国改革到了一个新的重要关头，“容易的、皆大欢喜的改革已经完成了，好吃的肉都吃掉了，剩下的都是难啃的硬骨头”。面对难题，中国共产党坚定不移高举改革开放大旗，十八届三中全会为改革“突破升级”，“完善和发展中国特色社会主义制度，推进国家治理体系和治理能力现代化”。15个领域，336项重大举措，《中共中央关于全面深化改革若干重大问题的决定》，涉及范围之广、力度之大

1947年《中国土地法大纲》颁布后，参加土地改革的群众在登记丈量土地。

2018年12月18日，庆祝改革开放40周年大会在北京隆重举行。这是少先队员向受表彰人员献花。

前所未有。

两个“三中全会”都是划时代的。前者在党和国家面临何去何从的重大历史关头召开，开启了改革开放和社会主义现代化建设历史新时期。后者开启了全面深化改革、系统整体设计推进改革的新时代，开创了我国改革开放的全新局面。

有人总结：中国道路以前给人的启示更多是经济方面的，但党的十八大以后的中国改革，则为发展中国家提供了一个“全方位”的借鉴。经济建设上，提出“使市场在资源配置中起决定性作用和更好发挥政府作用”，更加强调高质量发展；政治建设上，更加聚焦中国特色社会主义制度建设，推进国家治理体系和治理能力现代化；文化建设上，坚定树立文化自信，以社会主义核心价值观凝魂聚力；社会建设上，坚持“以人民为中心的发展思想”，满足人民对美好生活的向往；生态文明建设上，牢固树立“绿水青山就是金山银山”理念，把生态文明建设融入发展各方面和全过程。同时，坚持改革和法治同步推进，相辅相成、相得益彰。全面深化改革，拓展了中国社会主义现代化的航道，一幅“全面发力、多点突破、蹄疾步稳、纵深推进”的改革画卷清晰可见。

全面深化改革，艰险程度不言而喻，破除利益藩篱的难度可想而知。越是艰险越要统一号令，越要坚决维护以习近平同志为核心的党中央权威和集中统一领导。增强“四个意识”，坚定“四个自信”，做到“两个维护”，是全面深化改革的必然要求，是新时代推进中国特色社会主义事业发展的必然要求。

党的十九大将“全面深化改革”列入新时代坚持和发展中国特色社会主义的基本方略，明确为习近平新时代中国特色社会主义思想的重要内容。

深化党和国家机构改革、实施乡村振兴战略、推进国家公园体制试点、深化医药卫生体制改革、加快雄安新区建设，改革的步伐更加坚定有力；共建“一带一路”、谋划中国特色自由贸易港、举办中国国际进口博览会、出台《外商投资法》、推进粤港澳大湾区建设，开放的大门越来越大。

一年多来，从中央到地方，深化党和国家机构改革各项部署迅速落实到位，改革成果逐渐显现。

“这块光荣牌，让我感到我们是最可爱的人，也是最光荣的人。”不久前，广西壮族自治区退役军人事务厅收到85岁退役军人黄祖南写来的一封感谢信。

老人一家三代从军。得益于新组建的各级退役军人事务机构，3400万户像他一样的家庭挂起了光荣牌，3900万名退役军人和其他优抚对象获得身份认定和信息采集，8.2万名军转干部、40余万名退役士兵得到妥善安置。

到2018年底，习近平总书记亲自主持召开40多次中央深改组、中央深改委会议，审议通过400多个重要改革文件，确定300多个重点改革任务，出台1600多项改革举措。

美国学者塞缪尔·亨廷顿感慨，“中国改革，最复杂也最成功”。中国有着专属的成功密码，改革是要破除既得利益的，而破除既得利益需要有能够代表人民整体利益的政治力量来推动。

中国全面深化改革之所以能顺利推进，正源于中国共产党在领导改革开放和社会主义现代化建设伟大社会革命的同时，坚定不移推进党的自我革命，确保党始终代表最广大人民根本利益。

没有改革开放，就没有中国的今天。全面深化改革，才会有中国更美好的明天。70年的成就给了中国共产党、中国人民底气和信心，实现中华民族伟大复兴，改革就是活力之源。

从五四宪法到全面依法治国

李志勇

中国正处于实现“两个一百年”奋斗目标的历史交汇期，坚持和发展中国特色社会主义更加需要依靠法治，更加需要加强党对全面依法治国的领导。实现中华民族伟大复兴，离不开建设中国特色社会主义法治体系，建设社会主义法治国家。

2018年3月17日上午，全票当选国家主席、中央军委主席的习近平左手抚按宪法，右手举拳，面向近3000名代表宣读誓词——

“我宣誓：忠于中华人民共和国宪法，维护宪法权威，履行法定职责，忠于祖国、忠于人民，恪尽职守、廉洁奉公，接受人民监督，为建设富强民主文明和谐美丽的社会主义现代化强国努力奋斗！”

这是中华人民共和国历史上第一次国家领导人宪法宣誓。

“法者，治之端也。”天下之程式，万事之仪表。中华传统文化中，法治思想具有重要地位和价值。春秋战国时期确立了成文法法律体系，历经秦律、汉律、唐律及明清律例，成为中华法系的基石，维护国家长治久安。

中国共产党领导法治建设，经历了从无到有的探索。早在新民主主义革命时期，中国共产党就领导通过一系列法律、法令、条例、训令以及法规性文件。1922年提出《劳动法大纲》，发动了大规模的劳动立法运动。1928年制定《井冈山土地法》，第一次用法律形式确定了农民分配土地的权利。

制定于1931年的《中华苏维埃共和国宪法大纲》，是中国历史上由人民代表机关正式通过并公布施行的第一部人民宪法。在共产党领导下，革命根据地普遍设立法院、检察机关，形成了审判原则和诉讼制度。苏区的人民调解制度、陕甘宁边区的马锡五审判方式等，沿用至今。

新中国成立，为社会主义法治建设奠定了根本政治前提。浙江省杭州市北山路84号“五四宪法”历史资料陈列馆的墙壁上，镌刻着毛泽东当年说过的话——“治国须有一部大法。”

1953年12月24日，毛泽东带领宪法起草小组的成员，从北京到杭州，集中精力去做一件立国安邦的大事。

为了起草宪法，毛泽东研究了世界各类宪法。他从苏俄宪法中得到启发，决定在总纲前加入序言部分，记载1840年以来中国革命和建设的历史及其成果，反映中国近代史发展的客观规律和基本经验。这些是全国各族人民具有的共同认识，是理解中国国体、政体、国家结构形式、民族政策等一系列重大宪法问题的基础。

序言是宪法的灵魂，与正文同样具有最高法律效力。这个形式，在我国宪法中，一直保持到现在。

在杭州，毛泽东几乎爬遍了西湖附近的大小山峰，一边爬山，一边思考。有一次爬五云山，身边同志问他什么时候回北京。他答非所问：“宪法是一个国家的根本法，从党的主席、政府主席到一般老百姓都要按照它做，将来我不做党和政府主席了，谁来当也要按照它做，这个规矩要立好。”

宪法起草小组在杭州待了两个多月，为中共中央政治局会议进一步讨论修改宪法草案，提供了一个比较成熟的稿本。

1954年3月23日，宪法起草委员会第一次会议在中南海勤政殿举行，毛泽东主持会议并代表中国共产党向会议正式提出《中华人民共和国宪法草案（初稿）》。6月14日宪法（草案）正式公布后，全国有1.5亿人次参与了讨论，各方提出意见118万多条。

1954年9月，中华人民共和国第一届全国人民代表大会全票通过了新中国第一部宪法。五四宪法是一部社会主义类型的宪法，巩固了中国人民革命胜利的历史成果和新中国成立以来政治上、经济上的新胜利，反映了全国人民建立社会主义社会的共同意愿。

道路并非一帆风顺，历经曲折后，1978年改革开放重启中国法治进程。

当时，我国事实上的法律，只有婚姻法等几部。1978年12月，邓小平说：“应该集中力量制定刑法、民法、诉讼法和其他各种必要的法律……做到有法可依，有法必依，执法必严，违法必究。”

1979年7月1日，五届全国人大二次会议一天之内通过了刑法、刑事诉讼法等7部法律。“一日七法”，并不是说这些法律都是一天制定的，而都经过了周密准备，有的是长时期酝酿而来。

伴随着改革开放，中国共产党领导的社会主义法治建设不断深化。党的十五大明确了依法治国的基本方略，确立了建设社会主义法治国家的战略目标；党的十六

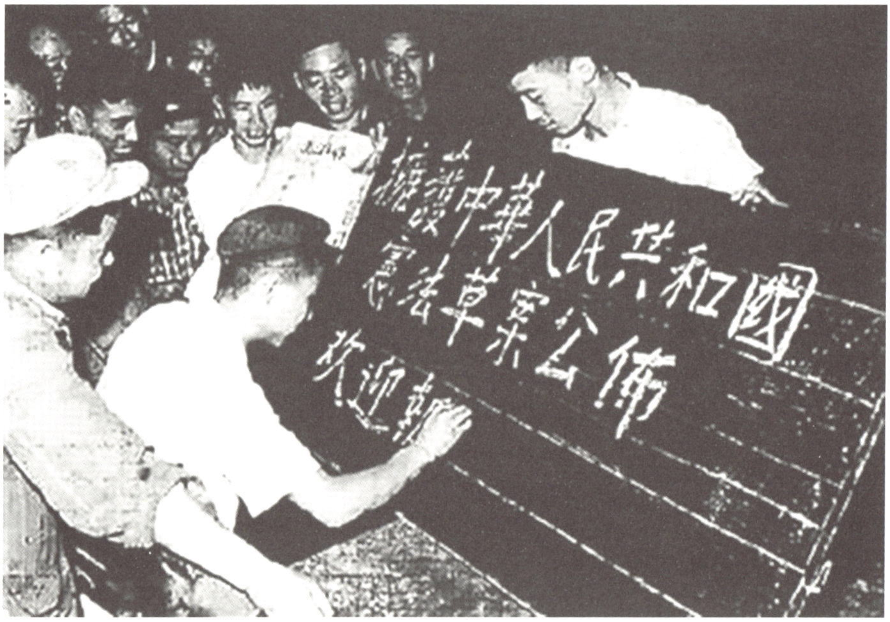

1954年新中国第一部宪法草案公布，人民群众积极拥护宣传。

2018年3月17日，中华人民共和国第十三届全国人民代表大会第一次会议宪法宣誓仪式在北京人民大会堂举行。主席台上，3名礼兵迈着正步护送《中华人民共和国宪法》入场。（新华社记者　庞兴雷　摄）

大提出，把坚持党的领导、人民当家作主和依法治国有机统一起来；党的十七大明确，依法治国是社会主义民主政治的基本要求；党的十八大强调，更加注重发挥法治在国家治理和社会管理中的重要作用。

在这期间，我国陆续制定了民法通则、行政诉讼法、物权法等一大批法律，逐渐形成了中国特色社会主义法律体系，走上了中国特色社会主义法治建设的宽广道路。

中国特色社会主义进入新时代，中国法治也跨入新时代。

“全面建成小康社会之后路该怎么走？如何跳出历史周期率、实现长期执政？如何实现党和国家长治久安？”十八届四中全会给出答案：全面推进依法治国，建设中国特色社会主义法治体系，建设社会主义法治国家。在“四个全面”战略布局中，全面依法治国为全面建成小康社会、全面深化改革、全面从严治党提供长期稳定的法治保障。

2018年1月26日，早上9点不到，宁夏银川新水桥村村民们就在村委会便民服务大厅排起了长队。这天，新水桥村将为符合配股条件的2885位村民，发放82.14万元股金红利。

村民张荣领到了钱，脸上露出笑容，“我们家三口人分了900元，这是我第一次拿到分红”。

新水桥村常住居民4500人，3年前，为了尽快致富增收，村里成立了宁夏新水桥实业有限公司，由村委会负责人出任公司负责人。然而村委会的法人身份受到了质疑。村党总支书记王绍利很困惑：“因为没办法认定法人身份，在出资和经营过程中非常艰难，开证明、开介绍信非常麻烦。”

2017年新颁布实施的民法总则将农村集体经济组织列为一类特别法人，在法律上解决了农村集体经济组织法人资格的问题。

“特别法人”制度，破解新桥村发展之困，实现了集体资产的盘活。王绍利说，现在公司承揽了村移动公厕、农贸市场外部地坪建设等多个项目，村集体经济收入大幅增加，村民日子越过越好。

十八届四中全会明确提出编纂民法典的重大立法任务。民法总则的制定颁布率先走出了一步。2018年8月27日，民法典各分编草案首次提交全国人大常委会审议。按照立法规划，民法典编纂工作将于2020年完成。

全面依法治国是国家治理的一场深刻革命。党的十九大报告53次提到“法治”，把全面依法治国纳入新时代坚持和发展中国特色社会主义基本方略，展现了中国共产党依法治国的信心与决心。

党的十九大报告53次提到“法治”，把全面依法治国纳入新时代坚持和发展中国特色社会主义基本方略，展现了中国共产党依法治国的信心与决心。

2018年1月，十九届二中全会专门讨论宪法修改问题，审议通过《中共中央关于修改宪法部分内容的建议》。不久后，十三届全国人大一次会议表决通过《中华人民共和国宪法修正案》。

这次宪法修改，把习近平新时代中国特色社会主义思想写入宪法，实现了国家指导思想的与时俱进；把中国共产党领导是中国特色社会主义最本质的特征写进宪法总纲第一条；调整充实中国特色社会主义事业总体布局和第二个百年奋斗目标的内容，确保党领导全国人民继续向着共同的奋斗目标前行。

党的领导和社会主义法治是一致的，党要领导立法、保证执法、支持司法、带头守法。

2018年3月，中共中央印发《深化党和国家机构改革方案》，在深化党中央机构改革中，第二条就是“组建中央全面依法治国委员会”，加强党对全面依法治国的集中统一领导，统筹推进全面依法治国工作。8月24日，中央全面依法治国委员会成立，中国共产党历史上第一次有了这样的机构。

中国正处于实现“两个一百年”奋斗目标的历史交汇期，坚持和发展中国特色社会主义更加需要依靠法治，更加需要加强党对全面依法治国的领导。实现中华民族伟大复兴，离不开建设中国特色社会主义法治体系，建设社会主义法治国家。

科学立法、严格执法、公正司法、全民守法，法治国家、法治政府、法治社会，在中国共产党领导下，法治中国建设正不懈前行。

从人民五亿不团圆
到同心共筑中国梦

兰琳宗

新时代的今天，我们比历史上任何时期都更接近、更有信心和能力实现中华民族伟大复兴的中国梦。在中国特色社会主义伟大实践中，中国共产党正以坚强领导和顽强奋斗，激励全体中华儿女同心共筑中国梦。

1950年10月3日，中南海怀仁堂举行歌舞晚会，各民族代表和各界人士欢聚一堂，庆祝新中国成立一周年。毛泽东对坐在前排的柳亚子说："这样的盛况，亚子先生何不填词以志盛？我来和。"于是柳亚子即席赋《浣溪沙》一首。次日，毛泽东用毛笔在宣纸上手书了和词《浣溪沙·和柳亚子先生》回赠。

词的上阕：长夜难明赤县天，百年魔怪舞翩跹，人民五亿不团圆。

中国向何处去？曙光从何处来？民族复兴成为近代以来中国人民最渴望的梦想。数十年间，各种政治力量和派别都没能解决中国的前途和命运问题。直到1921年中国共产党登上历史舞台，中国人民才有了前进的主心骨，中华民族才有了坚强的领路人。

词的下阕：一唱雄鸡天下白，万方乐奏有于阗，诗人兴会更无前。

在中国共产党的领导下，一盘散沙的中国人凝聚在一起，艰苦卓绝建立新中国，热火朝天建设新中国。

荆江分洪工程，新中国的第一个大型水利工程。地处长江三峡下游的荆江，河段全长347公里，由于地势平坦、河道弯曲，水流宣泄不畅。1949年前的300多年间，荆江大堤溃决过34次，到了近代，更是平均5到6年就发生一次大洪水。

1952年春，中央决定开建荆江分洪工程并要求在汛前完成。4万工人、16万农民、10万解放军战士迅速组成建设大军，数百万人做后勤支援。从4月5日开工到6月20日竣工，仅仅75天，建成了第一期主体工程。

一个刚刚在全国执政的政党，团结带领人民，开启了一场社会主义革命，确立了社会主义基本制度。仅用3年，新中国工农业生产就超过了历史最高水平，恢复了国民经济。在农村，土地改革使3亿多农民无偿获得了7亿亩土地和生产资料。中国人民，在自己的土地上，初尝幸福滋味。

探索着前人从来没有走过的路，过程不会一帆风顺。在经历了社会主义建设时期的挫折之后，现实国情和国际形势，让中国共产党认识到唯有改革开放能杀出一条血路。

1978年召开的十一届三中全会，为中国人民带来一次思想大解放，蕴藏在人民之中的无穷潜力充分释放。

1985年重阳节后，邓小平在北京会见美国时代公司组织的高级企业家代表团时说："一部分地区、一部分人可以先富起来，带动和帮助其他地区、其他的人，逐步达到共同富裕。"

东西部扶贫协作和对口支援，是实现先富帮后富、最终实现共同富裕目标的大举措。1996年5月，党中央作出决策：9个东部省市和4个计划单列市与西部10个省区开展扶贫协作。

中国梦，贯穿着历史、现实和未来，连接着国家、民族与个人的前途命运，蕴含着国家富强、民族振兴、人民幸福的丰富内涵，成为凝聚人心的最大公约数、最大同心圆。

20多年来，东部与西部之间开展了多层次、多形式、宽领域、全方位的扶贫协作，来自东部发达地区的资金、技术、人才、理念源源不断地输入西部，促进贫困地区提升"造血"能力，实现互利共赢、共同发展。

2012年11月29日，习近平总书记参观《复兴之路》展览时说："现在，大家都在讨论中国梦，我以为，实现中华民族伟大复兴，就是中华民族近代以来最伟大的梦想。"

中国梦，贯穿着历史、现实和未来，连接着国家、民族与个人的前途命运，蕴含着国家富强、民族振兴、人民幸福的丰富内涵，成为凝聚人心的最大公约数、最大同心圆。

2015年国庆前，新疆库车县乌尊镇玉奇喀拉二村一对"80后"维吾尔族姐妹，用了两个月时间，一针一线织就了一幅长152厘米、宽80厘米的精美十字绣。

大幅绣品上，金色的党徽、鲜艳的五星红旗、雄伟的天安门、庄严的华表、圣洁的和平鸽共同簇拥着7个字——"同心共筑中国梦"。

姐妹俩刺绣的好手艺，是由从浙江宁波远道而来的老师，手把手教的。从只会家务农活，到掌握一技之长，手艺越练越精，日子也越过越充实。

绣出"中国梦"的姐妹俩也有着自己的梦想。妹妹希望将来自己能成立一个刺

1952年，广大军民奋战在荆江分洪水利工程上。

2019年2月10日，“伟大的变革——庆祝改革开放40周年大型展览”航天成就展台前人头攒动。（新华社记者　李贺　摄）

绣合作社，用手艺为自己创造幸福的生活；姐姐的志向是："当一个女企业家，组织家乡更多的'绣娘'，共同走上致富路！"

2018年全国两会期间，人民日报新媒体推出微视频《中国一分钟》，全网总播放量突破3.5亿次。今天的中国，一分钟能发生什么？一分钟，移动互联网接入流量46804G、网上商品零售1043万元、快递小哥收发7.6万件快递、移动支付金额3.79亿元、"蛟龙号"最大能下潜50米……

今年40岁的叶聪，是从小爱看《舰船知识》的"装备迷"，没想到刚一参加工作，就参与研制载人深潜器——"蛟龙号"。

茫茫海面上，叶聪经历过潜水器与母船"失联"；5000米深海中，机械臂突然断裂而泄漏的油污让潜水器成了"睁眼瞎"；7000米的海底，大量沉积物覆盖住采样篮而让"蛟龙号"难以作业……靠着过硬的技能和冷静的心理，叶聪成功度过一次次险情。

全世界潜入7000米以下深海的人，只有12个，其中有8人来自中国。叶聪就是8人中的一个，也是中国最早深潜至7000米深海的团队成员之一。2018年12月18日，党中央、国务院授予叶聪改革先锋称号。

在中国成为继美、法、俄、日之后第五个掌握大深度载人深潜技术的国家之后，叶聪与深潜装备研制团队的同事们又成功研制了国产化率达到95%的"深海勇士号"。叶聪说，我们这支团队从"蛟龙号"延续到现在，相信能在几年内驾驶中国自己的万米级全海深载人深潜器到达海洋最深处，实现"海洋强国梦"。

在中国，一分钟，33个新生儿出生，20个新的家庭组建，26人走上工作岗位，333万元投入研究和试验，生产汽车55辆，5288万元货物进出口，创造GDP1.57亿元。

每一分钟，中国力量都在汇聚。2018年，中国收获6.58亿吨的粮食，创造GDP90.03万亿元，在体育赛场斩获114个世界冠军。

中国的快速发展，源自每一分钟的变化，每一分钟的积累，每一个人的努力，这是我们国家重新向世界出发的信心和底气。

新时代的今天，我们比历史上任何时期都更接近、更有信心和能力实现中华民族伟大复兴的中国梦。在中国特色社会主义伟大实践中，中国共产党正以坚强领导和顽强奋斗，激励全体中华儿女同心共筑中国梦。

千人同心，则得千人之力；十四亿人民同心，足以让梦想变为现实。

从自力更生到中国智慧

毛 翔

自力更生是中华民族自立于世界民族之林的奋斗基点。勤劳的中国人民拥有无限创新创造潜力，中国智慧来自于自力更生，是更高境界的自力更生。

2019年春节期间上映的《流浪地球》，口碑与票房双丰收。“遇到再大的危机都要带着地球、带着家”“一百代人的流浪地球计划，子子孙孙持续不断地接力”，解决未来世界科学命题，中国人不但能拼搏，更有独特的智慧。

刘慈欣另一部小说《中国太阳》，写了农村小伙水娃不断奋斗，借助“中国太阳”工程成为深空宇宙开拓者，为人类解决能源问题的故事，与《流浪地球》异曲同工。

现实中，中国真有个“人造太阳”项目。四川成都，中核集团核工业西南物理研究院的实验室里，中国环流器二号A聚变实验装置（HL－2A）正在试验。与太阳发热原理相同，这种受控核聚变实验装置被称为“人造太阳”，是人类寻找能源出路的希望。

这座实验装置内等离子体电子温度高达5500万度，是太阳中心温度的近三倍。2019年底即将建成的中国环流器二号M装置（HL－2M），等离子体温度将超过1亿度。

“如果将来有一盏灯会被聚变之能点亮，期盼这盏灯在中国。”在多边大科学国际合作计划中，中国正为和平利用核能和人类可持续发展贡献智慧。

从刚开始对核能一无所知，到凭借自己的力量成功爆炸原子弹氢弹，再到和平利用核能进入世界前列，这个过程是新中国70年自力更生、艰苦创业、迎难而上、不断进步的缩影。

1961年由中国自行设计、制造成功的国内最大的水压机——上海重型机器厂1.2万吨自由锻造水压机。（新华社记者　张平　摄）

袁隆平在试验田向来华参加杂交水稻技术交流活动的各国来宾介绍杂交水稻。（新华社记者　赵众志　摄）

中华文明悠久而灿烂，历史的长河中，中国人民依靠勤劳与智慧，为世界贡献了许多科技与文化成果，在不少领域长期处于领先地位。近代以来，西方工业革命和资本主义帝国扩张，带给中国一百多年的怆痛。中国共产党带领中国人民，依靠自己的力量，艰苦奋斗，寻求民族复兴的道路。

1939年2月2日，在延安生产动员大会上，毛泽东号召大家，“自己动手、自力更生、艰苦奋斗、克服困难”。1941年，陕甘宁边区所有部队、机关和学校都开展了大生产运动，有效克服了严重的物资困难，保障了抗日经费的供给。1943年春天，毛泽东为陕甘宁边区工农业生产成绩展览会写下了“自己动手，丰衣足食”。

王震率领八路军第三五九旅屯垦南泥湾，三年开荒26万亩，成为大生产运动的一面旗帜。部队在缺乏资金、工具的情况下，从旅长王震到工勤人员、随军家属，人人动手开荒种地，使南泥湾变成“陕北的好江南”。

1945年8月，毛泽东在《抗日战争胜利后的时局和我们的方针》中说：“我们的方针要放在什么基点上？放在自己力量的基点上，叫做自力更生。”

新中国刚成立时，西方国家政治上敌视，经济上封锁，文化上孤立，军事上威胁，中国共产党接手的烂摊子经济萧条、百废待兴。如医疗卫生方面，传染病、寄生虫疾病肆虐，医疗卫生人员少，药品匮乏，无法应对流行疾病和疫情。

严峻的形势和环境没有压倒中国人。医药科研人员从零开始，立志生产自己的抗生素。在国内寻找进口原料替代品，在田野里寻找株菌，一遍遍做实验获取数据。

1956年，科研人员从广西桂林的土壤中分离出链霉菌，1965年，在江西鹰潭找到了放线菌，从而获得了具有明显抗肿瘤作用的抗生素。这两种来之不易的抗生素，就叫“自力霉素”“更生霉素”，英文名“Zilimycin”“Gengshengmycin”。

1958年5月，中国共产党第八次全国代表大会第二次会议在北京召开，煤炭工业部副部长沈鸿写信给毛泽东，建议在上海制造一台万吨水压机。毛泽东问上海市委负责人：上海能不能干？愿不愿干？

干！不干，永远会被“卡脖子”。上海迅速组织人员力量开始了“攀登珠峰”式的技术攻关。

水压机有四根大立柱，每根长18米，粗1米，重80吨，国内所有技术都焊接不了这个庞然大物。工程师邹积铎了解到国外有一种新技术“电渣焊”可以解决这个问题，便向外国专家请教。对方回答，“电渣焊是尖端技术，你们学不会。”中国技术人员经过千百次试验，最终自己掌握了这门技术。1962年6月22日，我国自行设计制造的一万二千吨自由锻造水压机建成并正式投产。

1978年12月18日，中国迎来改革开放的“春天”，十一届三中全会在京西宾馆第一会议室召开。40多年来，这里依然保留着当时的模样，墙上挂着“自力更生、艰苦奋斗”八个字的书法作品。改革开放至今，我国经济科技等各方面进步，无一不是在自力更生基础上，主要依靠自己力量而取得的。

从“唤起工农千百万、同心干”，到“不干，半点马克思主义也没有”，再到“社会主义是干出来的，新时代也是干出来的”，中国用几十年时间走完了发达国家几百年走过的工业化历程，“前所未有地走近世界舞台中央”。

党的十八大之后，习近平总书记第一次外出考察、调研，就到了广东这个改革开放中开风气之先的地方。在现场，他回顾改革开放历程，鼓励大家继续前进，牢记“空谈误国，实干兴邦”，全面建成小康社会要靠实干，基本实现现代化要靠实干，实现中华民族伟大复兴要靠实干。

从“唤起工农千百万、同心干”，到“不干，半点马克思主义也没有”，再到“社会主义是干出来的，新时代也是干出来的”，中国用几十年时间走完了发达国家几百年走过的工业化历程，“前所未有地走近世界舞台中央”。

“士虽有学，而行为本焉”，中华传统文化历来崇尚实干。从实干中获得的经验和智慧，不仅让中国人民受益，也给其他国家提供了借鉴。

2017年5月，北京外国语大学丝绸之路研究院调研，关于“最希望把中国哪种生活方式带回所在国家”，来自“一带一路”沿线20个国家的青年留学生投票选出了高铁、移动支付、共享单车和网购，将其称为中国“新四大发明”。

2019年8月9日，是中国工程院院士、“杂交水稻之父”袁隆平90岁生日，生日蛋糕上有一把金黄的稻穗。鲐背之年的他，依然保持着每天到农田观察水稻培育情况的习惯。

袁隆平1953年毕业于西南农学院，毕业后被分配到湖南安江农校任教。目睹了饥荒给人民带来的痛苦，他决定尽快培育出水稻新品种，让粮食大幅增产，用农业科学技术战胜饥饿。

从60年代初起，袁隆平几十年在田间地头，头顶烈日、脚踩烂泥，驼背弯腰进行科研，在无计其数的水稻植株中寻找样本，日复一日观察分析，年复一年育种试验，风雨无阻，甚至在地震时也不离开他守护的试验田。靠着自力更生、顽强执着和大胆设想、认真求证，取得了一个又一个辉煌成果，用一粒种子造福中国、改变世界。

截至2017年，杂交水稻在我国已累计推广超90亿亩，共增产稻谷6000多亿公斤。袁隆平还多次为印度、越南，以及非洲多个国家传授杂交水稻技术，帮助他们克服粮食短缺和饥饿问题。

耐盐碱水稻，俗称“海水稻”，中国从1986年开始培育。2016年，袁隆平带领青岛海水稻研发中心的科研人员，在单位产量上取得了较大突破，并在新疆、山东、浙江、黑龙江、陕西等五大类型盐碱地区域进行综合改良测试，总示范面积已近万亩。

袁隆平说，我国十几亿亩的盐碱地，基本上是不毛之地。其中有水源的、可以种上水稻的有一亿多亩。我们计划花八年的时间，种上一亿亩的海水稻，每亩按最低产量300公斤算，一亿亩每年可以增产粮食300亿公斤，多养活八千万到一亿人口。

2018年，袁隆平的团队在阿联酋迪拜滨海沙漠地区的海水稻种植获得成功。当地媒体称，应在中东地区复制，减少这些国家的粮食进口，强化粮食安全。“尤其值得称道的是，中国慷慨地施以援手，是负责任大国的精神和中国智慧的生动体现。”

自力更生是中华民族自立于世界民族之林的奋斗基点。勤劳的中国人民拥有无限创新创造潜力，中国智慧来自于自力更生，是更高境界的自力更生。

70年，自力更生、创新创造让中国人民即将迈入全面小康。实现中华民族伟大复兴，依然要靠中国共产党带领中国人民不懈努力，依然要靠中国人的勤劳智慧。

从彻底结束一盘散沙到众志成城

李 鹏

伴随着中国共产党发展壮大、新中国70年风风雨雨，党的组织深入到社会的每一个角落，组织群众、宣传群众、凝聚群众、服务群众，中国共产党以强大的组织力，把全国人民凝聚在一起，众志成城，为实现共同目标而奋斗。

“你们看延安的窑洞像什么？”一位老红军在重返革命圣地延安时，激动地问，“像不像同心同德的‘同’字？”椭圆的洞口，下面的横楣，以及方窗和门，还真像一个“同”字。

志同道合、同心协力、一心同归，中国共产党团结带领人民建立了新中国，彻底结束一盘散沙的局面，把全国人民凝聚成同舟共济、同风共雨的整体。

鸦片战争以后，内忧外患、四分五裂的中国，军阀割据、战争频仍，山河破碎、民不聊生，整个社会“国不知有民，民不知有国”“一盘散沙，人人得以欺之”。孙中山无奈地说，“中国虽四万万之众，实等于一盘散沙”。李大钊疾呼，“举国一致，众志成城”。

直到中国共产党诞生，灾难深重的中国人民有了可以信赖的组织者和领导者，中国革命有了主心骨和领头人。党在革命战争年代就提出，“把工农劳动者和士兵组织起来”，“我们是革命战争的领导者、组织者，我们又是群众生活的领导者、组织者”，“把群众力量组织起来”。

1939年，“七七”抗战两周年，朱自清在《这一天》中写道，“从前只是一大块沃土，一大盘散沙的死中国，现在是有血有肉的活中国了……从两年后的这一天看，我们不但有光荣的古代，而且有光荣的现代；不但有光荣的现代，而且有光荣的将来无穷的世代”。

1949年9月30日，第一届政治协商会议闭幕，毛泽东起草会议宣言《中国人民大团结万岁》，“我们应当将全中国绝大多数人组织在政治、军事、经济、文化及其他各种组织里，克服旧中国散漫无组织的状态，用伟大的人民群众的集体力量，拥护人民政府和人民解放军，建设独立民主和平统一富强的新中国。”

新中国成立后，人民当家作主，建设自己的家园，推进社会主义工业化，完成社会主义改造，建立起社会主义基本制度。全国人民都渴望着社会主义发展的宏伟蓝图变为现实。

太行山东麓，悬崖峭壁上，一渠清水蜿蜒穿行。“人工天河”红旗渠，已整整流淌了50年。

1959年10月，为了改变“连年干旱、禾枯、绝收”的状况，河南林县县委决定“引漳入林”，“只要能把水引过来，苦干没问题！”动员令通过广播和报纸传遍全县。1960年元宵节当天，3.7万修渠大军扛着工具，挑着行李，推着锅灶，开向了修渠第一线，“千军万马战太行”。

口粮匮乏就靠野果充饥，没有住处就住山洞、睡石板床，没有大型工具，就用铁镢、铁锹、小推车，石灰是自己烧的，炸药也是自己配的。

鏖战十个春秋，林县人民靠着一锤一钎一双手，削平了1250座山头，架设151座渡槽，开凿211个隧洞，在悬崖峭壁上建成主渠、支渠等全长共1500公里的红旗渠，先后有81位干部和群众献出了生命。

人民的力量一旦凝聚起来，就没有克服不了的困难，没有越不过去的坎，没有干不成的事。中国共产党领导人民在一张白纸上，建设了一个欣欣向荣的新中国。社会主义革命和建设的成就，为当代中国发展进步奠定了坚实基础。

以党的十一届三中全会为起点，中国开启了改革开放的新征程。改革的力量从人民中来，改革的智慧也从人民中来。改革开放40多年的每一项成就，都是中国共产党团结全国人民众志成城、共同奋斗得来的。

全长1956公里的青藏铁路，东起西宁，南至拉萨，跨昆仑、越巅峰、走羌塘，穿越4000米以上高海拔地区960公里，最高点5072米，所经地区大部分属于生命禁区和无人区。风火山隧道，是青藏铁路的重点难点工程。

来自中铁二十局集团公司的300多名建设者，不但要面对高寒缺氧、气候恶劣等严峻考验，还要面对冻土地域施工这个世界级挑战。公司党委书记周玉成，曾做过两次心脏手术，装有五个心脏支架，仍多次登上海拔5010米的风火山，实地指挥建设。科技攻关小组反复试验论证，先后攻克了含土冰层、饱冰冻土、富冰冻土、裂隙冰以及不良岩层等难题，创新了23项高原隧道冻土施工技术。后勤

“只要我们万众一心、众志成城，就没有克服不了的困难”，“一定要始终与人民心心相印、与人民同甘共苦、与人民团结奋斗”。

1965年4月5日，红旗渠总干渠通水，群众齐聚分水闸庆祝。

2019年1月3日，嫦娥四号落月的一刻，74岁的中国航天科技集团五院深空探测和空间科学首席科学家、嫦娥一号卫星总设计师叶培建院士走向正在前排工作席的嫦娥四号探测器项目执行总监张熇，两代"嫦娥人"的手，紧紧地握在了一起。（新华社记者　金立旺　摄）

保障人员与有关单位联合研制建成两座大型医用制氧站，让每个职工每天吸氧2小时，确保施工过程无一人因高原病死亡。360多个日夜，风火山隧道顺利贯通，建设者们把鲜艳的“风火山青年突击队”队旗插在了山峰。

五年时间，青藏铁路全线通车，“天路”凝结着十多万建设大军的无私奉献与顽强拼搏，用团结的力量谱写了人类铁路建设史上的光辉篇章。

“只要我们万众一心、众志成城，就没有克服不了的困难”，“一定要始终与人民心心相印、与人民同甘共苦、与人民团结奋斗”，习近平总书记说。

2019年1月3日10时26分，嫦娥四号探测器成功在月球背面软着陆，并通过“鹊桥”中继星传回世界第一张近距离拍摄的月背影像图，这是人类第一次探访“谜之月背”。

着陆成功的那一刻，项目执行总监张熇喜极而泣。接受采访时，她说：“这四年里，大家共同战斗是很不容易的。”嫦娥四号项目有上万人参与，探测器、中继星、发射平台、气象保障……若干团队为之付出心血，光是一个着陆器就有200多个设备，玉兔有100多个设备需要测试，每次遇到问题，大家都在一起讨论和分析，再改再试。“当你加入月球探测的队伍之后，再抬头眺望月亮，那感觉是不太一样的……”张熇的眼里闪着光。

中国取得的历史性成就和历史性变革，不是从天上掉下来的，更不是别人恩赐的，而是中国共产党带领全体人民同心同德、同心同向奋斗出来的。

中国共产党不但是以共同理想信念凝聚起来的马克思主义政党，而且有着科学严密的组织体系。有中央组织、地方组织，有发挥坚强战斗堡垒作用的基层组织，还有在中央和地方国家机关、人民团体、经济组织、文化组织和其他非党组织的领导机关中设立的党组。不论职务高低，每个共产党员都必须编入党的一个支部、小组或其他特定组织，参加党的组织生活。全党围绕中央形成统一整体，上下一心、步调一致。伴随着中国共产党发展壮大、新中国70年风风雨雨，党的组织深入到社会的每一个角落，组织群众、宣传群众、凝聚群众、服务群众，中国共产党以强大的组织力，把全国人民凝聚在一起，众志成城，为实现共同目标而奋斗。

80多年前，在民族危亡紧要关头，《义勇军进行曲》唱出中华儿女的共同心声，激励中国人民血战到底、保家卫国，当之无愧成为中华人民共和国国歌。

今天，通向中华民族伟大复兴路上，依然充满艰难险阻，依然需要“把我们的血肉，筑成我们新的长城”，前进！前进、进！

从社会主义革命到改革开放新的伟大革命

王少伟

一场革命要取得最终胜利，往往需要一个漫长的历史过程。只有回看走过的路、比较别人的路、远眺前行的路，弄清楚我们从哪儿来、往哪儿去，很多问题才能看得深、把得准。

2019年8月8日，根据美国记者埃德加·斯诺作品《红星照耀中国》改编的同名电影上映。

埃德加·斯诺，1905年生于美国密苏里州，1928年来华，曾任欧美几家报社驻华记者、通讯员。1936年6月，在宋庆龄安排下，斯诺来到陕甘宁边区，生活了三个多月，与毛泽东等中共领导人深入交谈。回到北平后，斯诺发表大量通讯报道，并根据在红区所见所闻写了《红星照耀中国》。1937年10月，在英国伦敦出版，引起极大轰动。次年2月，该书中译本在上海出版，更多人看到中国共产党和红军的真正形象。

1939年9月，斯诺第二次到陕北，再次采访了毛泽东。

“我们永远是社会革命论者，永远不是改良主义者。中国革命有两篇文章，上篇和下篇。”毛泽东对斯诺说，民主主义革命是社会主义革命的必要准备，社会主义革命是民主主义革命的必然趋势。

革命，是中国共产党与生俱来的鲜明品格。党的一大通过的《中国共产党纲领》提出：党的根本政治目的是实行社会革命。

新中国成立，中国革命随之进入“下篇”。

同仁堂，创建于清朝康熙八年，是闻名全国的老字号。1948年底，京城同仁堂乐氏第十三世乐松生主事，有190余名职工，做药工人只有40多个。解放后，党和政府加大对民族资本家的扶持，帮助同仁堂和全国合作总社等签订了销售合同，40多个工人一下子就忙不过来了。

乐松生看到了中国共产党对民族资产阶级的保护，慢慢说服家人接受公私合营。1954年，乐松生带头向国家递交了公私合营申请。8月27日，同仁堂公私合营大会召开，双方在协议书上签字。公私合营后的同仁堂，企业性质发生了根本改变，内部建立健全了党、政、工、团领导组织，增建了企业各项管理制度。国家投资扩建厂房，增添生产设备，促进生产迅速发展。

1949年到1959年十年间，同仁堂的职工增加到540人，其中460多人是纯工人，生产总值也从1948年的16万元增加到了1959年的1251万元。企业效益提升让多方受益，同仁堂逐步发展壮大起来。

在过渡时期，中国共产党创造性地开辟了一条适合中国特点的社会主义改造道路。1956年，对农业、手工业和资本主义工商业三个行业的社会主义改造基本完成，标志着中国人民完成了社会主义革命，确立了社会主义基本制度。此后，党领导全国各族人民开始转入社会主义建设。

1962年初，党中央在北京召开扩大的中央工作会议，毛泽东在大会上说："从现在起，五十年内外到一百年内外，是世界上社会制度彻底变化的伟大时代，是一个翻天覆地的时代，是过去任何一个历史时代都不能比拟的。处在这样一个时代，我们必须准备进行同过去时代的斗争形式有着许多不同特点的伟大的斗争。"

社会主义建设在探索中曲折前行，为后来发展积累了经验，奠定了重要基础。

党的十一届三中全会作出把党和国家工作中心转移到经济建设上来、实行改革开放的历史性决策，这是中国共产党领导人民进行伟大革命的继续。

1978年春，国家计委和外经贸部组织考察组，对港澳进行实地调研，向中央提交《港澳经济考察报告》提出：可借鉴港澳经验，把靠近港澳的广东宝安、珠海划为出口基地，力争经过三五年努力，在内地建设成具有相当水平的对外生产基地、加工基地和吸引港澳同胞的游览区。

1979年4月，中共中央在北京召开工作会议。广东省委提出：希望中央给点权，让广东先走一步，放手干。邓小平说：可以给些政策，你们自己去搞。杀出一条血路来！"就叫特区嘛！陕甘宁就是特区。"会议决定在深圳、珠海、汕头和厦门等划出一定地区试办出口特区。

1980年8月26日，第五届全国人大常委会第15次会议决定：批准《广东省经济特区条例》，宣布在广东省的深圳、珠海、汕头和福建省的厦门四市分别划出一定区域，设置经济特区。

经济特区设立的决策和立法程序至此完成，标志着中国经济特区正式诞生。经济特区，是中国改革的"试验田""示范区"，是对外开放的"窗口"。发展经济特区，贯穿中国改革开放和现代化建设全过程。

40多年来，中国共产党领导人民不断实践和探索，在社会主义道路、理论、制

1958年，成都国营红光电子管厂建成投产，在这里诞生了我国第一支黑白显像管和投影显像管。

湖北宜昌三斗坪的三峡大坝全貌。（新华社记者　杜华举　摄）

度、文化上进行了一系列革命性变革，使中国发展大踏步赶上时代，推动中国特色社会主义进入新时代。

新时代中国特色社会主义是中国共产党领导人民进行伟大革命的成果，也是党领导人民进行伟大革命的继续。习近平总书记在党的十九大报告中说，我们党要团结带领人民有效应对重大挑战、抵御重大风险、克服重大阻力、解决重大矛盾，必须进行具有许多新的历史特点的伟大斗争。

新的历史特点，就是中国正处于两个一百年奋斗目标的交汇期，处于距离实现中华民族伟大复兴最近的时期，处于统筹推进“五位一体”总体布局、协调推进“四个全面”战略布局的关键时期，伟大斗争艰巨复杂程度前所未有。

> **新时代中国特色社会主义是中国共产党领导人民进行伟大革命的成果，也是党领导人民进行伟大革命的继续。**

处在新的历史关口，继续推进改革，要解决的都是难啃的“硬骨头”。改革开放既是改天换地、战天斗地的伟大社会革命，又是中国共产党不断实现自我净化、自我完善、自我革新、自我提高的自我革命。中国共产党能够带领人民进行伟大社会革命，也能够进行伟大的自我革命，以自我革命推动伟大社会革命。

党和国家机构职能体系是中国特色社会主义制度的重要组成部分，是党治国理政的重要保障。提高党的执政能力和领导水平，有效治理国家和社会，必须适应形势发展要求，深化党和国家机构改革。1981年以来，党中央部门进行了4次改革，国务院机构进行了7次改革，逐步建立起具有中国特点的党和国家机构职能体系。

步入新时代，党和国家机构设置和职能配置同统筹推进“五位一体”总体布局、协调推进“四个全面”战略布局的要求还不完全适应，同实现国家治理体系和治理能力现代化的要求还不完全适应。一些领域党政机构重叠、职责交叉、权责脱节问题比较突出；一些领域中央和地方机构职能上下一般粗，权责划分不尽合理。

以习近平同志为核心的党中央下定决心深化党和国家机构改革，从根本上解决这些障碍和弊端，以适应党和国家事业长远发展要求。2018年2月，党的十九届三中全会审议通过《中共中央关于深化党和国家机构改革的决定》和《深化党和国家机构改革方案》。

深化党和国家机构改革是全面深化改革中的一场战略性战役，是对党和国家组织结构和管理体制的一次系统性、整体性重构。这次改革涉及的中央和国家机关部门、直属单位就超过80个，涉及180多万人。改革调整幅度之大，触及利益之深，为改革开放40年来之最。

在党中央坚强领导下，不到3个月时间，深化党和国家机构改革方案确定的25个应挂牌的新组建或重新组建部门，全部完成挂牌。一年多的时间里，从中央到地方，上下同心、扎实推进，深化党和国家机构改革呈现出崭新局面。

改革开放只有进行时，没有完成时。现在距离2020年在重要领域和关键环节改革上取得决定性成果仅剩一年，硬仗要继续打，硬骨头要啃下来，确保干一件成一件，为全面完成党的十八届三中全会部署的改革任务打下决定性基础。

一场革命要取得最终胜利，往往需要一个漫长的历史过程。只有回看走过的路、比较别人的路、远眺前行的路，弄清楚我们从哪儿来、往哪儿去，很多问题才能看得深、把得准。

中国共产党的历史，就是一部领导人民持续进行伟大革命的历史。新时代坚持和发展中国特色社会主义，走向中华民族伟大复兴，就要将中国共产党领导人民进行了98年的伟大革命继续推进下去。

从愚公移山到撸起袖子加油干

郝思斯

今日之中国，比历史上任何时期都更接近、更有信心和能力实现中华民族伟大复兴的目标。为伟大的事业加油干，这是属于中华儿女的无上荣光。

“上下同欲者胜。只要我们13亿多人民和衷共济，只要我们党永远同人民站在一起，大家撸起袖子加油干，我们就一定能够走好我们这一代人的长征路。”2017年春节前夕，习近平总书记在新年贺词中的一句“撸起袖子加油干”，迅速成为全社会流行语。

这句生动的话语，体现着这个时代的一种精神。

1945年中共七大召开期间，毛泽东曾三次讲到“愚公移山”。第一次是在4月24日大会开幕第二天，在作政治报告时，他借这个寓言故事提醒大家，中国革命道路是艰难的，要有坚忍不拔的意志力和一定会取得最终胜利的信念。一个多月后，在对七大大会“结论”解说时，他再一次说，我多次讲愚公移山的故事，就是要人家学习愚公的精神，把中国反革命的山挖掉，把日本帝国主义这座山挖掉。闭幕会上，他指出全党目前面临的艰巨任务：“现在也有两座压在中国人民头上的大山，一座叫做帝国主义，一座叫做封建主义。”

愚公移山，出自《列子·汤问》，借愚公挖山不止的寓言故事，表现了中国古代劳动人民移山填海的坚定信心和顽强毅力，反映出中国人民“人定胜天”的意志和变革大自然的气魄，千百年来给一代代中国人以哲理启发和精神鼓舞，勇于奋斗、敢于斗争成为中华民族的鲜明品格。

“下定决心，不怕牺牲，排除万难，去争取胜利”，共产党始终与人民站在一起、苦干实干，以“愚公移山”的斗志建立属于中国人民的政

1955年，山东临沂厉家寨群众火热的劳动场景。

受台风“利奇马”影响，2019年8月10日下午，安徽省宁国市宁墩镇老街受到洪水侵袭，当地村干部和干警正在将一位被困家中的老人转移到安全地带。（李晓红　摄）

权，确立社会主义制度，在建设新中国、发展社会主义的长路上漫漫求索。

山清水秀的厉家寨村，位于山东省临沂市莒南县东北部，新中国刚成立时，这里是一片穷山恶水。“穷山恶水种地难，既怕涝来又怕旱，十年就有九年歉”，“早上菜，中午糠，晚上稀粥照月亮”。

1951年起，厉家寨村民成立互助组、合作社，开始想方设法改造家园。“人勤地不懒，靠天吃饭丢饭碗。”深翻、平整土地，将冻土层底下挖土掏空，再用铁锤、石锤砸碎冻土块，大冬天也干得热火朝天。1952年，厉家寨的粮食亩产量翻了一番。然而，第二年7月的一场暴雨，把深翻整平的土地和满山的庄稼冲了个一塌糊涂。要彻底改善厉家寨的耕地问题，还必须治山、治水。

“劈岭填沟，让河流改道，让土地翻身，向大山进军。”1955年，厉家寨由13个初级社合并成大山农业社，开始大规模移河改道、开荒整地的工程。没有任何机械设备，没用一斤炸药，厉家寨人民一锤一錾干起来。“钢六队”“铜三队”“铁姑娘队”……整山治水、战天斗地。

经过几年苦干实干，厉家寨人一气凿通了3道岭、削平了11个岭头，1000多块零碎地块平整成70多块，扩大耕地面积192亩，修建小型水库11座，11800亩荒山全部植树，穷山恶水换了新颜。1956年，每亩平均产粮279公斤，比治理前增长4倍多。1957年10月9日，毛泽东批示：“愚公移山，改造中国，厉家寨是一个好例。”

“愚公移山，改造中国”，这就是中国人民当家作主的勃勃生气，是在一穷二白基础上建设新中国的精神力量。

1978年，党的十一届三中全会作出以经济建设为中心、实行改革开放的战略决策。1980年8月，深圳经济特区成立，急需建设队伍。从1982年冬到1983年春的几个月内，一百多列军列从全国各地开来，两万基建工程兵连同大型机械装备、大量施工材料等，进入深圳。

当时的深圳，除了罗湖东门老街有又短又窄的马路、少量破旧的房屋外，多数地域萧条破败，荒无人烟，废弃的农田荒草没腰、鼠蛇窜行。

进入深圳第一天，部队官兵们只能在地上挖坑支锅，露天烧饭。挖井取水，但许多地方的水质极差，不但不能喝，连洗澡也不能用。即便这样艰苦，他们却在透风漏雨的竹棚里，一住就是几年，和深圳人民一起，劈山开路，移土填海，拉开了特区建设“深圳速度”的序幕。

越伟大的事业，越是充满艰难险阻。奋斗精神之所以可贵，就在于越是面对困难，越能激发出无穷的力量。70年来，中国人民凭着一个汗珠子摔八瓣的苦干实干创造了奇迹。

“新长征路上，每一个中国人都是主角、都有一份责任。让我们大力弘扬愚公移山精神，大力弘扬将革命进行到底精神，在中国和世界进步的历史潮流中，坚定不移把我们的事业不断推向前进，直至光辉的彼岸。”党的十八大以来，习近平总书记多次提到愚公移山的故事，号召大家撸起袖子加油干。

55公里长的港珠澳大桥，被誉为“新世界七大奇迹”之一，它的海底隧道是目前全世界唯一的深埋沉管隧道。“核心技术买不回也求不来，我们中国人必须靠自己！”从0到1，是千百次的论证和试验。

“新长征路上，每一个中国人都是主角、都有一份责任。让我们大力弘扬愚公移山精神，大力弘扬将革命进行到底精神，在中国和世界进步的历史潮流中，坚定不移把我们的事业不断推向前进，直至光辉的彼岸。”

已经50多岁的皮天祥，是港珠澳大桥岛隧工程沉管预制厂混凝土班班长。从2011年沉管预制厂在牛头岛上初建开始，他就一直参与其中。2013年，儿子皮辉被他带上了岛。

老皮从没有缺席过二号生产线的混凝土浇筑。每一节沉管浇筑要持续35个小时以上，大多时候振捣工人一站就是一天，很多年轻小伙子都受不了。站一天双腿发麻、膝盖生疼，但老皮从不叫苦叫累：“有的人劝我放弃，这个工作岗位太辛苦了。但想到我打出来的混凝土，躺在海底40多米深都必须不漏水，我就咬紧牙关坚持再坚持。”

在父亲的带领下，皮辉很快掌握了振捣技巧，成为一名熟练的振捣工。父亲叮嘱他：“这是人生中难得一次的辉煌工程，要珍惜。”

2016年底，最后一节沉管预制完成，老皮父子晚上高兴地对饮了几杯。“这么多年经历了风风雨雨，吃了不少苦，流了不少汗，但回头看，所有辛苦和付出都是甜的。”

6年筹备，9年建设，大桥的每一根钢筋、每一方混凝土，都是中国人的奉献、钻研与突破。在桥梁人工岛和隧道建设领域，港珠澳大桥获得的专利超过1000项。

2018年10月23日，大桥开通，习近平总书记来到现场向大家表示祝贺。

港珠澳大桥的建设创下多项世界之最，非常了不起，体现了一个国家逢山开路、遇水架桥的奋斗精神，体现了我国综合国力、自主创新能力，体现了勇创世界一流的民族志气。大桥建成通车，充分说明社会主义是干出来的，新时代也是干出来的！

2018年，国家语言资源监测与研究中心、商务印书馆等单位联合主办的“汉语盘点2018”年度字揭晓，“奋”当选年度国内字。

一个人的梦想，要靠奋斗实现，一个国家、一个民族的梦想更要靠千千万万人的不懈努力，需要几代人、十几代人、几十代人接续奋斗。

今日之中国，比历史上任何时期都更接近、更有信心和能力实现中华民族伟大复兴的目标。为伟大的事业加油干，这是属于中华儿女的无上荣光。

从人民英雄纪念碑到共和国勋章

毛 翔

一个有希望的民族不能没有英雄，一个有前途的国家不能没有先锋。英雄身上，信念的能量、大爱的胸怀、忘我的精神、进取的锐气，是中华民族精神的最好写照，也是激发民族斗志的强大动力。

2019年7月27日，95岁的张富清实现了他一直以来的愿望——再来北京，瞻仰人民英雄纪念碑。

许久未添新衣的他，特意穿上了新买的白衬衫，面朝“人民英雄永垂不朽”八个金色大字，颤颤巍巍从轮椅上站起来，举起右手，郑重敬礼。别人称他为英雄，但他自己认为为国捐躯的战友们才是英雄。

张富清是原西北野战军战士，在解放战争的枪林弹雨中英勇善战、舍生忘死，多次立功受奖，是“战斗英雄”“人民功臣”。1955年退役转业，他主动选择到湖北省最偏远的来凤县工作。60多年来，他深藏功与名，直到2018年底退役军人信息采集，英雄事迹才被发现。

“永垂不朽”，早在《左传》中就有，意思是功绩和精神永远流传，不会磨灭。中华民族自古就有深沉的英雄情怀，英雄气节和精神激励着中华儿女继往开来。

近代以来，蒙受苦难的中国人民挺起脊梁、奋起抗争，在中国共产党领导下，彻底摆脱受压迫境地，掌握了自己命运。从1840年鸦片战争到新中国成立的109年间，为挽救民族危亡做出牺牲和贡献的志士仁人，都是民族英雄、人民英雄。

1949年9月30日，中国人民政治协商会议第一届全体会议决定，为在人民解放战争和人民革命中牺牲的人民英雄，建造一座纪念碑。碑址选在天安门广场，正对天安门城楼。

中央美术学院滑田友教授在写给北京市建设局的信中，提出了纪念碑设计的四个原则：人民一望就懂，适合场所，具有共通性，人民在集会时可以看见。人民英雄纪念碑兴建委员会共征集到240多件设计方案和修改方案。

梁思成、林徽因夫妇参加了方案设计。他们认为，中国传统的碑形，大多矮小郁沉，缺乏英雄气概，可以采用高耸而挺拔的形式，表达人民英雄为祖国昌盛富强而牺牲的崇高精神。林徽因负责纪念碑花纹设计小组工作，自己为碑座和碑身设计了全套饰纹。她主张以最能代表中国传统文化特色的唐代风格为蓝本，并在装饰花环的花卉品种上一再斟酌，最后选定牡丹、荷花和菊花三种花作为高贵、纯洁和坚韧的象征。为了有更完美的图案，肺病晚期的林徽因在病床上画了数百张不同风格的草图，对每一朵花，每一片叶，都描画了几十次，上百次。

建造过程中，范文澜专门为雕刻家们作报告，发给每人一本《中国近代史》。他说："纪念碑是一项伟大的工程，要完成这项任务，只有了解百年中国历史概况，才能明白每件作品在历史上所占地位。"1958年4月22日，人民英雄纪念碑落成，呈现在纪念碑底座上的十块浮雕，栩栩如生。

社会主义革命和建设时期，英雄辈出。

20世纪60年代，焦裕禄到兰考任县委书记。当时的兰考，内涝、风沙、盐碱"三害"严重，种不了粮食。焦裕禄从调研入手，靠着一辆自行车、两个"铁脚板"，访遍了全县120多个生产大队，行程5000余里。

几个月奔波，换来了一整套具体详细资料，县委制订出切实可行的改造兰考规划。一场除"三害"斗争轰轰烈烈开展起来。焦裕禄带领干部、群众进行了翻淤压沙、翻淤压碱、封闭沙丘试验，然后以点带面，全面铺开。他同干部、群众一起出力流汗，走到哪里干到哪里。群众都说他是"跟咱一样的庄户人"。

一次，焦裕禄来到城关公社老韩陵村访贫问苦，遇到经验丰富的老农肖位芬。这个"大字不识一箩筐的庄稼老粗"，说起种植泡桐可以压风挡沙，焦裕禄听了连声说："好，好，这是个好主意。"

从此，尽管病痛折磨，焦裕禄坚持走到哪里，泡桐树栽到哪里，困难解决到哪里，直到生命最后一刻。"活着我没有治好沙丘，死了也要看着你们把沙丘治好！"

焦裕禄在兰考工作了475天，给兰考人民留下了丰厚的物质和精神财富。现在，泡桐已成为兰考的支柱产业，年产值100多个亿。当年焦裕禄亲手栽下的泡桐，长到了20多米，树围4米多，被称为"焦桐"。焦裕禄精神像泡桐树一样，深深扎根在兰考土地上。

英雄是民族最闪亮的坐标，人民敬仰英雄。

党的十八大报告提出"建立国家荣誉制度"。2014年8月31日，十二届全国人大常委会第十次会议决定，将9月30日人民英雄纪念碑奠基日确定为烈士纪念日。自此，每年这一天，习近平总书记等党和国家领导人，都会与各界代表一起向人民英

人民英雄纪念碑雕刻家在创作《五四运动》浮雕时，参照模特的形象进行雕刻。

2018年5月14日，川航3U8633航班飞机爬升至近万米高空时，驾驶舱风挡玻璃破裂脱落，飞机客舱失压，氧气面罩掉落。机组人员临危不乱、正确处置，成功备降成都双流机场。

雄纪念碑敬献花篮。

2015年12月27日，十二届全国人大常委会第十八次会议通过国家勋章和国家荣誉称号法。在立法过程中，关于勋章，曾提出过“共和国勋章”“国旗勋章”“建设勋章”等名称，大多数意见倾向于使用“共和国勋章”，“‘共和国’一词寄托着中华民族伟大复兴的梦想，已深入人心；授予‘共和国勋章’，有利于增强全中国人民对国家的认同感和向心力；‘共和国勋章’在内涵上具有较大的包容性，能涵盖为国家建立卓越功勋的各类杰出人士”。

2017年7月，中共中央批准实施党内、国家、军队功勋荣誉表彰条例，正式确立中国特色功勋荣誉表彰制度体系。“共和国勋章”是国家最高荣誉，“七一勋章”是党内最高荣誉，“八一勋章”是军队最高荣誉。

> **新时代是奋斗者的时代，投身伟大事业，追求卓越、铸就永恒，每个人都可以成为时代英雄、时代先锋。**

伟大出自平凡，英雄来自人民。

2018年5月14日清晨7时，由重庆到拉萨的川航3U8633航班，正在近万米高空飞行。突然，驾驶舱玻璃碎裂四散，飞机剧烈抖动，高空气流吹袭，大量仪表失灵，难以与地面联系。

生死关头，机长刘传健在零下40摄氏度缺氧环境中努力操控飞机。上半身被吸出舱外的副驾驶徐瑞辰，挣扎着回到座位，忍着伤痛监控飞机关键参数。最终，他们靠着艰难的手动驾驶，让飞机平安落地，守护了128人的生命安全。

2018年9月30日，习近平总书记专门邀请四川航空“中国民航英雄机组”全体成员参加国庆69周年招待会。习近平总书记对他们说：“得知你们的英雄事迹，我很感动，为你们感到骄傲。授予你们‘英雄机组’‘英雄机长’的光荣称号，是当之无愧的。”

一个有希望的民族不能没有英雄，一个有前途的国家不能没有先锋。英雄身上，信念的能量、大爱的胸怀、忘我的精神、进取的锐气，是中华民族精神的最好写照，也是激发民族斗志的强大动力。革命英雄主义不能丢，中国共产党不断树立英雄、宣传英模，就是要号召全体中华儿女学习英雄、赶超先进，把英雄精神体现在平凡岗位上，一代代传承下去，共同为实现中华民族伟大复兴而奋斗。

新时代是奋斗者的时代，投身伟大事业，追求卓越、铸就永恒，每个人都可以成为时代英雄、时代先锋。

从艰苦奋斗到奋斗是最大的幸福

韩亚栋

一代人有一代人的奋斗，一个时代有一个时代的担当。今天，中国比历史上任何时期都更接近、更有信心和能力实现中华民族伟大复兴的目标。通向胜利的路，仍需中国人民始终发扬伟大奋斗精神，一代代继续奋斗。

“朱婷发球……直接得分！赢了！”2019年8月4日晚，东京奥运会女排资格赛B组最后一场比赛中，中国女排3比0完胜土耳其队，以三战全胜的成绩排名小组第一，拿到直通东京的入场券。艰苦奋斗、顽强拼搏的女排精神，在这些90后、00后姑娘们身上，闪动着光彩。

20世纪70年代，作为“三大球”之一，我国排球项目担负着“冲出亚洲、走向世界”的使命。湖南郴州，中国女排早年的训练基地。用竹子搭起来的竹棚馆，四周漏风，冬天训练，冻得直打哆嗦，地上铺的是带毛刺的旧木板，每场练完身上都扎满木刺。

报告文学《中国姑娘》的作者鲁光目睹了“魔鬼训练”场景。主教练袁伟民站在高台上，把一筐球不间断地扣向对面，队员飞身扑救，一个滚翻后立马爬起来接下一个球，每一个球角度都很刁钻。姑娘们浑身摔得青一块紫一块，有时连站都站不稳，要被架着回宿舍。

没有艰苦奋斗的过程，哪有胜利的喜悦泪水。

1981年11月16日傍晚，许许多多中国人守在黑白电视机和收音机前。第三届女排世界杯决赛正在进行。面对实力雄厚的东道主日本队，在决胜局比分落后的艰难时刻，女排姑娘们咬紧牙关，绝不放弃，郎平最后高高跃起，一记重扣，中国女排3比2夺得了“三大球”的首个世界冠军。

次日，《人民日报》头版评论：“用中国女排的这种精神去搞现代化建设，何愁现代化不能实现？”北京商标一厂、无锡钟表厂等职工说，

"学习女排精神，保证完成和超额完成生产任务"。北大学子喊出"团结起来，振兴中华"。

1986年，中国女排实现"五连冠"，女排精神已超越了体育本身，对各行各业起到激励、感召和促进作用。当时，面对与世界的差距，人们感到失落与彷徨。"女排精神"让中国人感受到自尊、自强、自豪，让大家看到了希望。

几十年来，一代代女排人，日复一日、年复一年，在训练场、比赛场艰苦奋斗、顽强拼搏。中国女排先后9次举起世界冠军的奖杯，"女排精神"成为中华民族精神的一种象征。

"艰难困苦，玉汝于成"，演化自北宋哲学家张载《西铭》中的"贫贱忧戚，庸玉汝于成也"，意思是说，艰难困苦往往可以磨砺人的意志，助人成功。这句话，充满唯物辩证的哲理，反映了不畏艰险、自我磨砺的独特民族品格。中华民族历尽苦难的历史，就是一部以艰苦奋斗铸就辉煌的历史。

艰苦奋斗，始终是中国共产党的政治本色，伴随着中国人民进行社会主义革命和建设。

艰苦奋斗，始终是中国共产党的政治本色，伴随着中国人民进行社会主义革命和建设。

黑龙江萨尔图，蒙语为"多风的地方""有月亮的地方"，属安达市管辖。1959年9月，勘探人员在这里发现了工业性油流，进而发现高台子油田。恰逢国庆十周年，就把这个油田命名为"大庆油田"。后来，安达市更名为大庆市。

东北发现了特大油田，正在北京出席全国群英会的全国劳模、石油工人王进喜，很快知道了这一喜讯。

王进喜，1923年生于甘肃玉门，15岁到玉门油矿当童工，解放后到钻井队工作，历任钻工、司钻、钻井队长。1959年，他带领1205钻井队创下年钻井进尺7.1万米的全国最高纪录，1年的进尺相当于旧中国42年钻井进尺的总和。

次年春天，王进喜率队奔赴大庆参加石油大会战。全队把60多吨重的钻机设备化整为零，人拉肩扛从火车上卸下来，运到萨55井安装起来。水管线没接通，就带领工人到附近的水泡子破冰取水，用脸盆一盆盆端了50多吨水，保证萨55井正式开钻。仅用5天时间，他们就打出了到大庆后的第一口油井。"北风当电扇，大雪是炒面，天南海北来会战，誓夺头号大油田"。

在第二口井钻到700米时，突然发生井喷，若不及时制止，可能井毁人亡。压井需要重晶石粉，可现场没有。王进喜当机立断，决定加水泥来提高泥浆比重，可水泥加进去就沉了底，不能融合。王进喜和工人们一起跳进齐腰深的泥浆池，用身体搅拌泥浆，终于压住了井喷，保住了钻机和油井。

1963年，大庆油田正式建成，中国甩掉了"贫油国"的帽子。奋斗精神，在苦难中积聚，用胜利来洗礼。

1981年11月16日，在第三届女排世界杯决赛中，中国女排战胜实力雄厚的东道主日本队，夺得首个世界冠军。这是中国女排队员在领奖台上。

中国女排先后10次举起世界冠军的奖杯。郎平对“女排精神”有着自己的理解：“女排精神不是赢得冠军，而是知道有时不会赢，也会竭尽全力。”

1978年，党的十一届三中全会召开，开启了改革开放和社会主义现代化建设历史新时期。中国共产党团结带领人民以“一万年太久，只争朝夕”的气概艰苦奋斗，在改革开放新的伟大革命中，中国实现了从“赶上时代”到“引领时代”的伟大跨越。

2018年2月14日，中共中央、国务院在人民大会堂举行春节团拜会，习近平总书记在会上说，“新时代是奋斗者的时代”，“只有奋斗的人生才称得上幸福的人生”。

作为竞技体育项目，这些年中国女排所经历的并非一帆风顺，输过比赛、丢过冠军，也跌到过低谷。但女排精神不是只为赢得冠军，而是始终竭尽全力、坚持奋斗。

巩俐来到东京奥运会女排资格赛的赛前训练现场，观察、学习女排队员和教练员的一举一动。她将在陈可辛执导的电影《中国女排》中饰演郎平。这部电影以几代中国女排真实故事为背景，讲述她们艰苦奋斗、顽强拼搏、为国争光的故事，计划于2020年大年初一上映。

作为运动员，郎平曾经达到了辉煌巅峰。退役后，也完成了从运动员到优秀教练员的转变，工作稳定，生活安逸。但当祖国需要她的时候，先后两次接过中国女排的帅印。特别是面对中国女排在2012年伦敦奥运会失利的境况，年过半百、带着一身伤病的郎平，选择为女排这个光荣的集体担起责任。

郎平倾注了所有心力，带训练、看录像、作分析，周末无休是常事，还曾晕倒在训练场上。不计回报的奋斗与付出，让中国女排重获新生。日本世界杯、里约奥运会、大冠军杯赛，中国女排重返世界之巅。郎平也成为排球史上在球员及主帅时期均获得奥运金牌的第一人。此刻，她正与女排姑娘们一起为东京奥运会备战。

郎平说：“在实现自己梦想过程中，会遇到很多困难，应发扬永不放弃的精神去战胜它。”

人类的幸福和欢乐在于奋斗，而最有价值的是为理想而奋斗。中国人民现在所拥有的一切，凝聚着中国人的聪明才智，浸透着中国人的辛勤汗水，蕴涵着中国人的巨大牺牲。

一代人有一代人的奋斗，一个时代有一个时代的担当。今天，中国比历史上任何时期都更接近、更有信心和能力实现中华民族伟大复兴的目标。通向胜利的路，仍需中国人民始终发扬伟大奋斗精神，一代代继续奋斗。

奋斗者是精神最为富足的人，也是最懂得幸福、最享受幸福的人。30多年前，女排姑娘们曾集体写下：“为事业而奋斗，是人生最大的幸福。”这句话，永不过时。

从落后农业国到发展不平衡不充分

瞿 芃

不平衡，是相对的，领域、城乡、区域、群体之间存在不平衡。不充分，则是发展不足，发展任务仍然很重。“不怨天，不尤人”，“行有不得，反求诸己”，这是中国传统文化给予中国人的智慧与品格。

从1949年中华人民共和国成立，到1956年基本完成社会主义改造、建立社会主义基本制度，中国共产党带领中国人民相继实现了从半殖民地半封建的旧社会到建立民族独立、人民当家作主的新社会，从新民主主义到社会主义两个历史转变。

经过七年的努力，全国粮食产量逐年有所增长，农田水利建设稳步推进，有计划的工业建设进展顺利。但此时的中国，6.28亿总人口中，农业人口5.36亿；国内生产总值仅1028亿元，工业总产值只有642亿元，生产力发展水平还很落后。发挥社会主义制度优越性，加快经济社会发展，让国家富强、人民富裕，是中国共产党和全国人民共同的迫切愿望。

在这样一个贫穷落后、人口众多的国家怎样建设社会主义，是一个非常困难和复杂的问题。新中国正走着一条前人没有走过的路，不能凭主观想象，也不能照抄照搬别国的模式，只能从中国国情、实际出发，探索实践。

1956年9月15日至27日，中国共产党第八次全国代表大会在北京全国政协礼堂举行，这是党在全国执政后召开的第一次全国代表大会。大会总结七大以来的经验，分析国内外形势，经过充分交流讨论，形成共识：“我们国内的主要矛盾，已经是人民对于建立先进的工业国的要求同落后的农业国的现实之间的矛盾，已经是人民对于经济文化迅速发展的需要同当前经济文化不能满足人民需要的状况之间的矛盾。”

这一矛盾，实质上是先进的社会主义制度同落后的社会生产力之间的矛盾。中国共产党和全国人民的主要任务，就是集中力量来解决这个矛盾，把中国尽快从落后农业国变为先进工业国。

1958年3月11日，上海宏音无线电器材厂工程师张元震领导的试制小组，与有关单位协作，试制成功国内第一台晶体管收音机。

4个月后，试制小组试制成功第一台晶体管汽车收音机，安装在上海第一辆国产轿车——凤凰牌轿车内。4年后，第一台全部采用国产元器件的美多牌28A型便携式中短波晶体管收音机研制成功，第一条晶体管收音机生产流水线也建立起来。

美多牌28A收音机样式美观，体积小、重量轻、寿命长、耗电少，上市后立即引起轰动。之后不久，周恩来总理在出国访问时，将其作为国礼。

自行车、缝纫机、手表、收音机，这“三转一响”，是20世纪50至70年代城市家庭渴望拥有的“四大件”。当时北京王府井大街一个特色景观，就是很多人到百货大楼排长队购买“四大件”。

上海无线电博物馆藏品与学术部主任杨卫列说，1962年自己父亲结婚时，花了160元买了一台美多28A。这台收音机陪伴他从童年到高中毕业。

1978年，在“解放思想、实事求是”的思想路线指导下，党和国家工作重心转移到经济建设上。改革开放启动，从农村开始，向城市逐步推进，总结试点经验，逐渐推广。

1981年，党的十一届六中全会肯定了三中全会以来逐步确立的适合我国情况的建设社会主义现代化强国的正确道路，明确了继续前进的方向。“人民日益增长的物质文化需要同落后的社会生产之间的矛盾”，成为党在改革开放和社会主义现代化进程中制定各项路线方针政策的重要依据。党的十二大把这个社会主要矛盾写入党章总纲。

改革开放后，彩电、冰箱、洗衣机、录音机取代“三转一响”，成为新“四大件”。

“牡丹虽好，还要爱人喜欢。”一句经典广告词让往日气息扑面而来。20世纪80年代初，北京电视机厂通过引进彩电生产线，生产出牡丹牌彩色电视机。一上市便迅速成为热销产品。彩电刚下线，门口就有车队排着等货。

> “中国特色社会主义进入新时代，我国社会主要矛盾已经转化为人民日益增长的美好生活需要和不平衡不充分的发展之间的矛盾。”

经过改革开放30多年发展，中国特色社会主义进入新时代，新老“四大件”早已成为历史。生产技术不断发展，商品供应极大丰富，人民生活水平持续提升，消费结构不断升级，更多智能化家电进入百姓家庭。智能高清电视、智能空调、烘干一体

20世纪80年代初，电视机在中国农村还是个稀罕的东西，一台黑白电视能引来众多的邻居一起观看。

2018年10月27日，西藏自治区白朗县噶东镇中心小学四年级三班的学生们通过远程教育平台上课。

洗衣机、扫地机器人、净水器、自动炒菜机等，“四十大件”也说不完中国人的个性化需求。

据统计，新中国成立初到2018年，我国人均国内生产总值从119元增加到64644元，城镇和农村居民年人均可支配收入分别从不足100元、50元增加到39251元、14617元。社会生产力持续发展，长期以来的短缺和供给不足状况发生根本改变，中国经济实力、科技实力、国防实力、综合国力进入世界前列。

在生活水平不断提高的同时，人民对美好生活有了多样化多层次多方面的需要，期盼有更好的教育、更稳定的工作、更满意的收入、更可靠的社会保障、更高水平的医疗卫生服务、更舒适的居住条件、更优美的环境、更丰富的精神文化生活。

习近平总书记在党的十九大报告中，对中国社会主要矛盾作出新概括：“中国特色社会主义进入新时代，我国社会主要矛盾已经转化为人民日益增长的美好生活需要和不平衡不充分的发展之间的矛盾。”“我们要在继续推动发展的基础上，着力解决好发展不平衡不充分问题，大力提升发展质量和效益，更好满足人民在经济、政治、文化、社会、生态等方面日益增长的需要，更好推动人的全面发展、社会全面进步。”

杨燕是成都七中的一名年轻语文老师，上课时她需要佩戴麦克风，使用投影仪。听课的学生，除了教室里的几十位，还有很多来自陌生的“远端”。

成都七中的网络直播覆盖四川、云南、贵州等地200多所学校的1000多个班级，每天有近8万名学生与该校学生异地同堂上课。与拥有优质教育资源的成都七中相比，这些学校大多地处贫困地区，教育资源和教学水平极其有限，有的甚至“一个县考不上一个本科生”。

云南禄劝彝族苗族自治县曾是国家级贫困县，禄劝一中是收看成都七中网络直播的学校之一。这里的大多数学生父母在外地务工，有的学生回家“要走上一个多小时蜿蜒山路”，家里到处是“积满灰尘的化肥袋子”。虽然两个地域、两所学校之间存在着不小的差异，但通过网络，更多人可以共享优质教育资源。

不平衡，是相对的，领域、城乡、区域、群体之间存在不平衡。不充分，则是发展不足，发展任务仍然很重。“不怨天，不尤人”，“行有不得，反求诸己”，这是中国传统文化给予中国人的智慧与品格。

中国面对“不平衡不充分”，始终坚持“眼睛向内”，以供给侧结构性改革为主线，推动经济发展质量变革、效率变革、动力变革，以自我革命精神破解发展难题。

70年，千磨万击还坚劲。坚持做好自己的事，通过改革开放发展壮大自己，是中国战胜各种艰难险阻的成功经验。走好自己的路，走向民族复兴，中国共产党和中国人民的信念和决心，坚如磐石。

从建设新中国到奋进新时代

王雅婧

新时代属于每一个人，每一个人都是新时代的见证者、开创者、建设者。习近平总书记在庆祝改革开放40周年大会上说：“建成社会主义现代化强国，实现中华民族伟大复兴，是一场接力跑，我们要一棒接着一棒跑下去，每一代人都要为下一代人跑出一个好成绩。”

1950年初秋的一天，沈阳第一机器厂19号铸造车间，36岁的铸造班班长焦百顺接到厂领导通知，“现在有一项重要任务需要你去完成，而且只许做好不许做坏”。

“什么任务？”“铸造国徽。”焦百顺顿时感到巨大压力。工厂正处于恢复性生产阶段，工具匮乏，车间仅能用勺炉生产简单零配件，要铸造直径2米，表面光洁、图案清晰的国徽太难了。“但这项任务光荣神圣，没什么可说的，必须干，而且必须干好。”

焦百顺带领裴庆江、朱凤仪、吴嘉祜等人立即投入紧张工作，吃饭、睡觉都在车间。没有炉子，自己砌个砖炉，没有化铝罐，用粗铁管改制代替，绞尽脑汁，反复摸索，闯过一道道技术难关，精雕细琢，使国徽表面平整光滑、凹凸有序，尤其是麦稻穗长芒纹理清晰。

等待验收时，大家心都悬着，听到“合格了，师傅们，辛苦了”，不少人眼泪都流了出来。

工人们靠着自己的双手和智慧，比预计时间提前20天完成了三种规格67枚金属国徽的铸造任务，其中最大一枚于1951年5月1日悬挂在天安门城楼上。

焦百顺等人克服困难、埋头苦干完成铸造国徽任务的心情，恰恰同此时全国人民迫切建设新中国的心情一样。中华大地万象更新，每个人都热情高涨，以主人翁姿态投入到恢复生产和新的建设。

中国共产党带领人民仅用了三年时间，就使解放前遭到严重破坏的

1950年9月30日，中华人民共和国国徽第一次高高悬挂在天安门城楼上。

中国苹果产量目前占全世界产量55%左右。在陕西延长县，近年来科技扶贫推动了苹果产业发展。这是当地果农在果园里分拣包装苹果。

国民经济获得全面恢复，并有了较大发展。全国工农业总产值达810亿元，比1949年增长77.5%，比历史上最高年产值增长20%；主要工农业产品产量都达到并超过解放前最高水平。

这期间，周恩来在一次会议上对宋庆龄说："孙夫人，我近来经常在想，中国革命胜利了，现在轰轰烈烈进行建设。但是国外对中国知道不多，我们是否可以办个英文杂志，把中国建设的实情介绍给外国朋友，增进双方友谊?"

宋庆龄说："我们两人想到一处了，我也有这个打算。为了让国外知道中国建设的实际情况，办个英文刊物很有必要。"

宋庆龄亲自确定了刊物的英文名字为"China Reconstructs"，意为"中国重建"，中文简化为"中国建设"。1952年1月，这本英文刊物问世。

长期担任《中国建设》总编的波兰裔作家爱泼斯坦，对中国20世纪50年代建设情况印象深刻，他说："我们被一种同样的精神所感召，这是一种不为名、不为利，只为一个共同目标而奋斗的行动。"

1978年，党的十一届三中全会作出把党和国家工作中心转移到经济建设上来、实行改革开放的历史性决策。

新中国成立30周年之际，宋庆龄在《中国建设》发表《致读者》，"我们的30年是一次广泛的新生，它的开始是取得具有世界历史意义的胜利"。她还在《人民的意志是不可战胜的》中写道："当我看到国际国内形势大好，我们新中国的航船在战胜险遭颠覆的命运之后，又乘风破浪、昂然前进的时候，感到由衷的高兴和无比的幸福。我又看到了祖国的新的光明。"

1980年，江苏常熟，28岁的村民高德康成立了山泾村服装厂。几年前，他靠从父亲那里学来的裁缝手艺，带着11个农民，以8台家用缝纫机、1辆永久牌自行车，办了一个缝纫组，给上海一家服装厂加工赚钱。经常天不亮，他就骑上自行车，带上加工好的100公斤服装，骑100多公里送到上海，之后再带着上百公斤原料，连夜返回村里。

成立服装厂后，开始贴牌生产。4年后，又为上海某品牌加工羽绒服。在代工过程中，高德康察觉到羽绒服的市场潜力，萌生了做自己产品的想法。于是，成立康博集团，建起新厂房和办公楼，1990年正式注册了自己的品牌——"波司登"。

初创时期，波司登曾遭遇"寒冬"。由于没有足够的市场调研，衣服大量滞销，仓库里堆了15万件库存，800万元贷款马上到期。高德康顶住压力，经过认真考察研究，对服装进行迭代创新。1995年，新款羽绒服面世，年销售68万件，首次夺得全国销量第一。

在国内实现快速发展后，高德康在全球68个国家注册了商标专利。2006年，波司登生产了全球近三分之一的羽绒服，成为世界名牌。到2018年，波司登羽绒服在全球累计销售超2亿件，畅销美国、法国等72个国家。

从12人的乡村缝纫组，到一家有两万余名员工的企业，40多年间，高德康的自行车骑坏了，换成了摩托车，4年骑坏了6辆，又换成了小皮卡，公司越来越大，小皮卡换成了集装箱。波司登的成功，不仅让高德康发家致富，也带动山泾村成为远近闻名的富裕村。

改革开放以来，中国共产党带领人民闯出了一条新路、好路，国家面貌发生了翻天覆地的变化，迎来从站起来、富起来到强起来的伟大飞跃，中国特色社会主义进入新时代。

改革开放以来，中国共产党带领人民闯出了一条新路、好路，国家面貌发生了翻天覆地的变化，迎来从站起来、富起来到强起来的伟大飞跃，中国特色社会主义进入新时代。

陕西杨凌，因农而生，是全国第一个国家级农业高新技术产业示范区。经过20多年的改革创新，从关中腹地一个农业小镇，成为我国干旱半干旱地区现代农业发展“科技引擎”。

农业科技创新是杨凌的“撒手锏”，依托西北农林科技大学等驻区高校的科技支撑和人才支持，在全国15个省份建立了27个试验示范站、46个示范基地和100余个新品种示范园，破解农业科技成果转化的“最后一公里”难题。

2019年6月的一天，在西北农林科技大学陕西白水苹果试验站，赵政阳教授正仔细观察苹果树的生长情况，不时与身边学生探讨。赵政阳和苹果打了半辈子交道，这里成了他的第二个家。

苹果，是老百姓经常食用的一种水果，在中国已有两千多年栽培历史。中国苹果产量目前占全世界产量55%左右，但九成以上均为国外引进品种，我国自主培育品种占比不足10%。

赵政阳带领技术人员长期致力解决中国本土苹果“质次、价低、卖难”的困境，一边推广苹果种植技术，帮农民致富，一边坚持科研，培育中国人自己的苹果新品种。经过多年艰苦探索，成功培育出“瑞阳”“瑞雪”两个新品种，实现了苹果杂交育种的新突破。

这两个新品种已被全国10余个省区引进试栽，在陕西、甘肃、山西等黄土高原苹果主产区栽培表现突出。2019年7月，“瑞阳”“瑞雪”通过国家审定，这是陕西省首次通过国审、拥有自主产权的苹果品种。专家认为，其早果性、丰产性、果实品质等综合性状超过红富士，发展前景广阔。

在白水，科技扶贫与当地产业发展成功对接，老果园“提质增效”，有机苹果栽培、生态果园建设正在推进。全县苹果种植规模已扩展至55万亩，产值超36亿元，60%以上的果农亩收入超1万元。

新时代属于每一个人，每一个人都是新时代的见证者、开创者、建设者。习近平总书记在庆祝改革开放40周年大会上说："建成社会主义现代化强国，实现中华民族伟大复兴，是一场接力跑，我们要一棒接着一棒跑下去，每一代人都要为下一代人跑出一个好成绩。"

现在，《中国建设》早已更名为《今日中国》，有汉、英、西、法等10个印刷版和6个网络版，向世界报道新时代中国的发展变化。每一个"今天"都包含着"昨天"，也是进入"明天"的开端。

中国从昨天步入今天，还将继续向实现伟大复兴的美好明天前进。奋进新时代，从今天开始。

从独立自主到“四个自信”

尹 健

中国人历来认为自信是君子的品格，是对人生有益的态度。自信，不是自负、自傲、自大，而是来源于客观认识自己和世界，来源于历史和实践。

1956年，中国共产党领导人民基本完成社会主义改造，社会主义基本制度在中国建立，为当代中国一切发展进步奠定了根本政治前提和制度基础。

如何建设社会主义，走什么样的发展道路，选择什么样的发展模式，对中国共产党来说是一个全新课题。1958年6月，毛泽东对第二个五年计划指标批示：“自力更生为主，争取外援为辅，破除迷信，独立自主地干工业和农业，干技术革命和文化革命……认真学习外国的好经验，也一定研究外国的坏经验，引以为戒，这就是我们的路线。”

根据中国情况，走自己的道路，中国共产党带领中国人民豪情满怀开始大规模的社会主义建设。

“天堑”长江是京沪铁路的瓶颈，1958年火车轮渡运力提高到每日100渡，仍不能满足运输需求。同年9月，国务院批准成立南京长江大桥建设委员会，并选定桥址。

这一年，22岁的吴刚通过招工进入铁道部大桥工程局第二桥梁工程处，成为一名钢筋工。次年2月，吴刚和工友们进驻南京长江岸边。

1960年，大桥开工不久，国家面临困难，大批工程下马，但南京长江大桥仍被党中央批准继续施工。向苏联订购的部分钢材不合格，后来干脆没有供货，中国决定使用国产钢材。1963年，鞍山钢铁公司研制出符合要求的“16锰”桥梁钢，生产1.4万吨，保证了大桥钢梁架设。

1964年9月，在秋汛洪水冲击下，大桥5号和4号桥墩悬浮沉井的锚绳先后崩断，大桥面临沉井倾覆、桥址报废的危险。工人们在洪水中冒着生命危险，连续抢险近两个月，使大桥转危为安。

1968年9月30日，第一列火车拉着7节车厢从江岸南边开往浦口区。吴刚作为工人代表之一，在火车上通过了他参与建造的大桥。“桥两边红旗招展，桥两头挤满了人，大家跳啊、喊啊、笑啊、挥手啊，不少人连鞋子都挤掉了。”

南京长江大桥，这座中国人自行设计和建造的双层式铁路、公路两用桥梁，连接起津浦铁路与沪宁铁路，打通国家南北交通命脉，是新中国独立自主建设社会主义的伟大成就之一，被称作“民族桥”“争气桥”。

中国共产党在寻找适合中国情况的社会主义道路上不断探索，经历了曲折甚至遭受过严重挫折，但初心不改、矢志不渝，经过艰苦卓绝努力，在30年间取得了旧中国几百年、几千年所没有取得过的进步。中国人民的精神面貌得到了极大改变。

1982年9月，党的十二大提出，把马克思主义的普遍真理同中国的具体实际结合起来，走自己的道路，建设有中国特色的社会主义。中国共产党的理论创新和实践探索，围绕“中国特色”毫不动摇地推进。

改革开放后，中国大踏步追赶世界。一些人不能理性看待中国与西方发达国家的差距，盲目崇洋媚外风气渐起，甚至认为“外国的月亮也比中国的圆”。

1984年，北京获得第十一届亚运会承办权。1990年4月底，北京亚运会33个比赛场馆全部竣工，投入赛前试运转。

1990年7月3日，邓小平视察国家奥林匹克体育中心场馆。他说：“我这次来看亚运村，就是来看看到底是中国的月亮圆，还是外国的月亮圆？看来中国的月亮也是圆的，比外国圆。”“亚运会建筑这么多，这么好，证明社会主义好。应该让大家特别是青年人都来看看。如果不是社会主义好，北京能改造得这么快啊？社会主义能够集中力量办事。”

开放自信的中国，底气来自于中国共产党领导人民找到了符合中国历史文化，适合国情实际的中国特色社会主义道路。

开放自信的中国，底气来自于中国共产党领导人民找到了符合中国历史文化，适合国情实际的中国特色社会主义道路。党的十八大报告指出：中国特色社会主义道路，中国特色社会主义理论体系，中国特色社会主义制度，是党和人民九十多年奋斗、创造、积累的根本成就，必须倍加珍惜、始终坚持、不断发展。全党要坚定这样的道路自信、理论自信、制度自信。

一个民族的复兴需要强大的物质力量，也需要强大的精神力量。没有先进文化的积极引领，没有人民精神世界的极大丰富，没有民族精神力量的不断增强，一个国家、一个民族不可能屹立于世界民族之林。

在庆祝中国共产党成立95周年之际，习近平总书记指出：文化自信，是更基

1968年南京长江大桥通车。这是南京摄影图片社摄制的《南京长江大桥》风光照。

《哪吒之魔童降世》制作历时3年，1600余人参与，最初全片5000多个分镜头，导演反复挑选后留下2000个。

础、更广泛、更深厚的自信。在5000多年文明发展中孕育的中华优秀传统文化，在党和人民伟大斗争中孕育的革命文化和社会主义先进文化，积淀着中华民族最深层的精神追求，代表着中华民族独特的精神标识。全党要坚定道路自信、理论自信、制度自信、文化自信。

文化自信是民族自信的源头，是对中国特色的"特色"二字最好的诠释。没有高度的文化自信，没有文化的繁荣兴盛，就没有中华民族伟大复兴。"四个自信"，凸显了中国特色社会主义的文化底色。

1980年出生的杨宇是四川泸州人，毕业于华西医科大学药学院。他从小喜欢画画，一直想做漫画家。大三下学期，同学给他介绍了一款三维动画软件，杨宇开始了自学之路。

因为热爱动画，杨宇决定"弃医从画"，毕业上班一年后辞职。宅在家里三年半，2009年他制作出了被网友称为"华人最牛原创动画短片"《打，打个大西瓜》，在国内外获得27个专业大赛的30多个奖项。

2015年，杨宇成了国产动画片《哪吒之魔童降世》的导演。这部电影光剧本就写了66稿，哪吒形象前后设计了上百版，制作又花了三年时间，60多家制作团队、1600多位制作人员参与。杨宇说："一路走来，每次都是挑战自己的极限，最后能够完成，我觉得也算是一个奇迹了。"

2019年夏天，上映26天，《哪吒之魔童降世》票房超过42亿，观影人数突破1亿。火爆的背后，是观众对国产动画发展的期盼，对传统文化传承创新的关注，以及对中国传统文化的认同和情感共鸣。影片人物根深蒂固的家国情怀、战胜困难的精神信念、向善向上的执着追寻，是中国人尊崇的价值理念，也是融入血脉的文化基因。

五千年中华文明是创作的沃土，经济科技的发展提供了更先进的技术手段，对传统文化的认同是强大精神动力。中国人有能力讲好自己的历史文化，展现民族自信。

中国人历来认为自信是君子的品格，是对人生有益的态度。自信，不是自负、自傲、自大，而是来源于客观认识自己和世界，来源于历史和实践。

经过70年发展，中国已成为世界第二大经济体、制造业第一大国，让7亿多人摆脱绝对贫困，14亿人过上了比以往任何时候都更加富足的生活，中华民族迎来实现"两个一百年"奋斗目标和伟大复兴的光明前景。

当今世界，要说哪个政党、哪个国家、哪个民族能够自信的话，中国共产党、中华人民共和国、中华民族最有理由自信。坚定"四个自信"，坚持和发展中国特色社会主义，实现民族复兴的道路上，无惧风雨。

从一切从人民利益出发
到解决最关心最直接最现实利益问题

吴 晶

对幸福生活的追求是推动人类文明进步最持久的力量。一路走来，中国共产党始终保持对人民的赤子之心，把人民群众的小事当作自己的大事，从人民群众关心的事情做起，从让人民群众满意的事情做起，不断满足人民日益增长的美好生活需要。

与北京天坛公园一墙之隔，是占地约17公顷的金鱼池小区。小区水池边竖立着一尊青铜雕像“小妞子”，这个老舍话剧《龙须沟》中的人物，因淹死在脏臭的龙须沟，刺痛着几代观众的心。

龙须沟，原是古代高梁河下游故道。解放前是一条污物漂流、蚊蝇孳生的臭水沟，住在这里的主要是逃荒逃难来的穷苦百姓，不少人常年生着疥疮，肠胃传染病发生和死亡率很高。

新中国一成立，人民政府就对龙须沟等劳动人民居住区开展了环境和卫生调查。“我们的政权是人民的勤务。首长、各局局长、各区区长都是人民的勤务。”当时的北京市委表示，在像龙须沟那样恶劣的卫生环境下，历史上的统治者是用一块手绢把口鼻一捂的办法来解决问题，而人民政府不是靠小小的手绢和口罩，人民政府要普遍改善人民的卫生环境。

1950年2月，北京市决定修建龙须沟下水道工程，预算693.4万斤小米，占当时市卫生工程局全年预算近五分之一。

龙须沟一带街道狭窄，沟旁由垃圾平填，5米以下才见原始地面，60厘米以下就有地下水。为避免破坏土层，影响居民房屋，党员干部和工人们一起在臭水沟中，一锹一铲，肩扛手抬，靠人力刨挖、下管、运输材料，脸上、鼻子里满是黑色污垢。为了赶进度，许多人在现场挖坑支锅，搭篷住宿。

改造后，龙须沟彻底变了模样：地下有了下水管线，沟上铺成柏油路，两旁立起路灯，居民们用上了电灯、自来水，下游常年积水的洼地、苇塘被改建成龙潭公园。

治理龙须沟惊动了北京城的老百姓。刚刚解放，一些人不了解共产党是怎么回事，通过这件事，老百姓了解了共产党，了解了共产党的方针。以此为题材创作的话剧《龙须沟》，1951年2月在北京人民艺术剧院首演，引起轰动。

“因为是人民政府，所以真给人民服务。”老舍在《写作经过》中写道：“政府不像先前的反动统治者那么只管给达官贵人修路盖楼房，也不那么只管修整通衢大路，粉饰太平，而是先找最迫切的事情做。”

为什么人的问题，是检验一个政党、一个政权性质的试金石。1945年，党的七大指出：我们共产党人区别于其他任何政党的又一个显著的标志，就是和最广大的人民群众取得最密切的联系。一切从人民的利益出发，而不是从个人或小集团的利益出发，这些就是我们的出发点。

我们共产党人区别于其他任何政党的又一个显著的标志，就是和最广大的人民群众取得最密切的联系。

共产党干革命、搞建设、抓改革，都是为人民谋利益，让人民过上好日子。新中国七十年，党始终同人民想在一起、干在一起，带领人民解决了喝水难、吃饭难、洗澡难等一个个民生难题。

“一个土坑两块板，三尺土墙围四边，晴天蚊虫飞，雨天污水流。”长期以来，中国农村旱厕气味难闻、卫生隐患大，据统计，农村80%的传染病由厕所粪便污染和饮水不卫生引起。

小厕所，大民生。20世纪60年代起，党带领人民开展爱国卫生运动，在农村地区推进管水、管粪、改水井、改厕所、改畜圈、改炉灶、改造环境的民生工程。90年代，改厕工作被纳入《中国儿童发展规划纲要》和《关于卫生改革与发展的决定》，旱厕改水厕逐步推进。

“厕所问题不是小事情，是城乡文明建设的重要方面。不但景区、城市要抓，农村也要抓，要把这项工作作为乡村振兴战略的一项具体工作来推进，努力补齐这块影响群众生活品质的短板。”新时代，习近平总书记把解决和改善与老百姓密切相关的厕所问题，提升到更重要的位置统筹推进。“厕所革命”在农村加速铺开。

2014年，江苏省泰兴市河失镇印庄村开始旱厕改水厕。三分之二的农户家中建起室内卫生间，党员村干部带头，在庭院内建设“三格式”化粪池，确保污液达标排放。对建卫生间的农户，村里补贴400元建设化粪池。未建卫生间的，村里免费对旱厕采取“双瓮式”改造，基本实现粪便无害化。

改厕后，新问题出现了。化粪池要定期清理，很是麻烦。村党总支就想能否像城里一样，统一进行污粪处理，随即启动生活污水一体化处理工程。村民自发参

解放初期的龙须沟。

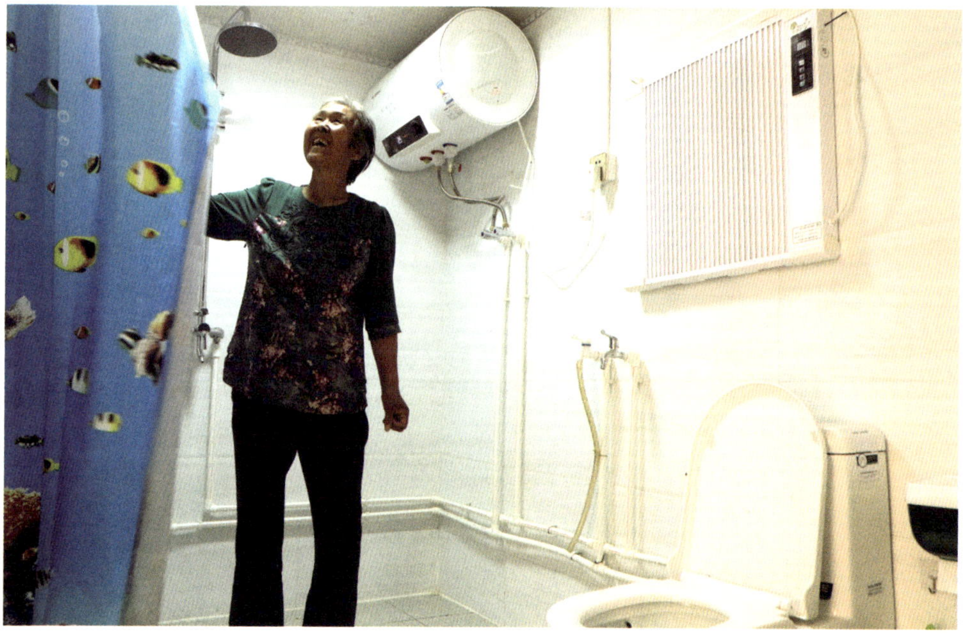

甘肃武威，“厕所革命”让农村面貌焕然一新。这是该市凉州区高坝镇刘畦村杨金花家的卫生间。（张文灿　摄）

与，仅三个多月就完成建设。

“全村实现雨污分流，雨水直通河道，生活污水全部接入污水处理厂。”村党总支书记张万华说。村卫生院医生宗卫良发现，改厕后，痢特灵、黄连素等治拉肚子的药明显用得少了。

保障和改善民生没有终点，只有连续不断的新起点。习近平总书记在党的十九大报告中提出，保障和改善民生要抓住人民最关心最直接最现实的利益问题，既尽力而为，又量力而行，一件事情接着一件事情办，一年接着一年干。

2018年10月底，广东省阳山县七拱镇隔坑村农民罗锦容突然感觉心慌气短。在村卫生站，村医黄素英拿出一台崭新的心电仪给罗锦容戴上，几分钟后检测完成，手机提示：考虑心脏主动脉瓣关闭不全，建议入院进一步检查。“它怎么知道我得了什么病?”罗锦容说什么也不信一台机器说的话，直到在阳山县人民医院确诊并接受手术，“没想到，这小小手机还是个‘神医’。”

强大的不是手机，而是200多公里外的人工智能诊疗系统。广东省第二人民医院孵化的“AI医生”，目前已应用到阳山县55个贫困村，农村医疗生态悄然改变。

没有全民健康，就没有全面小康。智能采血检验、机械臂自动取药、云影像……基层群众就医体验不断改善。2018年，全国84%的县级医院达到二级医院水平，县域内就诊率85%。

对幸福生活的追求是推动人类文明进步最持久的力量。一路走来，中国共产党始终保持对人民的赤子之心，把人民群众的小事当作自己的大事，从人民群众关心的事情做起，从让人民群众满意的事情做起，不断满足人民日益增长的美好生活需要。

人民也没有忘记。每年4月18日，经历了河道整治、平房上楼、简易楼危改三次大规模改造的金鱼池居民，都会相聚在“小妞子”雕像前，纪念变迁路、传承金鱼情、展望新时代。

从赶上时代到引领时代

李玉长

在困顿中踏上复兴之路，在接续奋斗中不断向前，从追赶时代到与时代并行，再到引领时代开创未来，中国共产党带领中国人民屹立潮头。

在人类历史的长河中，中国曾长期处于世界领先水平。但近代中国故步自封、逐步落伍，西方列强却因资产阶级革命和工业革命迅速崛起。“落后就要挨打”，铭记着中华民族一百多年的屈辱，“赶上时代、实现复兴”成为中国人民的夙愿。

丰满水电站，被誉为“中国水电之母”，坐落在松花江干流上游丰满峡谷口处，于1937年日本侵占中国东北期间开工兴建。1943年开始发电，至1945年日本战败投降时，工程尚未完全结束。苏联接管后强行拆走部分机组，只留下两台破旧的水轮发电机，溢洪道闸门都没安装。

1948年，东北人民政府接管了水电站，此时的大坝质量差，漏水严重，坝面及护坦长期遭受冻融剥蚀，严重影响安全。尽管丰满水电站如此破败不堪，却仍是当时中国最大的水力发电站。

1949年，中国发电量43.08亿度。美国为2961.24亿度，是中国的68.74倍。即便是独立不久的印度，发电量也比中国高。

新中国成立前夕，在河北平山西柏坡中央大院西北角、由大伙房临时布置的会场里，中国共产党召开七届二中全会。会议提出“逐步变落后的农业国为先进的工业国，变新民主主义社会为社会主义社会”，中国共产党要带领中国人民追赶时代的车轮。

“中国是有6亿人口的国家，在地球上只有一个。”毛泽东号召团结一切可团结的力量，搞好建设，不然就会被开除“球籍”。开除“球籍”的危险，催促中国人奋起直追。

1953年，中国开始执行“一五”计划，有计划地建设社会主义。丰满水电站，被列为“一五”计划重点项目。1955年发行的第二套人民币角票图案主要反映农业机械化，搞好生产、建设工业场面，体现社会主义建设新风貌。在5角纸币上，印着丰满水电站。

1956年底，对农业、手工业和资本主义工商业的社会主义改造基本完成，社会主义基本制度建立，我国发展进步有了稳固制度基础。

作为主要基础设施，电力工业成为社会主义建设时期历次五年计划的重点。丰满水电站不断改造加固扩建，至1959年共新装6台大机组，1960年发电量达到27.49亿度。当年中国发电量594亿度，是印度的近3倍。经过四个五年计划，到1977年，中国发电量为2234亿度，位居世界第七。

到20世纪70年代末，我国的钢铁、石油、煤炭、粮食、棉花、棉纱等主要工农业产品的产量进入世界前列。工业门类齐全程度、技术水平和开发能力在发展中国家中是首屈一指的，并在部分领域接近甚至达到发达国家水平。

1978年，党的十一届三中全会在北京召开，决定把党和国家工作中心转移到经济建设上来，作出了实行改革开放的历史性决策。

这一年，一个叫毛俊萍的姑娘从中国水利水电第一工程局白山水电局技工学校毕业，被分配到白山水电局机电安装分局子弟学校工作。她的父母曾参加过丰满水电站、新安江水电站、桓仁水电站的建设，毛俊萍就是在水电站工地上长大的。

1980年，毛俊萍与同单位的高玉权结婚，组成了水电双职工家庭，第二年儿子高远出生。30多年，他们聚少离多。东北水电项目基本开发完成后，水电一局开始承揽全国各地的水电站建设，高玉权作为技术过硬的高级技师，常年被派驻在外施工。1995年到2007年，他在浙江天荒坪水电站一驻就是12年，每年只有在春节期间才能回家，遇上任务紧急，这一年团聚一次的机会都不能享受。

作为“80后”的高远，和很多在水电家庭长大的孩子一样，有着“水电情怀”。2000年，他从水电技术学校毕业后，进水电一局当了一名工人，和父亲一样走南闯北。

2008年，水电一局更名为中国水利水电第一工程局有限公司，紧跟国家政策大力“走出去”。高玉权被派往越南建设水电工程，2010年又奔赴菲律宾开拓水电项目。直到2013年才回到家中，夫妻团圆。

改革开放，让中国发生“史诗般的进步”。根据国际能源署公开信息，2018年中国全年发电7.11

> “改革开放的四十年，也是中国奋发‘补课’的四十年。我们工业化的速度，几乎是每十来年完成或基本完成一场工业革命。”

1955年扩建后的吉林省丰满水电站。

中国探月工程是我国自主对月球的探索和观察，又叫作嫦娥工程。这是着陆器和巡视器的模拟图。

万亿度，同比增长7.7%，是全球发电量最大的国家，占比26.7%。美国全年发电量为4.46万亿度，是中国的62.73%。

复旦大学中国研究院院长张维为说："改革开放的四十年，也是中国奋发'补课'的四十年。我们工业化的速度，几乎是每十来年完成或基本完成一场工业革命。"

中国人的目光投向更远的未来。

受地球潮汐影响，以及地月间的力矩作用，地球引力让月球总是一面朝向地球，人类凭肉眼只能看见月球正面。月背，这个"秘境中的秘境"，激发着人类的好奇心。

飞行器飞到月球背面，信号无法直接穿过月球球体，难以和地球进行通信，这是长期以来人类探测器从未在月球背面着陆的主要原因。中国科学家借助古代神话牛郎织女七夕相会的美好寓意，为解决月背通信问题的中继卫星，取名"鹊桥"。

2018年5月21日5时28分，中国成功将中继卫星"鹊桥"发射升空。6月14日11时06分，卫星进入地月拉格朗日L2晕轨道，"鹊桥"的位置，既能"看到"月球背面，也能"看到"地球，为"嫦娥四号"与地面测控网络联系搭起桥梁，这在世界上是第一次。

调整姿态、百米悬停、自主避障、缓速垂降……2019年1月3日10时26分，嫦娥四号成功实现了人类探测器首次在月背软着陆，并通过"鹊桥"中继卫星传回世界第一张近距离拍摄的月背影像图，揭开了古老月背的神秘面纱。

1月11日，嫦娥四号着陆器与玉兔二号巡视器顺利完成互拍成像。月背低频射电天文观测与研究，月背巡视区地貌、矿物组成成分及月表浅层结构探测与研究，嫦娥四号开展的多项研究继续开创人类历史。

嫦娥四号任务中，中国与荷兰、德国、瑞典、沙特开展了4项科学载荷方面的国际合作。德国科学载荷项目组负责人罗伯特·维默尔－施魏因格鲁伯教授说，中国航天的发展速度"让人惊叹"，"参与后就像搭上了快车"。

2019年2月20日，习近平总书记在北京人民大会堂会见探月工程嫦娥四号任务参研参试人员代表时说，我国广大科技工作者、航天工作者要为实现探月工程总目标乘胜前进，为推动世界航天事业发展继续努力，为人类和平利用太空、推动构建人类命运共同体贡献更多中国智慧、中国方案、中国力量。

中国探月工程的不断进步，是中国大踏步赶上时代、引领时代的一个剪影。现在，中国已是全球第二大经济体、第一大工业国、第一大货物贸易国、第一大外汇储备国，与改革开放之初比农村贫困人口减少约7.5亿，居民人均可支配收入增长超过22倍，由低收入国家跨入中等偏上收入国家行列。我国对世界经济增长的贡献率连续多年超过30%，成为世界经济的主要稳定器和重要发展引擎。

在困顿中踏上复兴之路，在接续奋斗中不断向前，从追赶时代到与时代并行，再到引领时代开创未来，中国共产党带领中国人民屹立潮头。

从封闭半封闭到全方位对外开放

兰琳宗

从历史文化出发，从让人民过上好生活的初衷出发，中国共产党将带领新时代的中国，以更加开放的姿态拥抱世界，同世界展开更加良性的互动，催生更加进步繁荣的中国和世界。

一部最新款的华为P30手机，芯片由华为子公司海思设计，镜头由德国徕卡认证，图像传感器来自日本索尼，刚性屏从韩国三星采购，在郑州富士康工厂完成组装后，销往全球。

华为手机的集成创新过程，是中国与世界不间断进行商品、信息、能量交换的缩影。

70年来，新中国实现了从封闭半封闭到全方位开放的伟大历史转折。开放，成为当代中国的鲜明标识。

新中国成立后，我们在相对封闭的环境中艰辛探索社会主义建设之路，坚持自力更生，在一穷二白基础上建立起独立的比较完整的工业体系和国民经济体系，为当代中国发展进步奠定了坚实基础。历史也同时证明，独立自主不是闭关自守，自力更生不是盲目排外，一个国家、一个民族要振兴，就必须在历史前进的逻辑中前进、在时代发展的潮流中发展。

为了赶上世界浪潮，党中央制定了对外开放的重大战略，并进而确立为一项基本国策，领导人民抓住新一轮全球化机遇，杀出一条血路。

1978年7月29日傍晚，26岁的东莞第二轻工业局下属企业太平服装厂职工唐志平，接到一个“考题”。

广东华润公司和广东省轻工局负责人带着港商张子弥来到厂里。张子弥拿出一个黑色人造革手袋，让在场工人在没有任何图纸和说明的情况下，复制这个手袋。

包括唐志平在内，厂里的优秀技术工人熬了一个通宵，用缝纫机做出几乎一模一样的手袋。天刚亮，就马不停蹄地送到张子弥住的东莞宾馆。

没来东莞前，身为香港信孚手袋制品有限公司老板的张子弥正面临严峻考验。香港荃湾的两家工厂，已被不断上涨的成本逼到倒闭边缘。国务院于1978年7月6日颁发《对外加工装配和中小企业补偿贸易办法试行条例》后，有着灵敏商业嗅觉的张子弥，辗转到珠三角物色合作伙伴。他出过相同的考题，终于在东莞找到满意答案。

7月31日，双方签订合同，约定在来料加工、补偿贸易上进行合作。所有设备、原材料由张子弥提供，太平服装厂提供劳动力和厂房，赚取加工费。全国第一家“三来一补”——来料加工、来样加工、来件装配、补偿贸易企业太平手袋厂诞生。

钨丝灯泡照亮了昏暗的小厂房，从香港运来的电动设备替代了脚踏设备。张子弥建议实施计件工资，砸破了当时的“大锅饭”，工人生产热情高涨，一车车色彩靓丽、款式新鲜的手袋运往香港。普通工人的收入从原来的18—38元／月，提高到80—100元／月。

工人们学会了守时，懂得了质量标准，一些员工买起电风扇、音响、电视机，姑娘们追逐时尚，使用化妆品，梳起新发型。

不到五个月，太平手袋厂生产面积扩大了50倍，到1983年与港商合同期满时，还清了港方所有的设备款，转为自营生产，工厂不仅添置了流水线设备，还创建了“金虎牌”等自主品牌。

太平手袋厂的成功引起连锁反应，厂房周边陆续引入来自香港的印花厂、电镀厂、模具厂、五金厂等。“三来一补”模式在珠三角遍地开花。

开放也是改革。20世纪80年代，党中央决定兴办深圳、珠海、汕头、厦门等经济特区。之后，天津、上海、大连、烟台等14个沿海港口城市对外开放，浦东成为开发开放新高地。从北到南，几千公里海岸线敞开了通向世界的大门。从这里，中国人看到了世界，世界也看到了走向开放的中国。

2001年11月10日，多哈时间18：38，随着世贸组织第四次部长级会议主席卡迈勒手中木槌落下，历经15年艰辛谈判，中国入世一锤定音。

入世，是中国对外开放的标志性事件，既是机遇，也带来冲击。“当时有很多国内同行对我说，我们将来能在国内喝汤就不错了。”海尔集团董事局主席、首席执行官张瑞敏说。

不信邪的海尔，重塑竞争意识，不仅与国际家电巨头在国内市场一较高下，更主动走出去，到最严格的市场上去搏击。

2000年，海尔工业园在美国南卡罗来纳州投产，上至总裁下到普通工人都是清

1978年，东莞办起了全国第一家“三来一补”企业太平手袋厂。

2018年11月5日，上海国家会展中心，首届中国国际进口博览会开幕。上海国家会展中心，一片巨型的“四叶草”，仿佛一个地球村，将参展的各国紧密联系在一起。

一色的美国当地雇员。黑人姑娘斯塔基被雇用为一名机械师，班前会制度、典型讲评、优秀员工评选，这些都让斯塔基感到新奇。

“纽约的网、南卡的厂、洛杉矶的设计。”海尔的家电产品，在洛杉矶设计中心根据美国消费趋势进行设计，在南卡的工厂生产，从纽约的贸易公司分销全美。

在美国，200L以上的大型冰箱被通用、惠而浦等企业垄断，160L以下的冰箱销量较少。海尔在营销中发现，许多学生需要的冰箱不仅要求体积小，而且应该还能当桌子用。美国海尔迅速开发了带活动台面的小冰箱，受到大学生喜爱，市场份额迅速提升。

后来，海尔又针对美国市场设计和生产洗衣机、冰柜等产品，无一例外地打上“MADE IN USA”字样。

融入世界，就要到世界市场的汪洋大海中去游泳。在中国勇敢迈向世界市场的过程中，我们呛过水，遇到过漩涡，遇到过风浪，但我们在游泳中学会了游泳，不仅发展了自己，也造福了世界。

中国特色社会主义进入新时代，世界面临百年未有之大变局。全球化在优化资源配置，加速资本聚集与流动的同时，也加剧了发展的不平衡，贸易保护主义、单边主义、孤立主义、民粹主义等思潮不断抬头。

自然的法则，有浪就必有回头浪，一些国家急于关上大门、将不平衡推给世界。中国则眼睛向内，从自身做起，转变发展方式，进一步深化供给侧改革，在发展中解决不平衡不充分问题。同时，以“一带一路”建设为重点，引进来和走出去并重，形成陆海内外联动、东西双向共济的开放格局，推动经济全球化朝着普惠共赢方向发展。

被称为“硅谷钢铁侠”的埃隆·马斯克，是一个对速度追求几近偏执的人，而上海创造了让他吃惊的“特斯拉速度”。

2018年4月10日，习近平总书记在博鳌亚洲论坛年会开幕式主旨演讲中提出：要尽快放宽外资股比限制特别是汽车行业外资限制。7天后，国家发改委出台政策，明确2018年取消专用车、新能源汽车外资股比限制。

一直谋求在中国建厂的特斯拉，成为这一政策的第一批受益者。

2018年7月敲定合作协议，10月签订《土地出让合同》，2019年1月7日，我国第一个外商独资新能源汽车制造项目——特斯拉上海超级工厂在临港产业区开工建设。7个月后，占地1300亩的超级工厂基本建成，开始安装生产设备。

临港管委会行政审批办主任科员奚晓斌见证了这一过程。他的兜里揣着一张“作战图”，用不同

以“一带一路”建设为重点，引进来和走出去并重，形成陆海内外联动、东西双向共济的开放格局，推动经济全球化朝着普惠共赢方向发展。

颜色标记各项工作。图上的事项，涉及规划、审批、招商、环保、经贸等多个管委会部门，但相当一部分，只预留出一个工作日的处理时间。临港管委会的办公楼走廊里，常常回响着“开会了”的声音，也总能一呼百应。

享受这种速度和服务的，不只是特斯拉。投资自由、贸易自由、资金自由、运输自由、人员从业自由，国际互联网数据跨境安全有序流动，有国际竞争力的税收制度和政策，制度型开放红利不断释放。

1978年实行改革开放，2001年加入世贸组织，党的十八大以来更大力度实施对外开放，什么原因，让当代中国共产党人对开放具有如此强大的信念，始终在充满不确定性的全球化暴风雨中坚持前行？

坚定源于自信。过去中国经济发展是在开放条件下取得的，未来中国经济发展也必须在更加开放的条件下进行，这是根据中国改革发展客观需要作出的自主选择。从历史文化出发，从让人民过上好生活的初衷出发，中国共产党将带领新时代的中国，以更加开放的姿态拥抱世界，同世界展开更加良性的互动，催生更加进步繁荣的中国和世界。

从对人类有较大贡献到贡献中国方案

何 韬

当今世界正面临百年未有之大变局，和平与发展仍然是时代主题，同时不稳定性不确定性更加突出，全人类面临更严峻挑战。中国促进共同发展的决心不会改变。中国共产党所做的一切，都是为人民谋幸福，为民族谋复兴，为世界谋大同。

20世纪上半叶，社会主义革命和民族独立运动在世界范围风起云涌。中国共产党带领中国人民，经过28年艰苦卓绝的奋斗，推翻三座大山，建立新中国。5亿多中国人民得到解放，当家做了主人，这是中国共产党对人类的重大贡献。

1956年8月30日，在中共八大预备会第一次会议上，毛泽东说：过去人家看我们不起是有理由的。因为你没有什么贡献。如果不能赶超发达资本主义国家，就要从地球上开除你的球籍。9月24日，毛泽东又说，中国是一个大国，它的人口占全世界人口的四分之一，可是“它对人类的贡献是不符合它的人口比重的”，这种状况一定要改变。11月12日，在为纪念孙中山90周年诞辰发表的文章中，毛泽东提出，“中国应当对于人类有较大的贡献”。

疟疾是由恶性疟原虫引起的疾病，几千年来一直威胁着人类的生命安全。20世纪五六十年代，由于疟原虫对奎宁类药物产生抗药性，全球100多个国家、两亿多疟疾患者面临无药可治局面，死亡率急剧攀升。1969年，卫生部中医研究院接到“中草药抗疟疾”研发任务，39岁的屠呦呦被任命为项目负责人。

屠呦呦，浙江宁波人，是家里5个孩子中唯一的女孩，“呦呦鹿鸣，食野之蒿”，父母以《诗经·小雅》的诗句为她取名。1955年，屠呦呦从北京医学院药学系毕业，被分配到中医研究院从事中药研究。参加工作仅3年，就在防治血吸虫的生药学研究上创出两项成果。

接受任务后，屠呦呦夜以继日，收集整理历代中医药典籍，走访多名老中医，在汇集2000余个方药基础上，编写了含有640多种草药、包括青蒿在内的《抗疟单验方集》。之后，以鼠疟实验评估380种提取物，发现一份青蒿提取物很好地抑制了寄生虫生长。但后来效果很不稳定，190次实验都失败了。

困境之下，屠呦呦翻阅大量文献。唯一关于使用青蒿减轻疟疾症状的文献，出自东晋葛洪的《肘后备急方》，“青蒿一握，以水二升渍，绞取汁，尽服之。”这句话给了屠呦呦灵感，加热步骤可能会破坏药物活性成分，在较低温度中提取可能有助于保持抗疟活性。果然，改变提取方法后，提取物活性得到大幅提升。

1971年10月4日，屠呦呦团队提取到第191次实验药物样品，所做的动物实验显示出100%的抑制率，它极可能也是人疟原虫的克星。历经反复实验，解决了中草药含毒副作用后，第二年春天，在南京全国抗疟研究大会上，屠呦呦首次报告了实验结果，全场振奋。

在科研攻关的同时，屠呦呦和同事们的健康受到很大损伤。他们做实验用的是买来的7口大缸，缺乏通风设备。一些药剂有毒性，而且挥发性很强，加上劳累和缺乏营养，屠呦呦得了中毒性肝炎，牙齿剧痛甚至松动脱落。但她不但不顾身体，还主动要求在自己身上做第一例临床实验。

海南昌江是当时一大疟区，当地以脑疟为首的恶性疟疾已成不治之症，数日内便能致人死亡。1972年8月，屠呦呦用青蒿提取物，60天里对昌江30例疟疾患者做临床观察，结果疗效百分之百。

同年，中科院生物物理所用“X－衍射法”，确定了青蒿提取物的立体化学结构：C15H22O5，完全不同于奎宁类药物。中国医药工作者从祖国医学宝库中，不仅发掘出良药，而且还是全新的抗疟药，这是中国人的发明和创造。屠呦呦和同事们将这种无色针状的晶体命名为青蒿素。一年后，屠呦呦研发出青蒿素第一个衍生物双氢青蒿素，抗疟疗效提高了10倍。

青蒿素类药物不良反应轻微、治愈率高，且价格便宜，被许多外国患者称为“中国神药”。2004年5月，世卫组织正式将青蒿素复方药物列为治疗疟疾的首选药物。屠呦呦获得2015年诺贝尔生理学或医学奖。

“中医药从神农尝百草开始，在几千年的发展中积累了大量临床经验……通过继承发扬，发掘提高，一定会有所发现，有所创新，从而造福人类。”2015年12月7日，屠呦呦在瑞典卡罗林斯卡医学院礼堂进行演讲，题目是《青蒿素——中医药给世界的一份礼物》。

改革开放40多年来，中国驶上了前进的快车道，彻底摆脱了被开除“球籍”的危险，不仅发展了自己，也进一步造福世界。

改革开放40多年来，中国驶上了前进的快车道，彻底摆脱了被开除“球籍”的危险，不仅

20世纪50年代，在中医研究院中药研究所任研究实习员的屠呦呦（前右）与老师楼之岑一起研究中药。

2017年6月9日，参观者在北京科博会上观看北斗导航卫星星座。

发展了自己，也进一步造福世界。

2019年3月的一天，在突尼斯一所高等农业工程学校，中国工程师给一辆农用拖拉机现场安装了使用北斗卫星导航系统的自动驾驶设备。这台普通农用机械成为突尼斯第一台使用卫星导航设备精准定位和操控的无人驾驶农机。在以不同速度前行的测试中，拖拉机每次都精准地避开障碍物。突方专家赞叹，过去只使用过手机里的导航软件，没想到中国的导航技术竟能实现农业机械的无人驾驶。

6月，维也纳联合国国际会议中心举办“中国古代导航展——从指南针到北斗”展览，展品有马可·波罗从泉州返回威尼斯时搭乘的船舶、郑和下西洋用的导航罗盘模型，北斗芯片系列产品等，既体现中国导航和测绘制图技术在古代中外交流中发挥的作用，还展出了当今国际合作成果。

北斗七星是古人辨识方位的依据，司南是中国发明、世界最早的导航装置，作为中国自主建设的卫星导航系统，“北斗”处处体现着中国文化传承。自20世纪90年代开始研制，先后建成北斗一号、北斗二号、北斗三号系统，服务区域从中国及周边，扩展到全球范围。

6月25日2时9分，长征三号乙运载火箭托举着第46颗北斗导航卫星，从西昌卫星发射中心升空。这是北斗三号系统的第21颗组网卫星、第二颗倾斜地球同步轨道卫星，将与此前发射的20颗北斗三号卫星组网运行，进一步提升北斗系统覆盖能力。到2020年底，将全面完成北斗三号系统建设，为全球用户提供精度更高的服务。

从指南针到北斗，一“南”一“北”，一古一今，不同的历史维度，展现了中国人民对人类文明的贡献。北斗已开始向“一带一路”沿线90多个国家提供服务，用户数量达到“亿级以上”水平。巴基斯坦的交通运输、港口管理，缅甸的土地规划、河运监管，老挝的精细农业、病虫灾害监管，文莱的都市现代化建设、智慧旅游，这些都得益于北斗系统的支持。

习近平总书记在党的十九大报告中指出，中国特色社会主义道路、理论、制度、文化不断发展，拓展了发展中国家走向现代化的途径，给世界上那些既希望加快发展又希望保持自身独立性的国家和民族提供了全新选择，为解决人类问题贡献了中国智慧和中国方案。

“世界好，中国才能好；中国好，世界才更好。”当今世界正面临百年未有之大变局，和平与发展仍然是时代主题，同时不稳定性不确定性更加突出，全人类面临更严峻挑战。中国促进共同发展的决心不会改变。中国共产党所做的一切，都是为人民谋幸福，为民族谋复兴，为世界谋大同。

大道之行，天下为公。在实现中华民族伟大复兴的道路上，中国共产党人和中国人民有信心为人类更好发展提供中国方案。

从进京赶考到走好新时代的长征路

郝思斯

不论事业发展到哪一步，取得了多大成就，都始终坚持伟大长征精神，走好每一代人的长征路。这是何等的精神气质、价值追求。

1949年3月23日，党中央从西柏坡动身前往北平。临行前，毛泽东说：“今天是进京的日子，进京赶考去。”

周恩来回应：“我们应当都能考试及格，不要退回来。”

毛泽东说：“退回来就失败了。我们决不当李自成，我们都希望考个好成绩。”

毛泽东提出的进京赶考，与历史上任何进京赶考都不同。夺取全国胜利，这只是万里长征走完了第一步，建设、治理国家的路还很长，更艰苦、更伟大。能不能跳出“其兴也勃焉，其亡也忽焉”的历史周期率，是党在全国执政后面临的严峻考验。

上海解放后，人民解放军上海警备区三营八连进驻南京路负责警备工作。当时的南京路，高楼林立，饭店、百货商场、歌厅影院云集。有人断言，在南京路这口“大染缸”，“共产党红着进来，将黑着出去”。

进驻南京路之前，八连党支部多次明确，大家是去做艰苦的工作、复杂的斗争，而非享乐闲逛。但时间一长，情况出现了变化：有人三番五次请假外出，有人在集合时慢慢腾腾，一名战士竟连背包也不打了。这引起八连首任指导员张成志的警惕，他在党支部会议上提出：南京路是一个没有硝烟的战场，来到这里我们就没有退路了，“要让全连保持高度的警觉性，决不能吃败仗”。

警醒之后的八连战士，再没有懈怠过放松过。

大雨天，哨岗上，只要后退一步就是屋檐，战士陶元岐却宁愿站在

1963年，国防部授予八连“南京路上好八连”称号。这是八连战士在执勤中帮路上的菜场职工推车。（唐载清　摄）

国测一大队自1954年成立以来，先后六测珠峰、两下南极、数十次深入西藏无人区，徒步行程超过6000万公里。这是测绘队员2005年5月从海拔5200米珠峰大本营向海拔6500米进发。

风雨中，以便不受阻碍地观察情况；战士顾永良，发现有人把一件雨衣披在他的身上，他连声道谢，却首先用它遮住身上的武器。连长张继宝打的草鞋，指导员王经文盖了十多年的被子，从敌军手中得来的行军锅，反映着八连的好作风。

1963年，国防部授予八连“南京路上好八连”称号。荣誉接踵而至，也带来新的考验。

当时电台经常播放歌曲：“好八连，八连好，八连红旗举得高。”八连战士有时也跟着节拍哼唱。支部会上，指导员指出：“我们怎么能自己唱自己好的歌，我们要谦虚，要向人民学习。”此后，八连和人民群众联欢拉歌的时候，群众唱“好八连，八连好”，八连就唱“学习雷锋好榜样”和“接过雷锋的枪”。

一次，八连一位战士在要寄出的信封上写下“南京路上好八连某某寄”，被指导员看见了，他严肃地说：“八连好不好，要由党和人民评定，我们没有权力自称‘好八连’。”司务长补充道：“如果我们躺在‘好’字上，那就肯定地不‘好’了。”

几十年如一日，八连经受住了人民的“考试”。在上海人看来，八连就是“为人民”的代名词。而在第二任指导员王经文眼里，“好八连”有四种精神没有变：听党话、跟党走的军魂不变；为人民服务的精神不变；艰苦奋斗的思想不变；“拒腐蚀，永不沾”的精神不变。

改革开放开启了建设中国特色社会主义新长征之路。推进改革开放的过程，也是解放思想、与时俱进，突破利益固化藩篱和化解各种矛盾的过程，考验着我们能否始终保持一种革故鼎新、一往无前的勇气，一种善于创造性思维、善于打开新局面的锐气。“赶考”精神被赋予新的时代内涵。

华西村是江苏省江阴市的一个普通小村庄，也是闻名全国的“天下第一村”。

“只要心脏不停，就要脚步不停、脑子不停、事业不停、为人民服务的思想不停”。在村党组织书记吴仁宝带领下，华西村1988年率先成为“亿元村”。到1991年底，已创办大小企业20多家，年产值5亿元。

“通知开会。”1992年3月1日凌晨两点多，吴仁宝拿起了电话。当时邓小平南方谈话内容还未传达到基层，但《深圳特区报》刊载的8篇评论文章引起了吴仁宝的注意，他意识到，这些文章传达的是邓小平谈话的要点。反复揣摩后，他等不及天亮，立即召开华西村党委紧急会议。

凌晨三点，人到齐了。吴仁宝说：小平南方谈话将引起中国新一轮大发展，现在我们重点谈一谈，下一步该怎么抓住机遇，怎么解放思想。经过讨论，党委班子做出动员一切资金，加快经济发展的决定。第二天起，华西村的干部群众分头行动，购买钢坯、铝锭、电解铜等原材料。

不久，南方谈话精神正式传达到基层，全国掀起加快经济建设的热潮。低价购买到的原料，为华西村节省了近亿元成本，更赢得新一轮改革先机。

成绩面前，华西村“不敢停步，只能前进”。1993年，引进一批大型中外合资项目后，华西集团公司成立；1999年，“华西股份”在深交所上市，成为“中国农村第一股”；进入新世纪，华西通过关停高能耗企业，加大传统产业技术改造，拓展新产业等方式转型发展。

改革开放四十年，无数锐意改革的共产党员带领人民大胆地试、勇敢地改，干出了一片新天地。

改革开放四十年，无数锐意改革的共产党员带领人民大胆地试、勇敢地改，干出了一片新天地。

进入新时代，尽管我们取得了巨大进步，中华民族迎来了从站起来、富起来到强起来的伟大飞跃，但面临的挑战和问题依然严峻复杂。夺取具有许多新的历史特点的伟大斗争新胜利，我们还有许多“雪山”“草地”需要跨越，还有许多“娄山关”“腊子口”需要征服。

国家测绘地理信息局第一大地测量队（国测一大队）成立于1954年，主要从事大地测量工作，先后完成中华人民共和国大地原点建设、国家卫星定位网布测、珠峰高程测量等任务，为三峡工程、青藏铁路、西气东输、南水北调等重大工程提供了测绘支撑。

随着国家测绘基准体系基础建设工作临近尾声，测绘服务需求日益多元化，大队加快了转型升级步伐。2016年4月，应急测绘中心在国测一大队挂牌；8月，新技术应用部成立。

“我们引进的航空重力测量系统搭载在飞机上，可以测量人迹罕至的高山区、无人区和大海；引进的机载三维激光扫描系统，可对地面进行高精度三维扫描和拍照；引进的声呐测深系统，可以对江河湖海水下地形全覆盖扫描。”大队新技术应用部主任陈真说。

改变的是技术和装备，不变的是精神和作风。

航空测绘，飞行高度接近4000米，作业需要机舱内外部连通，没有加压舱、吸氧机，颠簸且低温。航飞员赵越、郑文科一次在云南昭通上空飞行，在严重晕机情况下坚持11个小时。飞机降落，赵越因晕倒被送往医院。

2016年底，国测一大队购置了无人机。“80后”程小凯带领一批“90后”队员，驻扎在无人旷野，顶烈日、冒严寒，枯燥地重复着每一个训练动作。“原本1年的训练计划，我们用半年时间完成了。”

1991年出生的何子豪刚刚入职，就被派往甘肃西部进行为期5个月的水准测量，每天顶着接近40度高温，扛着15公斤重的仪器行走在沙漠戈壁。

2015年是我国自主完成珠峰高程测量40周年，参加当年任务的6位老队员、老党员给习近平总书记写信，汇报了国测一大队的发展历程和年轻一代薪火相传的奋斗足迹。同年7月1日，习近平总书记回信，用“不忘初心，方得始终”对广大党员提出希望：要始终在党爱党、在党为党，心系人民、情系人民，忠诚一辈子，奉献一辈子，以自己的实际行动，团结带领亿万人民为实现“两个一百年”奋斗目标、实现中华民族伟大复兴的中国梦而共同奋斗。

时代是出卷人，我们是答卷人，人民是阅卷人。中国共产党的“能”，就体现在不论时代主题如何变化，都始终坚持“赶考”精神，把人民对我们党的“考试”、把我们党正在经受和将要经受各种考验的“考试”考好。不论事业发展到哪一步，取得了多大成就，都始终坚持伟大长征精神，走好每一代人的长征路。这是何等的精神气质、价值追求。

赶考远未结束，长征永远在路上。

从一张白纸到历史性成就历史性变革

李志勇

中国的面貌、中华民族的面貌、中国人民的面貌、中国共产党的面貌在新时代焕发出新的光彩。

新中国刚成立，百废待兴。对当时状况，毛泽东感慨："现在我们能造什么？能造桌子椅子，能造茶碗茶壶，能种粮食，还能磨成面粉，还能造纸，但是，一辆汽车、一架飞机、一辆坦克、一辆拖拉机都不能造。"但他又说："一张白纸，没有负担，好写最新最美的文字，好画最新最美的画图。"

1950年4月，重工业部成立汽车工业筹备组。经过调查研究和反复比较，中央财经委员会批准第一汽车制造厂在吉林长春兴建。1953年7月15日，第一汽车制造厂奠基典礼在长春西南孟家屯附近举行。毛泽东亲笔题写的"第一汽车制造厂奠基纪念"汉白玉基石被安置在场地中心。

这年9月6日，由华东野战军步兵99师改编的建筑工程第五师，全建制分批奔赴长春参加建设。"像消灭所有敌人一样消灭所有困难！"一汽厂总建筑面积超过70万平方米，建筑工程共55项，其中包括铸工、锻工、车身压制车间等10大车间。"三年建成一座汽车厂"，靠的是军人会战的速度与建设新中国的激情。

"战场上比军功，在施工现场我们也有立功运动，大家都比谁干得多！"13团103工区砼工班长云光学说。鼓舞他们不断超额完成任务的，是一张特殊的生产竞赛表。"那会儿各工区开展立功运动，有一个'天安门竞赛表'光荣榜！谁立功了就能去天安门见毛主席！"

1955年底，建设者们提前半年完成任务。1956年7月13日，在长春第一汽车制造厂崭新的总装线上，“解放”牌汽车试制成功，首批12辆汽车驶下装配线。

作为中国第一个大型汽车制造厂，长春第一汽车制造厂被誉为中国汽车工业的摇篮，它的建成投产，揭开了中国汽车制造工业的崭新一页，在一张白纸上画出了中国汽车制造梦的起点。

追求国家富强、人民幸福，中国共产党带领全国人民在富有无限可能的白纸上，描绘着社会主义建设的宏伟蓝图。

陕西延安，地处黄土高原腹地，沟壑纵横，条件艰苦，历史上一直很贫困。直到20世纪70年代，这里很多老百姓还是“靠天吃饭”。1978年，中央批准把延安地区的粮食征购任务减少55%，并每年给延安无偿援助5000万元。改革开放后，延安发展加快，但由于自然条件恶劣、经济基础薄弱，到2014年底，仍有693个贫困村，7.62万户、20.52万贫困人口。

2015年2月，陕甘宁革命老区脱贫致富座谈会召开，延安打响精准脱贫攻坚战。

李东东，延安安塞人，16岁出门打工，3年后在村里第一个搞起蔬菜大棚。但之后的十几年，父母、妻子、儿子相继患病，生活艰难维持。

作为建档立卡贫困户，精准脱贫给了李东东家希望，妻子做手术，报销90%的医疗费，政府送药上门，患脑瘫的大儿子被送到延安的特殊学校就读，学费全免还有生活补助。

上到九十九，下到刚会走，在几乎人人会打腰鼓的安塞，发展文化旅游产业带动脱贫是个好办法。游客来延安旅游，顺道坐半小时车，就可以来安塞看腰鼓、听陕北道情。

李东东参加了励志扶贫艺术团，演一场挣150元，一年能演几十场。和他一样，当地1000多名贫困群众也参与演出。2018年，李东东打工收入4万元，打腰鼓也收入了1万多元。

近4年来，中央和各级财政累计向延安投入扶贫资金62.5亿元。精准推进产业扶贫、就业扶贫、生态扶贫等工程，选派1784名第一书记、1546个驻村工作队、3.74万名干部进村入户，因地制宜、因村因户因人施策，加快脱贫进度。

2019年5月7日，延安告别绝对贫困，226万老区人民开启奔向全面小康的新生活。

“久困于穷，冀以小康。”这是中华民族千年追求的梦想，也是中国共产党从成立起就扛在肩头的责任。

党的十八大以来，中国农村已累计减贫8239万人，年均减贫1373万人，农村贫困发生率从2012年

“久困于穷，冀以小康。”这是中华民族千年追求的梦想，也是中国共产党从成立起就扛在肩头的责任。

第一汽车制造厂制造出来的第一批38辆“解放牌”汽车，在1956年8月21日运到北京。这批汽车参加当年首都国庆节的检阅和游行。这是“解放牌”汽车停留在天安门广场上，人们纷纷赶来参观。

航拍塞罕坝林场。这是世界上最大的人工林种植基地。2017年12月5日，联合国环境规划署宣布，中国塞罕坝林场建设者获得2017年联合国环保最高荣誉——“地球卫士奖”。

末的10.2%下降到2018年末的1.7%，对全球减贫贡献率超过70%。

小康全面不全面，生态环境质量很关键。党的十八大把生态文明建设纳入中国特色社会主义“五位一体”总体布局，建设美丽中国，人民心向往之。

2013年初，中国中东部出现4次大范围雾霾天气，140多万平方公里、8亿以上人口受到影响，北京1月雾霾天气多达26天。

就在这一年，中国发布《大气污染防治行动计划》，要求多管齐下，用五年时间明显改善空气质量。北京市治理农村散煤、高排放机动车、城乡接合部，2017年初用煤总量由2300万吨压减到1000万吨以内，核心城区基本实现了“无煤化”，淘汰205万辆老旧机动车，退出一般制造业和污染企业1341家，1300多个大工地安装了视频监控系统，平原造林超过110万亩。

大气污染是世界各国在高速发展时期都会遇到的严峻问题，解决起来也绝非一朝一夕之功。

党的十九大报告提出，坚持全民共治、源头防治，持续实施大气污染防治行动，打赢蓝天保卫战。全面建成小康社会，必须开展大气污染治理攻坚，补齐环境质量短板。

2018年10月26日，第十三届全国人民代表大会常务委员会第六次会议通过了新修订的《中华人民共和国大气污染防治法》。

生态环境部发布的《中国空气质量改善报告（2013—2018年）》显示，2018年，中国国内生产总值较2013年大幅增长，同时大气污染物浓度大幅下降，大气污染防治重点区域京津冀、长三角、珠三角PM2.5年均浓度分别下降48%、39%、32%。

随着经济社会发展，富裕起来的人民期盼天更蓝、水更清。“在我国经济由高速增长阶段转向高质量发展阶段过程中，污染防治和环境治理是需要跨越的一道重要关口。我们必须咬紧牙关，爬过这个坡，迈过这道坎。要保持加强生态环境保护建设的定力，不动摇、不松劲、不开口子。”2019年3月全国两会上，习近平总书记说。

解决了许多长期想解决而没有解决的难题，办成了许多过去想办而没有办成的大事，改革开放和社会主义现代化建设的历史性成就，党和国家事业的历史性变革，展现了中国共产党的政治勇气和责任担当，增强了中国人民的自豪感和自信心，推动中国社会发展达到之前从未企及的高度，朝着实现中华民族伟大复兴的中国梦迈出坚实一步。中国的面貌、中华民族的面貌、中国人民的面貌、中国共产党的面貌在新时代焕发出新的光彩。

前路并非坦途，中国共产党依然要带领人民，继续解难题、办大事，不懈奋斗，让一个个目标从梦想变为现实，新的历史由每一天书写而成。

从计划经济到社会主义市场经济

赵 林

正确处理政府和市场关系，把“看不见的手”和“看得见的手”的作用都发挥好，就能极大激发广大人民群众的创造性，极大解放和发展社会生产力，极大增强社会发展活力，这是中国特色社会主义制度的一大优势。

8月的北京夜晚，簋街胡大饭馆门前总是排起长队。胡大饭馆平均每天要消耗约4吨小龙虾。

小龙虾是吃出来的产业。小龙虾本来仅用作饵料，经过近二十年消费拉动，形成了年产值3000亿以上的产业链。很多地区把小龙虾作为主导产业扶持，自2001年起，江苏盱眙已连续举办19届小龙虾节，2004年注册“盱眙龙虾”，进入中国国家地理标志产品名单。

从饵料到千亿产业，一只小龙虾，折射出政府和市场“两只手”的同向发力。

社会主义能否搞市场经济，计划多一些还是市场多一些，如何让政府和市场充分发挥各自优势？这些问题，曾经长期困扰着我们。七十年来，党领导人民不断深化对社会主义建设规律的认识，成功找到中国特色社会主义经济发展道路。这是一部思想解放史、实践探索史。

新中国成立后，实行高度集中的计划经济，有照搬苏联经验的一面，但很大程度上是根据当时中国的现实需要作出的选择。在一穷二白的条件下，采取统一的计划管理体制，对于合理配置有限的资源，迅速建立起工业化初步基础，具有历史性作用。

1958年，全国大力发展钢铁工业，鞍山钢铁厂需要从全国抽调上千名技术人员。

远在湖南团山湖农场的雷正兴，提出申请要求到鞍钢参加祖国钢铁建设。有人问他：“东北天气冷，生活不习惯，工厂里的活还重，你不怕吗?”雷正兴回答:“不怕，东北不是也有工人在劳动吗?人家能干，我就能干。”

填报名表的时候，雷正兴正式改名雷锋，金字旁的“锋”，让他觉得自己有钢铁般的力量。

1958年11月，雷锋来到鞍钢。由于在农场开过拖拉机，他被安排去洗煤车间学开推土机。这让他有点想不通，找到车间主任问:“我是为祖国炼钢来的，为啥让我当推土机手?”车间主任说:“炼钢光靠几座平炉不行，还需要矿石、铁水、焦炭、煤气等，缺少哪一样都不行。大工业生产就像一架机器，缺哪一颗螺丝钉也不能转动。”雷锋当场表示，“我就甘当螺丝钉了，党把我拧在哪里，我就在哪里使劲!”

全国支援鞍钢，鞍钢也同样支援全国建设。从20世纪50年代起，鞍钢先后向各地输送钢铁建设人才12.5万名，援建了包钢、武钢、攀钢、水钢等10多家国有大型钢铁企业。全国一盘棋，集中力量办大事，新中国工业从无到有发展了起来。

把计划经济看作社会主义的基本特征，否定市场经济在社会主义制度下存在和发展的可能性，成为相当长一段时间里不容置疑的原则。然而，随着经济社会发展，计划体制的弊端日益明显暴露出来:政企职责不分、条块分割，国家对企业统得过多过死，分配中平均主义严重，严重束缚了各方面的积极性和主动性，使本应生机盎然的社会主义经济失去活力。

计划经济的老路行不通，经典著作上也找不到答案，中国该往何处去?理论和实践呼唤着突破。1978年12月，党的十一届三中全会提出改革开放，开始了从计划经济到社会主义市场经济的不懈探索。

云贵边界，深山峡谷，372米的落差。

“鲁布革”，本义为布依族语言中的“不知道”，被勘测人员误作地名，标入地图。但就是这个“不知道”，20世纪80年代引发了对传统计划体制的强烈冲击，“鲁布革冲击波”写入中国改革开放史。

1982年，国家决定将鲁布革水电站作为水电改革开放试点。黄泥河畔，两支队伍，两种模式，展开了一场较量。

一支队伍是日本大成公司。日方仅派来30人管理团队，以市场化方式，从水电十四局合同制聘用424名工人，承建的引水系统工程不仅工期提前5个月，而且质量优良。

另一支队伍水电十四局，延续用行政命令组织施工的体制，承建的厂房枢纽工期落后近百天，首部枢纽工期整整落后一年，能否按期截流成为疑问。

两种模式的不同，一线工人体会最深。一次，中方工地急需一种特殊钻头，挪威专家想方设法用最快的速度从奥斯陆空运过来，却被搁在某办公室里闲置半个多月。与之鲜明对照，大成公司的吉普车全部停在施工现场，供工人办公事用。

工资是体制的集中反映。一位当年的台车工回忆:“在十四局拿等级工资，月收

全国统一的供销合作社系统于1954年建立，形成了一个上下连接、纵横交错的全国性流通网络。这是20世纪60年代，人们在供销社里选购商品。

我国97%的商品已经实现市场调节价格，劳动力、资本、科技等重要生产要素市场化改革不断推进。这是2017年4月15日，第十五届中国国际人才交流大会在深圳启幕，来自72个国家和地区的4600多个专业组织、培训机构、高等院校、科技企业和人力机构参与，共有8场招聘会1258家用人单位提供31380个职位面向海内外高端人才进行招聘。

入大概50元。到了大成，每月加上奖金能有200多元，最多的一个月930多元。发的大多是1元券和角票，没东西装钱，就用安全帽装了满满一帽子。”大成按照技能高低和工作效率发放工资，大大激发了工人的干劲。

1985年2月，时任水利电力部部长钱正英来到鲁布革。她穿着布鞋，就走进了大成施工的隧洞。洞内干净整洁，原料工具井然有序，每次爆破之后，烟尘三分钟就随通风管道吸出。当她来到十四局施工的隧洞时，不得不换上水鞋，因为洞里污水横流，十分杂乱。

同处一条河，同干一个电站，同样是十四局人，两者差距为何这么大？鲁布革像一面镜子，照射出计划体制下基建行业的弊病：体制不顺、效率低下、队伍庞大、包袱沉重。

1985年11月，经国务院批准，水电十四局参照日本大成公司项目管理经验，组建现场指挥所。精减管理机构，优化劳动组合，改革分配制度，强化技术措施，使用先进设备，不但抢回了耽误的工期，还创下泄洪洞大断面开挖月进尺245米新纪录，最终，电站提前108天建成。

市场经济体制和中国人吃苦耐劳的精神相结合，创造了鲁布革的奇迹。1987年6月，国务院决定在工程建设领域全面推广鲁布革水电站工程的经验。“鲁布革冲击波”，突破了计划经济体制下的建设管理模式，打开了中国工程建设走向市场化的一扇大门。

改革由问题倒逼而产生，又在不断解决问题中深化。从“计划经济为主、市场调节为辅”到“公有制基础上的有计划的商品经济”，从明确“建立社会主义市场经济体制”到“加快完善社会主义市场经济体制”，我们廓清“姓资姓社”迷雾，摆正“计划与市场”关系，在游泳中学会了游泳。

社会主义市场经济体制建立并运行一段时间之后，一些矛盾和问题逐渐暴露，进一步完善社会主义市场经济体制成为一项重大的理论和实践课题。党的十八大提出，“更大程度更广范围发挥市场在资源配置中的基础性作用”。十八届三中全会通过的《中共中央关于全面深化改革若干重大问题的决定》历史性地提出，“使市场在资源配置中起决定性作用和更好发挥政府作用”。十九大再次强调，“使市场在资源配置中起决定性作用，更好发挥政府作用”。这是我们党对中国特色社会主义建设规律认识的一个新突破，标志着社会主义市场经济发展进入了一个新阶段。

位于深圳南头半岛的前海，昔日的滩涂如今高楼林立，高端产业聚集，党的十八大以来，平均每年诞生超过3万家企业。

2016年，随身宝科技创始人郭玮强到前海深港青年梦工场参观，宽敞的办公空间、高效的服务体系、完善的生活配套，特别是公开透明的政策法规环境，让他当时就做出留下来的决定。如今，公司成功完成两轮融资，生产的智能银包、智能行李箱远销海外。

企业成长背后，是市场与政府的各得其所、相得益彰。以投资便利化、贸易便利化、金融开放创新、事中事后监管、法治创新、体制机制创新、人才管理改革为特征，“前海模式”成为深圳速度的新概括。

企业成长背后，是市场与政府的各得其所、相得益彰。以投资便利化、贸易便利化、金融开放创新、事中事后监管、法治创新、体制机制创新、人才管理改革为特征，“前海模式”成为深圳速度的新概括。

70年的探索实践说明，市场决定资源配置是市场经济的一般规律，完善社会主义市场经济体制必须遵循这一规律；市场在资源配置中起决定性作用，并不是起全部作用，社会主义市场经济体制中，市场作用和政府作用是相辅相成、相互促进、互为补充的。正确处理政府和市场关系，把“看不见的手”和“看得见的手”的作用都发挥好，就能极大激发广大人民群众的创造性，极大解放和发展社会生产力，极大增强社会发展活力，这是中国特色社会主义制度的一大优势。

8月18日，《中共中央　国务院关于支持深圳建设中国特色社会主义先行示范区的意见》正式发布。40年前，深圳“敢为天下先”，为社会主义市场经济体制的建立与完善破冰、探路。如今，建设中国特色社会主义先行示范区，在更高起点、更高层次、更高目标上推进改革开放，深圳再出发。

从恢复生产到高质量发展

尹 健

70年接续奋斗，中国共产党带领人民创造了人类历史上的发展奇迹。进入新时代，面对国际国内形势变化，始终保持战略定力，一步一个脚印，推动中国经济社会发展不断迈向新高度。

1948年11月，东北全境解放。此时，曾经钢铁年产总量为旧中国90%的鞍山钢铁厂，机械设备及其他物资已被拆卸、流失一空，生产能力下降为零，厂区荒草丛生。中共中央对东北局作出指示，要求鞍钢迅速恢复生产，支援解放战争。12月26日，东北行政委员会宣布撤销鞍山钢铁厂，成立鞍山钢铁公司。

2号高炉恢复生产，是工人们接到的第一个任务，但材料、配件奇缺，花钱也买不到。50岁的配管组副组长孟泰没事的时候，总在厂区里转悠，想看看废铁堆里有什么可用的。一天，孟泰在长满蒿草的小山包上发现一个三通水门，如获至宝。于是，他发动全厂工友把厂区翻了个遍，甚至还刨开厚厚的冰雪。大家找到阀门、弯头、三通等上千种材料上万个零配件，洗净修好后分门别类放在一处闲置厂房，修复2号高炉所需的所有管件几乎都有了。这个厂房就是后来闻名全国的“孟泰仓库”。

鞍山市也发动群众献交器材。不到两个月，全市累计献交器材1123种21万件，解决了修复设备急需的器材问题。

1949年3月，中共七届二中全会指出，党在北方解放区的中心任务，是动员一切力量恢复和发展生产事业，这是一切工作的重点所在。鞍钢复工，迫在眉睫。

6月27日，2号高炉炉台挤满了人，老炉工一遍又一遍检查设备。钟声响起，几个老工人拿起长长的钢钎向着出铁口猛力推去，一条金色

1953年3月11日，我国第一座自动化的炼铁炉——鞍山钢铁公司第8号炼铁炉开始出铁了。铁水经过化验，质量很好。这是开始出铁时，冶金部门的领导同志、苏联专家等正在参观的情形。

2018年1月10日，比亚迪和华为公司在宁夏银川市联合发布我国首个拥有完全自主知识产权的“云轨”无人驾驶系统。

的铁流奔泻而出。

这是东北解放后生产出的第一炉铁水。鞍山钢铁公司从成立到恢复生产，只用了不到7个月时间。孟泰对修复高炉作出重大贡献，被评为“特等功臣”。同年7月9日，孟泰和工友们参加了鞍钢开工典礼庆祝大会。

1949年，鞍钢生产的生铁、钢、钢材产量分别占全国的40.6%、63.1%、55.4%，成为全国恢复生产的基础。

中国共产党领导人民为恢复和发展工农业生产及各项经济事业付出了巨大努力。到1952年底，解放前遭到严重破坏的国民经济全面恢复，保证了有计划地开展社会主义建设。

经过几个五年计划的建设，中国建立起独立的比较完整的工业体系和国民经济体系，到1978年，原有工业部门大大加强，许多新的工业部门从无到有、从小到大迅速发展，几乎所有工业产品都比旧中国最高年产量有了成倍、几十倍甚至上百倍的增长。

改革开放后，中国共产党将社会主义与市场经济结合，建立社会主义市场经济体制，解放和发展生产力，激发了中国人民的创造能力，各项事业蓬勃发展。

1991年，温州人周大虎帮爱人招了几个工人，将自家40多平方米的屋子腾出一间，开始生产打火机。发现利润丰厚，第二年周大虎干脆自己也辞职，租下一个200多平方米的简易厂房，招了100多个工人，注册“虎”牌商标，生意越来越好。

到2000年前后，整个温州打火机行业火爆，年出口超过5亿个，占据世界金属外壳打火机市场80%的份额。但随着生产厂家越来越多，供大于求，温州打火机行业全面滑坡、利润锐减，许多厂家亏损倒闭。周大虎的公司依然坚持抓质量树品牌，研发出适用于高原地区的防风打火机，成功进入墨西哥、哥伦比亚等市场。

此后，虎牌打火机又通过技术创新，提升品质，打入国外精品市场，产品远销70多个国家和地区，在50多个国家注册了“虎”牌商标，开设了专卖店。

2006年9月，作为中国金属外壳打火机企业唯一代表，周大虎入选WTO国际标准委员会烟具工作会委员，并参与打火机国际标准制订与修改。

从纽扣、打火机这样的小买卖做起，一个纽扣挣一分钱，一个打火机挣一毛钱，中国的发展就是这样一分一分、一毛一毛积累出来的。改革开放40多年来，许许多多如周大虎公司一样的企业，在风浪中成长成熟，激发动力和活力，通过提升质量和创新创造，不断发展壮大。

在中国共产党领导下，十几亿中国人民聚精会神搞建设、一心一意谋发展，中国经济连续多年保持高速增长，成为世界第二大经济体、制造业第一大国、货物贸易第一大国、商品消费第二大国。

新时代，中国经济发展进入新常态，增长速度要从高速度转向中高速，发展方式要从规模速度型转向质量效率型。高质量发展，成为党中央引领中国经济社会发展的关键词。

作为改革开放前沿的深圳，走在高质量发展的前列。总部位于深圳的比亚迪股份有限公司，是一家拥有IT、汽车及新能源三大产业群的高新技术企业。在汽车制造领域，比亚迪坚持自主品牌、自主研发、自主发展，立志振兴民族汽车产业，并希望以电动车、储能电站、太阳能电站三个“绿色梦想”来解决环境污染等问题。

“新时代，中国经济发展进入新常态，增长速度要从高速度转向中高速，发展方式要从规模速度型转向质量效率型。高质量发展，成为党中央引领中国经济社会发展的关键词。”

几年前，比亚迪开拓欧洲市场，英国许多公交运营商还没有经营纯电动巴士，伦敦交通局和公交运营商起初都表示怀疑，“续航里程真能这么长？”“中国车企能做出完全适合伦敦的纯电动巴士？”比亚迪英国分公司经理弗兰克·索普说，当时纯电动大巴在全球都是新兴事物，从驾驶位方向、内饰，到外饰、颜色，伦敦的巴士有着严苛的标准与自成一派的风格。

经过多次接触了解，伦敦交通局派人来到比亚迪的总装厂、电池工厂实地考察，怀疑与担忧逐渐消散。货比三家后，他们被比亚迪领先的电池、电机、电控核心技术说服。

2013年12月，比亚迪为伦敦定制的红色纯电动单层公交大巴投入服务，在繁忙的维多利亚站、滑铁卢站、伦敦桥站之间运行。

为生产出纯电动双层巴士，比亚迪又自主研发了功率更高、动力更强劲的电机，采取提高单节电池包的电量、优化电池布局结构等措施，攻克一系列难题。2016年3月，比亚迪制造的首批五台纯电动双层巴士在伦敦投入运营。

目前，比亚迪占据英国纯电动大巴市场60%以上的份额，排名第一，在伦敦市场份额超过80%。比亚迪纯电动车已在欧洲20多个国家的80余座城市行驶。世界范围内，比亚迪累计交付超过五万台纯电动客车。

2019年，《财富》杂志发布“改变世界企业榜”，连续4年新能源汽车销量全球第一的比亚迪位列第三，也是唯一的车企。上榜原因，除了扩大电动汽车市场，也因其对环保作出积极贡献。仅在深圳，比亚迪1.6万台纯电动大巴以及2.2万台纯电动出租车，每年可减少约9.8亿升汽油/柴油使用，减少222万吨二氧化碳排放。

太阳能路灯分列道旁，新能源汽车在路上穿梭，“云轨”从头顶疾驰而过，比亚迪在公司总部打造出一个“新能源世界”，这也是他们希望看到的全世界的美丽未来。

中共中央、国务院出台《关于支持深圳建设中国特色社会主义先行示范区的意见》，战略定位第一条就是“高质量发展高地”，要求深圳深化供给侧结构性改革，实施创新驱动发展战略，建设现代化经济体系，在构建高质量发展的体制机制上走在全国前列。

70年接续奋斗，中国共产党带领人民创造了人类历史上的发展奇迹。进入新时代，面对国际国内形势变化，始终保持战略定力，一步一个脚印，推动中国经济社会发展不断迈向新高度。

从“有没有”到“好不好”，从“旧动能”到“新动能”，从“积累量”到“提升质”，中国正沿着高质量发展之路坚定前行。

从“一五”计划到“十三五”规划

张 琰

既坚持以经济建设为中心，以发展为主线，又根据时代特征，不断完善中国特色社会主义事业布局，充分发挥各方的积极性和创造性，持续跑好国家治理现代化的接力赛。从“一五”到“十三五”的接续奔跑，正是中国体制优势的集中体现。

一个五年接着一个五年。七十年来，全世界没有一个国家像中国这样，坚持不懈、与时俱进地编制实施计划规划，引领国民经济和社会发展。

阐明国家战略意图，明确经济社会发展目标、主要任务和重大举措，从“一五”计划到“十三五”规划，中国已连续编制实施了十三个五年计划规划。

“中国已经有10%左右的现代性的工业经济”“中国还有大约90%左右的分散的、个体的农业经济和手工业经济”。毛泽东在七届二中全会上这样讲道。以“一九开”基本国情为起点，1953年，中国实施第一个五年计划，开启社会主义工业化建设。

家有千件事，先就紧的来。156个大型重点项目中，华北制药厂占两个——抗生素厂和淀粉厂。

现在我们很难想象当年抗生素尤其是青霉素对新中国的意义。由于西方国家实施禁运，1949年1瓶20万单位的青霉素，仅重0.12克，却相当于0.9克黄金的价格。在抗美援朝中，很多志愿军伤员因为伤口细菌感染却无药可用而牺牲。

中国亟须建立自己的抗生素大厂。1953年，华北制药厂作为“一五”计划重点项目紧急上马。

后来担任华北制药副总工程师的刘剑章，从北京医学院毕业，就和其他几位同学一起被推荐到抗生素厂筹备处，“很多同学都羡慕我们，能被选中参与国家重点项目建设，那是无上的光荣”。

一切准备就绪后，刘剑章突然接到通知——留轻工业部。这无异于一个“坏消息”，作为新中国培养的大学生，他更希望将才华施展到一线。庆幸的是，刘剑章报到时，一句“这批人员是留给重点项目的，属于重点配备、集中使用，轻工业部不能留”，使调职戛然而止，他和同学们如愿走进抗生素厂筹备处。

当年，来自全国各地的上千名技术人员、管理干部、大中专优秀毕业生组成了“豪华”的创业阵容，“用举全国之力来形容华北制药厂的建厂一点也不为过”，刘剑章回忆。

华北制药厂迅速建成并投产。1958年6月3日，第一批青霉素正式下线。售价曾数倍于黄金价格的青霉素降为几角钱一支，中国告别了青霉素严重依赖进口的局面。

进入改革开放新时期，五年计划的名称先后发生两次变化。1981年开始的“六五”计划，由“国民经济五年计划”变成“国民经济和社会发展五年计划”，首次将社会发展纳入其中。

“一五”期间，全国同时兴起了一万多个建设单位，几乎每天都有新项目开工，一大批旧中国没有的基础工业部门建立起来。从中华人民共和国成立之初的“一九开”起步，新中国一路稳步前进，发展成为全世界唯一拥有全部工业门类的国家。

进入改革开放新时期，五年计划的名称先后发生两次变化。1981年开始的“六五”计划，由“国民经济五年计划”变成“国民经济和社会发展五年计划”，首次将社会发展纳入其中。2006年开始的“十一五”，“计划”改为“规划”，反映了从计划经济到发展和完善社会主义市场经济的深刻转变。

“继续建设西北、华北、东北地区的防护林体系”，改革开放后的第一个五年计划——“六五”计划在首次把“三北防护林”写入国家发展蓝图时，专门加上“继续”二字，以强调政策的延续性。

政策的延续，需要一锹接着一锹干。随着“三北防护林”工程的实施，1981年，石满、郭朝明、贺发林、罗元奎、程海、张润元六人共同摁下红手印，承包了甘肃古浪县八步沙7.5万亩治沙任务：“舍不得离开祖祖辈辈生活的地方，这可是我们自己的家和土地，自己不去管谁管？”这六个年龄加在一起近300岁的庄稼汉，被当地人称为“六老汉”。

“六老汉”节衣缩食，凑钱买梭梭树苗，靠一头毛驴、一辆架子车、一个大水桶、几把铁锹，开始治沙造林。为了赶进度，他们直接住进沙漠里，在沙地上挖个坑，上面用木棍支起来，盖点茅草，当地人叫“地窝铺”。夏天闷热不透气，冬天沙子被冻成冰碴子，一碰就扎手，吃饭只有开水泡馍，大风一起，沙子刮到锅碗里，吃到嘴里把牙硌得吱吱响。

1958年1月，华北制药厂正式投入生产，生产的青霉素和链霉素可以大量满足我国人民需要。（新华社记者　时盘棋　摄）

2019年4月15日，京雄城际铁路（北京段）开始正式铺轨。（程功　摄）

在沙漠中，种活一棵树比养活一个孩子都难。一次次失败，一次次再尝试，一边在沙地里反复摸索，一边多方打听求教，他们终于总结出“一棵树，一把草，压住沙子防风掏”的治沙办法。渐渐地，一个乔、灌、草结合的荒漠绿洲在八步沙延伸。

治沙，是人和岁月的较量。六家人约定，无论多苦多累，每家必须有一个“接锹人”，接着把八步沙管下去。“六老汉”的儿孙们陆续接过铁锹，治沙的接力棒手手相传。每天早上披星戴月出发巡护，夜里蜷进沙漠窝棚，用坏的铁锹头堆满房子，他们以耐心、苦心、恒心与风沙作持久战。

38年来，历次五年计划规划不断强调环境保护，直至将生态文明建设单列一章；38年来，在“六老汉”三代人接续努力下，八步沙林场累计治沙造林21.7万亩，管护封沙育林（草）37.6万亩，愚公移山，创造了令人震撼的绿色奇迹。

接过历史的接力棒，到2020年全面建成小康社会，是我们党向人民作出的庄严承诺。作为全面建成小康社会决胜阶段的行动指南，2016年开始的“十三五”规划，以“创新、协调、绿色、开放、共享”五大发展理念布局，体现了新发展理念对实践的新要求，反映了党对我国发展规律的新认识。

高科技、蓝绿交织、人性化，是“十三五”开始规划建设的雄安新区给人的第一印象。

在新区市民服务中心，智能路灯、生态停车场、人脸识别的无人超市、无人驾驶汽车，各种科技元素集中亮相，用户下载一部高清电影只需几秒钟。大雨过后，园区的路面依然干爽，因为引入了“海绵城市”理念，设计了雨水花园、下沉式绿地、生态湿地等设施，实现雨水收集、污水自主净化。登上雄安“千年秀林”驿站二层平台远眺，大片丛林一直延伸到视线尽头，新区森林覆盖率将达到40%。

贯彻新发展理念，雄安新区将建设成为一座绿色生态宜居之城，“一淀、三带、九片、多廊”支撑新区生态安全格局；一座创新驱动发展之城，设置九大创新指标，发展不依靠土地财政、资源消耗；一座协调发展之城，与北京中心城区、北京城市副中心和天津市在功能上优势互补，错位发展、互利共赢；一座开放发展之城，主动服务北京国际交往中心功能，培育区域开放合作竞争新优势。

从“一五”计划为我国工业化奠定初步基础，到“十一五”建立起门类齐全的工业体系；从新中国刚成立时人均GDP23美元，到“七五”计划后基本解决了温饱问题；从“九五”末期人民生活总体达到小康，到“十三五”时期全面建成小康社会并为开启社会主义现代化建设新征程奠定扎实基础，在党的领导下，人民的期盼被写进一份份五年计划、规划，并最终写到中国大地上。

只有在中国共产党领导下的新中国，如此宏大的公共治理政策才能够一以贯之。

作为一个主动的战略行动者，中国共产党既坚持长远的战略目标不动摇，又根据国内外形势实事求是地调整中期目标和短期规划，实现长期、中期、短期的有机结合、滚动式向前发展。既坚持以经济建设为中心，以发展为主线，又根据时代特征，不断完善中国特色社会主义事业布局，充分发挥各方的积极性和创造性，持续跑好国家治理现代化的接力赛。从“一五”到“十三五”的接续奔跑，正是中国体制优势的集中体现。

昨天、今天和明天，一个五年接着一个五年，既是日积月累，也是日新月异。

从多快好省到新发展理念

段相宇

70年来，在不同的发展阶段，中国共产党与时俱进提出相应的发展方针和理念，带领人民不断实现发展新跨越。在创新、协调、绿色、开放、共享的新发展理念指引下，中国行稳致远。

青岛是中国近代以来重要纺织基地之一。郝建秀1935年11月生于青岛沧口，连年战乱使她一家吃不饱穿不暖。她只上到小学三年级就不得不辍学，靠捡煤渣、挖野菜、赶小海，贴补家用。1949年6月青岛解放，为了尽快恢复生产，各纺织厂招收一批工人。9月，郝建秀来到青岛国棉六厂细纱车间，成为新中国第一代纺织工人中的一员。

为尽快掌握技术，郝建秀主动请教老师傅，一有空就苦练接线头。这是件很累的技巧活，一旦接不好棉线就会变得疙疙瘩瘩，成为皮辊花。皮辊花出得越多，就意味着纱线产量越低。1950年春节前，郝建秀结束了3个月的培训后，第一次单独值车就出了乱子，纱线断了一片，卷在绒辊上，成了废品。这次事故让她受到了严厉批评，为此大哭一场。

一次又一次认真观察、思考，一次又一次反复实践，不服输的郝建秀找出了纱线容易出花、断线、出废品的规律，又想尽办法去解决问题。她对工作越来越着迷，越干越有乐趣，钻研技术、攻克难关，技能水平不断提高。不到16岁，郝建秀创造了7个月细纱皮辊花率平均仅0.25%的新纪录，这个纪录为当时全国平均水平的六分之一。

郝建秀的技术引起纺织工业部和全国纺织工会的重视，专门派人来总结。1951年8月，这套增产增效的方法被命名为“郝建秀工作法”，在全国推广后，整个纺织企业产量大幅提高，每年可多生产4.4万件棉纱，相当于400万人一年的用布量。

在“郝建秀工作法”的影响下，一个“标兵机台成列、表演竞赛成网、互助协作成风、先进经验成套”的局面很快形成，纺织战线职工生产热情高涨。

正是有了千千万万个“郝建秀”，到1956年，我国“一五”计划提前完成。全党和全国人民精神振奋，迫切想做出一番新的伟大事业。

1956年，党的八大分析国内主要矛盾变化，指出今后全党和全国人民的主要任务，就是集中力量发展生产力，把我国尽快从落后的农业国变为先进的工业国。1958年5月，党的八大二次会议提出“鼓足干劲，力争上游，多快好省地建设社会主义”总路线。

数量多，速度快，质量好，成本省。新生的社会主义制度，将全国人民凝聚成一支一往无前的建设大军。历经20多年的艰辛探索，中国共产党带领人民克服重重困难，推动社会主义建设在曲折中前进，为改革开放以后的腾飞打下坚实基础。

在广东东莞厚街镇，有一条5公里的“家具大道”，这是国内第一条以家具命名的道路。20世纪80年代起，一大批家具企业在厚街聚集，厚街逐步发展为珠三角“家具之都”，从业人数超过10万。

位于厚街镇新围社区的三原色家具有限公司，成立初期和周围许多“快餐”家具厂一样，生产布艺、皮料沙发，靠打价格战赚加工费生存。

然而，成本上涨、竞争加剧、国内外市场不断变化，厚街家具对外依存度高、居于价值链低端等“通病”逐渐显现。2008年金融危机后，厚街镇的家具企业减少了近三分之一。

三原色总经理张平不甘心，开始寻求新的出路。“要做就做不一样的沙发，靠科技取胜。”厚街镇科技办负责人来到公司，就家具专利的一番恳谈，让他下定了决心。中央电视台一个有关螨虫危害的节目，让张平找到了切入点：布艺、皮料沙发上也会寄生很多螨虫，能否通过环保安全的技术手段把螨虫消灭掉？

三原色投入大量人力物力，两年攻关，终于从中草药中提取出一种抑螨素，并用纳米技术将其锁在沙发面料的纤维上。经权威机构检测，该面料的灭螨率达96.72%。在行业业绩普遍下滑的情况下，三原色防螨沙发批量生产当年，公司产值就增长了30%。这一科技成果也获国家专利。

家具走向“智造”的背后，是厚街多年来推动家具产业转型升级的不懈努力。“只有夕阳的技术，没有夕阳的产业，家具业虽是典型的传统产业，只要技术好，质量好，一定就会有市场。”

随着土地、资源、人口和环境约束进一步趋紧，中国长期以来依靠投资、出口拉

创新是引领发展的第一动力，协调是持续健康发展的内在要求，绿色是永续发展的必要条件和人民对美好生活追求的重要体现，开放是国家繁荣发展的必由之路，共享是中国特色社会主义的本质要求。

20世纪80年代，纺织工人在青岛国棉六厂车间工作，国棉六厂为民族纺织业作出了巨大贡献。

2019年1月11日，工人在山东邹平市魏桥纺织公司智能化车间对生产线进行巡检。魏桥纺织公司上线了“纺织 + AI”人工智能车间，安装了15万个传感器的生产线上，排列整齐的各色设备运转有序，高科技改变了传统生产模式。（新华社记者　潘思危　摄）

动，以资源严重消耗为代价的粗放型经济增长方式已难以适应新的发展要求，提高发展质量和效益势在必行。

中国特色社会主义是全面发展的社会主义，只有全面发展、全面建设，社会才能全面进步。党的十八大对推进中国特色社会主义事业作出“五位一体”总体布局，带来了发展理念和发展方式的深刻转变。2015年10月，党的十八届五中全会提出“创新、协调、绿色、开放、共享”的新发展理念。

创新是引领发展的第一动力，协调是持续健康发展的内在要求，绿色是永续发展的必要条件和人民对美好生活追求的重要体现，开放是国家繁荣发展的必由之路，共享是中国特色社会主义的本质要求。

远处青山环绕、竹海连绵，近旁草木掩映、溪水潺潺，走进浙江安吉县天荒坪镇余村，一派“世外桃源”景象跃然眼前。余村的发展之路，经历了漫长的探索。

余村境内有6000多亩毛竹山，山里分布着优质的石灰石资源。20世纪七八十年代起，余村人通过开矿采石、办水泥厂，村集体年收入常年稳定在300多万元，是安吉有名的富裕村。

现任村支书潘文革那时还是初中生，他在作文里写道：“水泥厂上空，升起了黑色烟雾，像是一朵黑玫瑰正在优雅地绽放……”回想起来，潘文革说：“我们当时觉得水泥厂带来了好生活，就应该被歌颂、赞美。”

然而，因为矿山、水泥厂污染，余村常年被烟尘笼罩。竹林黄了，竹笋小了，千百年的银杏树也不结果了。村民们不敢开窗、无处晾衣，“石头经济”带来的困扰成了余村人的心病。

余村开始下决心封山护水，转换发展道路。通过大力提升村庄环境，发展休闲旅游和农家乐，来吸引城里游客。

绿水青山积聚着人气，带来了财富。2018年，参观旅游者达80万人次，村集体经济收入471万元，村民人均年收入从2005年的8732元增加到44688元，余村人“被幸福累弯了腰”。

现在，余村村口，有一块巨大的石碑，正面刻着习近平总书记曾在这里说过的一句话“绿水青山就是金山银山”。许多游客都会在此驻足，与石碑及眼前的绿水青山合影留念。

发展理念是发展行动的先导，管全局、管根本、管方向、管长远。发展理念是否对头，从根本上决定着发展成效乃至成败。70年来，在不同的发展阶段，中国共产党与时俱进提出相应的发展方针和理念，带领人民不断实现发展新跨越。在创新、协调、绿色、开放、共享的新发展理念指引下，中国行稳致远。

从用洋火、洋油到制造大国

姜永斌

中国是个大国，这就决定了我们必须发展实体经济，不断推进工业现代化，提高制造业水平。70年艰苦奋斗，我国成为全世界唯一拥有全部工业门类的国家。

河北沧州，有一座叫泊头的小县城，因大运河漕运兴起而得名。这里出产的“泊头火柴”曾经家喻户晓。

“我十几岁就开始糊火柴盒，100个火柴盒能挣5分钱加工费。”家住泊头的83岁老人王广义说，到泊头火柴厂领材料，回家手工贴火柴盒，曾是生活中必不可少的一部分。

20世纪50年代，泊头人几乎家家户户糊火柴盒。家里人多的就分工协作，有挥刷子刷糨糊的，有把纸折边成形的，有借助蜡模糊出盒底的。所有工序完成后，拿到门外晾晒，再用包袱皮扎起来，送回厂里。

泊头火柴厂的历史可以追溯到1912年，是全国最早的公私合营企业之一。1950年5月经过社会主义改造后，工厂产能迅速增加，最高达到日产700万盒，逐步成为亚洲最大的火柴生产厂家。

以泊头火柴厂为代表的国内火柴企业，改写了中国人依赖“洋火”的历史。

为什么叫“洋火”？清朝道光年间，火柴作为高档礼品从西方国家引入中国。到了20世纪初，日本火柴几乎独占中国市场。数据显示，当时中国每年消费日本火柴约值白银1000万两以上。

人教版初中历史教科书这样讲述当时的情形：“在近代中国，民族工业总的来说是很薄弱的，甚至连老百姓的日用品都要从外国进口，因此许多东西都带一个‘洋’字。”书中又进一步解释，“洋火”其实就是火柴，“洋油”是用来点灯的煤油，“洋灰”是水泥，而“洋钉”是钉木板用的小钉子。

作为国民经济的重要组成部分，制造业的实力和制造技术水平，体现着一个国家的综合国力。70年前的中国，工业企业设备简陋、技术落后，只能生产少量粗加工产品。1956年6月发表在《长江文艺》的儿歌《小燕子》，就用“我们盖起了大工厂，装上了新机器”的歌词，描绘出人们对工业化的期盼。

实现工业化成为中国共产党人的重大历史使命。从“一五”计划起步，新中国逐步建立起比较完整的制造业体系。然而，直到20世纪70年代末，我国制造业仍以工业产品为主，生活消费品严重短缺。一面是“老三件”票证的“一票难求”，一面是工厂生产效率的停滞不前，压抑许久的社会生产力等待着释放的时机。

作为决定当代中国命运的关键一招，改革开放为中国工业插上了腾飞的翅膀。改革，打破了僵化的体制，使企业迸发出新活力；开放，带来了外国资金和技术，更拓展了市场空间。觉醒后的中国制造业日夜兼程，从人们最熟悉的日用品开始，把皮鞋、T恤、眼镜、网球拍一个个做成世界第一，“中国制造”激荡全球。

全世界的圣诞节都离不开“中国制造”。600多家圣诞用品销售厂商聚集在义乌市福田二区的临街商铺里，组成了被称为中国“圣诞村”的全球最大圣诞用品集散地。“全球市场三分之二的圣诞用品，从福田二区被销往世界的不同角落”，义乌市圣诞用品行业协会秘书长蔡勤亮说。

义乌的“圣诞季”从每年圣诞节结束开始。为了摸准顾客喜好，圣诞节一过，义乌商家就会对产品销售情况进行市场分析，派出设计团队关注各大时装周动态，了解即将流行的服饰款式、颜色、材质，从中寻找商机。4月开始，世界各地的采购商陆续来到义乌看样、下单。6到9月是销售旺季，展示厅挤满不同语言、不同肤色的采购商，而他们也惊诧于中国人对圣诞用品的推陈出新：五颜六色的圣诞球穿成一串、系上蝴蝶结，空心的圣诞花环中间用丝带绑上礼物盒，圣诞老人的外套被换成不同材质。在这里，大客户批发圣诞树不按棵算，而按集装箱货柜算，一个货柜能塞下约2000棵圣诞树。

在义乌人看来，“圣诞村”的兴起是一种必然。从20世纪80年代，这座浙江小城就开始向全世界提供各种各样的玩具、装饰品、家用品、内衣和汽车零配件，成为全球最大的小商品转运中心。义乌的店铺往往对应一家或几家工厂，“前店后厂”“厂街对接”，打造出圣诞用品生产、销售、包装的完整产业链。采购商拿到的货物无须任何二次加工，连条形码、客商公司LOGO都已印好，可以直接卖给消费者。

“要推动中国制造向中国创造转变、中国速度向中国质量转变、中国产品向中国品牌转变。”

中国制造背后，是中国勤劳和中国智慧。据世界银行数据，2010年中国制造业增加值首次超过美国，跃居全球制造业第一大国并保持至今。

1981年，湖南郴州火柴厂职工发扬“一厘钱精神”，在两分钱的火柴生产中挖掘节约潜力，为国家节约了大量木材和资金。（新华社记者　宁光前　摄）

2016年10月18日，机器人在北京现代沧州工厂焊接车间生产线上工作。在这里，只需51秒就能组装下线一辆汽车。（新华社记者　牟宇　摄）

“要推动中国制造向中国创造转变、中国速度向中国质量转变、中国产品向中国品牌转变。”进入新时代，党中央从建设现代化经济体系的全局出发，从事关我们能否引领世界科技革命和产业变革潮流，能否赢得国际竞争主动权的高度出发，加快建设制造强国，加快发展先进制造业。

8月20日，2019世界机器人大会在北京开幕。10多只形态各异的机械臂在架子鼓、电子琴、吉他、钢琴等6种乐器面前，现场演奏《歌唱祖国》，旁边还有机器人伴舞。

这支“乐队”来自格力，成员都是格力研发的多用途工业机器人。这些机器人定位精度高达0.02毫米，具有高速、高稳定性特点，可用于装配、焊接、搬运、码垛等领域。

近十年来，格力家用空调产销量一直领跑全球。而在以前，格力也曾经历过没有自主技术的阵痛。

“电机要买、压缩机要买，没有几样不是买的。最后把部件组装成一个机器，打上牌子销售出去。”格力电器董事长兼总裁董明珠这样回忆以前的空调制造过程。

2001年，格力向国外企业购买技术，经多番努力仍遭拒绝，这让格力人下决心“掌握核心科技”，研发了包括电机和压缩机在内的多项核心技术。

机器人被称为“制造业皇冠顶端的明珠”。2013年，格力专门成立智能装备制造事业部，2015年升级成独立的智能装备公司。“通过自主研发，格力完成了内部生产线的自动化，万人拥有机器人超过240台，生产效率大为提升。”格力智能装备公司总经理陈威介绍。

“让世界爱上中国造”，格力的变化是中国制造业转型的一个缩影。

中国是个大国，这就决定了我们必须发展实体经济，不断推进工业现代化，提高制造业水平。70年艰苦奋斗，我国成为全世界唯一拥有全部工业门类的国家。同时更要看到，国际金融危机发生后，全球经济发展进入深度调整期，制造业重新成为全球经济竞争的焦点，新一轮工业革命正在全球范围孕育兴起。我国虽然是制造大国，但与主要工业发达国家相比，多数领域在技术创新、质量品牌、环境友好方面还存在很大差距，部分核心技术、关键产品和重大装备方面尚存短板，发展先进制造业、建设制造强国之路任重道远。打好产业基础高级化、产业链现代化的攻坚战，中国制造既面临着新挑战，也拥抱着新机遇。

距离当年泊头火柴厂40公里处的河北沧州经济开发区，北京现代沧州工厂智能车间内，299台机器人挥舞着灵活的机械手臂搬运、焊接、码件，只需51秒就能组装下线一辆汽车。

从第一套人民币到现代金融体系

赵 林

70年来，中国共产党根据各个时期的不同形势和任务，制定了切合实际的经济金融政策，不断加强对金融工作的领导，中国金融业发展取得巨大成就，成为资源配置和宏观调控的重要工具，成为推动经济社会发展的重要力量。

1947年3月，董必武带着家人从陕北东行去华北参会。途经晋察冀边区五台县东山区大槐庄，已近饭时，警卫员拿陕甘宁边币去小摊买烧饼，却被摊主拒绝："这是什么钱，我们这里只花晋察冀边币，别的钱一概不用！"

随着解放战争胜利推进，解放区开始连成一片，物资交流、贸易往来增多。但当时各解放区都有自己的银行，发行自己的货币，"自立门户，各自为战"。董必武要去开的会就是为了解决财经统一问题。烧饼买不来，孩子饿得直哭，董必武夫人只能用一块新布料换了两个烧饼。

4月，中共中央决定成立华北财经办事处，驻地在河北平山县夹峪村，董必武任主任。办事处先后从晋察冀边区银行抽调了十几名干部，为组建中国人民银行、发行统一货币做筹备工作。

1948年7月初，成立中央财政经济部，董必武任部长。9月，华北人民政府成立后，随即成立华北财经委员会，制定金融、贸易、商业税收等政策。华北财经委员会第一次会议决定于1949年1月1日成立中国人民银行，同时发行全国统一的人民币。后因战争形势突飞猛进，平津解放在即，中国人民银行成立和人民币发行，提前到了1948年12月1日。

首批人民币刚刚印出，票样被送到了西柏坡，董必武拿给毛泽东："主席，我们现在可以带着人民币进北平了！"毛泽东接过看了又看，说："人民有了自己的武装，有了自己的政权，有了自己的土地，现在又有了自己的银行货币，这才真正是人民当家作主的共和国！”

在全国解放前夕的炮火中诞生的第一套人民币，为新中国恢复生产建设、稳定人民生活提供了重要保障。以此为开端，我国逐步探索建立起独立自主的货币体系，为中国的经济发展、现代化建设奠定了基础。

改革开放后，随着社会主义市场经济发展，中国探索市场化配置资源的脚步没有停过。

到1953年12月，这套人民币共印制发行12种面额62种版别。在图样题材上，选择工业、农业、商业、纺织、交通、运输、工厂和矿山等图案，如“水牛图”“打场图”“帆船图”“马饮水图”“蒙古包”等，展现出在中国共产党领导下，全国各族人民齐心协力、艰苦奋斗、自力更生建设新中国、新社会的激情岁月。

改革开放后，随着社会主义市场经济发展，中国探索市场化配置资源的脚步没有停过。

1986年11月14日，邓小平会见纽约证券交易所董事长约翰·范尔霖，将一张能在上海静安证券业务部柜台交易的上海飞乐音响股份有限公司的股票回赠给客人。这大大出乎范尔霖意料，敏感的国际社会惊讶“中国与股市握手”，认为中国的举动表明股票市场并非资本主义所专有，社会主义国家同样可以利用这一有效工具发展自己的经济。

“上海证券交易所年内就将开业。”1990年6月，这一消息释放中国继续改革开放的鲜明信号。在短短的6个月时间里，建立起证券交易所，任务紧张。35岁的中国人民银行上海分行金融管理处副处长尉文渊，主动请缨筹办交易所。

找一座楼，大厅能改造成交易大厅，这是尉文渊的第一个任务。他走遍了上海外滩一带，最后步行到浦江饭店。一进大楼，尉文渊喜出望外，正作为大餐厅使用的孔雀厅挑空两层，装饰有汉白玉刻成的孔雀图案。“就是它了！”这座拥有150年历史的建筑，成为中国股票市场最直接的见证之一。

在交易方式上，感知到电子科技发展潜力的筹备者们对准了世界一流水平，尽管当时只有8只股票和20多种有价证券，但仍决定从500万元筹备金中挤出100万，凭着“啃硬骨头”的精神，开发出了电子交易系统。

1990年12月19日，11点整，尉文渊敲响上海证券交易所的第一锣。此后，深圳证券交易所于1991年7月3日正式开业。

在改革开放的进程中，中国通过一系列市场化改革，培育新的金融业态，构建了期货市场、外汇市场、货币市场、票据市场、黄金市场等多元化金融市场体系，有力推动了中国金融业向现代金融体系的转变。

党的十八大提出构建“现代金融体系”。党的十九大将深化金融体制改革、服务实体经济和防范系统性风险作为金融的核心任务，为新时代金融工作指明了方向。

1955年2月21日，国务院发布关于发行第二套人民币和收回第一套人民币的命令。这是天津郊区农村的孩子们在观看兑换来的新人民币。

2019年7月22日上午9点30分许，伴随开市锣声的响起，首批25只科创板股票在上海证券交易所上市交易，科创板正式开市。这是上市企业代表在台上合影。（新华社记者　方喆　摄）

2018年出台的《“十三五”现代金融体系规划》提出，“实现更高水平的金融市场化、推动更加全面的金融国际化、创新高效安全的金融信息化、推进完备统一的金融法治化、实现金融业治理体系和治理能力现代化”。

在中国经济转型升级关键时期，如何通过支持科创企业发展、助力“创新驱动”，成为资本市场改革的重要命题。

2018年11月5日，习近平总书记出席首届中国国际进口博览会开幕式并发表主旨演讲，宣布在上海证券交易所设立科创板并试点注册制。

苏州华兴源创电子科技有限公司，以研发手机液晶屏幕检测设备起家，是三星、LG、夏普等厂商的设备供应商，在成为平板显示检测领域的领头羊后，华兴源创又开启了集成电路检测设备业务。

2019年3月27日，华兴源创上市申请被受理，到6月11日上会接受审议，期间经历3轮问询、73个问题答复，时间不到80天。6月19日凌晨，华兴源创披露招股书和发布上市发行安排及初步询价公告，启动科创板IPO发行工作。7月22日，科创板首批25家公司在上交所挂牌上市交易，华兴源创成为科创板第一股。

科创板的创新制度安排，让国内更多优质、高成长、高新技术科创企业和高估值科技企业有机会走上资本市场舞台。借助此次募投融资，华兴源创可以扩充现有产能，同时增强创新研发能力，提高市场份额。

2019年7月20日，中国宣布了一系列金融业进一步对外开放的政策措施，金融开放的重点领域进一步扩展到保险、资产管理、资本市场工具等领域。在全球贸易保护主义和单边主义日益抬头之际，中国金融业对外开放正在全面扩大。

金融是现代经济的核心，保持经济平稳健康发展，金融一定要搞好。70年来，中国共产党根据各个时期的不同形势和任务，制定了切合实际的经济金融政策，不断加强对金融工作的领导，中国金融业发展取得巨大成就，成为资源配置和宏观调控的重要工具，成为推动经济社会发展的重要力量。

经济是肌体，金融是血脉。立足中国实际，走中国特色金融发展之路，建立完善多元、高效的现代金融体系，必将推动中国经济社会高质量发展。

从农业“八字宪法”到乡村振兴

代江兵

没有农业农村现代化，就没有整个国家现代化。40年前，我们通过农村改革拉开了改革开放大幕，40年后，我们将通过振兴乡村，开启城乡融合发展和现代化建设新局面。

距今7000到5000年前，河姆渡人生活在今天浙江余姚田螺山地区。遗址考古发现，这里堆积了大量稻谷、黑色炭化米，陶罐中还有没吃完的锅巴。

从那时起，端起饭碗，碗里有饭，一直是中国老百姓最朴素的追求和愿望。古人早就认识到，重农固本是安民之基、治国之要。一碗米，连着天下粮仓，关系国计民生。

如何解决几亿人口的吃饭问题？旧中国遗留下一个沉重的历史课题。1949年，美国国务卿艾奇逊断言：历代政府都没有解决中国人的吃饭问题，共产党也解决不了。

刘庄，地处豫北黄河故道。解放前是方圆十里最穷的村，一年灾荒就饿死60多口人。1949年，棉花亩产只有10来公斤，粮食亩产50来公斤。

1952年，21岁的史来贺当选刘庄党支部书记。面对翻身后仍被贫穷、饥饿困扰的农民兄弟，史来贺的心头像压了一块石头：“党领导人民走社会主义道路，就是让大家都过上好日子，如果群众一直过不上好日子，那就是咱共产党人没本事！”

“耷拉头”“侧楞坡”“盐碱洼”“蛤蟆窝”，刘庄全村1800亩土地被4条深3米的大沟分割成700多块，土质沙化、高低不平，无雨则旱、有雨则涝。史来贺决定从这里开始挖穷根。

1953年，史来贺组织平整土地攻坚队，带领400多名劳力，举着红

1959年冬，湖南长沙县金井人民公社认真贯彻农业生产的“八字宪法”，抓紧冬修水利、积肥和深翻土地，为来年丰收打好基础。这是公社社员正在田间沤肥。（新华社记者　王平　摄）

随着一系列乡村振兴战略举措的扎实推进，中国经济社会发展的根基不断夯实。这是2019年4月1日，在河北省故城县郑口镇果子口村化肥农药减量增效示范基地，工作人员操作无人机给小麦施肥。（新华社记者　李晓果　摄）

旗开上第一线。他光着膀子把几百斤重的小车推得飞快，有次发着疟疾还昏倒在工地上。凭着铁锨荆筐独轮车，700多块赖地平整成了4大块丰产田。同时，他们开河挖渠、修桥建闸、改良土壤、硬化渠道，使土地旱能浇、涝能排。1957年，刘庄成立科研小组，先后培育出“刘庄1号”“刘庄2号”和“刘庄3号”新品种。这一年，刘庄皮棉亩产53.5公斤，粮食亩产215公斤。

总结农民的生产实践经验和科学技术成果，1958年，毛泽东提出农作物八项增产技术措施：土（深耕，改良土壤）、肥（增加肥料和合理施肥）、水（兴修水利和合理用水）、种（培育和推广良种）、密（合理密植）、保（防治病虫害）、工（工具改革）、管（田间管理），并于次年写进党的正式文件。“八字宪法”在当时促进了农业稳产，对维护我国粮食安全发挥了积极作用。

受制于时代条件，虽然历经30年艰难探索，中国人的饭碗问题始终未能真正解决。1978年11月，在北京京西宾馆举行的中央工作会议上，一个不可回避的事实摆在与会者面前：全国还有2.5亿人吃不饱肚子。

把党和国家工作中心转移到经济建设上来，就要先把农民这一头安稳下来。“七亿多人口稳定了，天下就大定了”。随后召开的十一届三中全会原则通过了《关于加快农业发展若干问题的决定（草案）》，明确指出：我们的一切政策是否符合发展生产力的需要，就是要看这种政策能否调动劳动者的生产积极性。这为鼓舞广大农民在实践中创造新经验，进行农村体制改革敞开了大门。

位于京西房山的韩村河，改革开放前是出了名的穷村。全村2350人只有2400亩耕地，1978年人均收入118元。三中全会精神传达下来，全村干部群众开展致富大讨论。“光靠农业只能解决吃饭问题，要真正富起来，必须发展第二产业、第三产业。”回家务农的“老三届”毕业生田雄说，“咱们一没钱，二没资源，但咱有力气，村里瓦木匠多，还是干老本行吧！”田雄的倡议得到一致赞同，韩村河建筑队成立。

1984年是韩村河的一个转折点。海淀区兴建紫玉饭店，要求3月开工，10月1日交付使用。甲方连找了几家大的建筑公司，都不敢接。田雄坐着小四轮拖拉机找到甲方负责人，但对方一听说是个村建筑队，不肯将工程给他。

田雄说：“别看一个农村的建筑队，你的任务我们能完成，你要找大公司还不一定能完得成。”

甲方问：“为什么？”田雄回答：“我们有技术有能力，不扯皮不打架，有饭吃就行！”

背水一战，紫玉饭店提前半个月竣工，并获评区级优质工程。一位港商看后说了4个字：难以想象。麦收时节，经全村党员讨论通过，田雄加入了党组织。

土瓦匠变身正规军，韩村河建筑队在京城出了名，挣钱越来越多，791户村民全部住进新楼房。

民以食为天，上了楼的韩村河人没有荒了田。1990年，他们投资千万元，购买农业机具、喷灌设备，从种到收全过程机械化，1992年首次实现亩产过吨粮，确保了村民的“粮袋子”年年鼓，也为国家粮食安全做出贡献。

“我们的家乡，在希望的田野上，炊烟在新建的住房上飘荡”，歌曲《在希望的田野上》唱出了农民对家园发生巨变的喜悦和憧憬。从实行家庭联产承包、乡镇企业异军突起、取消农业税到农村承包地“三权”分置、打赢脱贫攻坚战，农村改革取得巨大成就。中国以不到世界9%的耕地，6.4%的淡水资源，养育了世界近五分之一的人口，创造了令世界刮目相看的奇迹。

越是成绩面前，党中央越是坚定清醒。“如果在现代化进程中把农村4亿多人落下，到头来‘一边是繁荣的城市、一边是凋敝的农村’，这不符合我们党的执政宗旨，也不符合社会主义的本质要求。这样的现代化是不可能取得成功的！”党的十八大以来，习近平总书记多次强调，在现代化进程中，如何处理好工农关系、城乡关系，在一定程度上决定着现代化的成败。这就为从全局和战略高度来把握新时代“三农”工作确立了坐标。

把党和国家工作中心转移到经济建设上来，就要先把农民这一头安稳下来。“七亿多人口稳定了，天下就大定了”。

2019年8月，夏日炎炎。同天气一样“火热”的，是四川雅安芦山县龙门镇红星村好农夫家庭农场的葡萄园采摘区。听说葡萄成熟上市，不少游客前来采摘游玩。葡萄棚里，枝枝蔓蔓的葡萄藤爬满架子，夏黑、美人指等多个品种的葡萄串新鲜饱满。

农场主人叫张元超，曾做了近十年养鸭专业户，六年前“4·20”芦山强烈地震让他损失过百万。在灾后恢复重建政策扶持下，张元超办起了无公害农场。农场中间养鸭，鸭舍周边种植葡萄和猕猴桃，鸭粪经发酵后施到果园里，“化肥不进果园，鸭粪不出果园”，实现生态循环。

“葡萄每年产量几万斤，来玩的游客就能销完。2018年近10万斤猕猴桃，通过电商平台一个多月销完。鸭子基本一年四季都可以销售。”张元超的农场为100多名村民提供了工作。

红星村所在的龙门镇，是“4·20”芦山强烈地震的震中，如今成为风景美、生活好的特色小镇。街道整洁，建筑古朴，组团式的田园院落和村庄周边的猕猴桃、葡萄、火龙果果园，宛如一幅画卷。“现在的龙门，呈现出产业振兴、人才振兴、文化振兴、生态振兴和组织振兴齐头并进的气象。”镇党委书记陈燕说。

龙门镇农民的美丽新家园，是乡村振兴的生动范本。2017年10月18日，党的十九大作出实施乡村振兴战略的重大战略部署：坚持农业农村优先发展，按照产业兴旺、生态宜居、乡风文明、治理有效、生活富裕的总要求，建立健全城乡融合发展体制机制和政策体系，加快推进农业农村现代化。

真实的历史逻辑从不烦琐。刘庄的奋斗，呼应着农业“八字宪法”；韩村河的变化，伴随着改革开放以来21个指导“三农”工作的“中央一号文件”；雅安新貌，标注着实施乡村振兴战略，加快农业农村现代化建设的新征程。70年来，中国共产党始终把工农联盟、团结依靠农民、为亿万农民谋幸福作为重要使命，始终和广大农民想在一起、干在一起，始终把解决好十几亿人的吃饭问题作为党治国理政的头等大事，带领亿万农民推动农业农村发生天翻地覆的巨变，把中国人的饭碗牢牢端在自己手里，不断推进社会主义现代化进程。

没有农业农村现代化，就没有整个国家现代化。40年前，我们通过农村改革拉开了改革开放大幕，40年后，我们将通过振兴乡村，开启城乡融合发展和现代化建设新局面。

从向科学进军到科技强国

姜永斌

中国科技发展的现实，清晰地回答了“李约瑟之问”。打开新一轮科技革命和产业变革的机遇之门，中国共产党带领人民走向民族复兴，动力强劲。

北京北海公园南侧的文津街，因藏有《四库全书》的国家图书馆古籍馆闻名。这里还曾是中国最高科研机构中国科学院的院址。

1950年至1966年，中国科学院院部机关设在文津街三号院。院子不大，只有一片椭圆形草坪和一幢棕色西式楼房，郭沫若、李四光、竺可桢、钱三强等人都曾在此办公。三号院对面就是中南海，自新中国成立，科技事业就与党和国家的命运紧紧联系在一起。

科技兴则民族兴，科技强则国家强。从公元6世纪到17世纪初，在世界重大科技成果中，中国一直占54%以上，到了19世纪骤降为0.4%。“尽管中国古代对人类科技发展作出很多贡献，但为什么近代科学和工业革命没在中国发生？”英国学者李约瑟在他编纂的《中国科学技术史》中，提出了“李约瑟之问”。

新中国成立前夕，国内科技从业人员不超过5万人，专职研发人员只有500多人，工业技术整体水平很低，现代科研几乎一片空白。

当中华民族跨越百年沧桑重新走上复兴之路，如何聚力科技创新发展实现赶超，是中国共产党领导下的新中国必须面对的时代课题。

“努力发展自然科学，以服务于工业农业和国防的建设”被写入《中国人民政治协商会议共同纲领》。1949年11月，中国科学院成立。华罗庚、赵忠尧、钱学森等一批旅外知名科学家相继辗转回国，带头挑起重担。

“全党努力学习科学知识，同党外知识分子团结一致，为迅速赶上世界科学先进水平而奋斗！”1956年1月，全国知识分子问题会议上，毛泽东发出“向科学进军”的号召。

2月1日，毛泽东设宴招待全国政协委员。钱学森按照请柬来到宴会厅37桌，却没有找到自己的名字。这时，工作人员领着他来到第一桌，在紧挨毛泽东座位的右面——第一贵宾的位置，写着钱学森的名字。“学森，请到这里坐。”原来毛泽东在看宴会来宾名单时，单独把他的名字从37桌勾到了第一桌。

这一年，中国成立了国家科学规划委员会，组织全国600多位科学家和技术专家，制定出“十二年科技规划”，以“重点发展，迎头赶上”的方针，拟定57项重大任务。规划的主要任务，除基础理论一项外，都于1962年提前五年完成，为中国的原子能、电子学、半导体、自动化、计算技术、航空和火箭技术等新兴科学技术奠定了基础，促进了一系列新兴工业部门的诞生和发展。

1963年又制定了“十年科技规划”，安排重点科研项目374项，规划了农业、工业等各方面的最新科学技术的研究和运用。仅三年时间，就取得“两弹一星”、电子计算机、射电望远镜等一批重要成果。

两次科技长远规划的制定和实施，使中国科学技术事业在现代化的道路上迈出了坚实的两大步。

1978年3月18日，全国科学大会开幕，5586名科学工作者会聚北京。“科学技术是生产力”“四个现代化关键是科学技术的现代化”，邓小平的讲话极大鼓舞了科技工作者。中国进入改革开放的历史新时期，迎来了科学的春天。

中国科学院研究生院重启已中断12年的研究生教育，刚刚大学毕业的白春礼考取了改革开放后中科院首届研究生。博士毕业后，白春礼前往美国参与扫描隧道显微镜研究工作，1987年他谢绝外国公司聘请回国。

回国后，因科研经费有限，白春礼经常骑着三轮车，从废品里寻找螺丝钉、破电线和废弃的实验桌。当时的中科院化学所经费紧张，仍筹措出12万元人民币给他的课题组。在白春礼主持下，中国第一台计算机控制的扫描隧道显微镜成功研制。

改革开放以来，中国科技发展日新月异，科技实力伴随经济发展日益壮大，一系列重大科学工程达到国际先进水平，在科技进步与创新上取得重大进展。

改革开放以来，中国科技发展日新月异，科技实力伴随经济发展日益壮大，一系列重大科学工程达到国际先进水平，在科技进步与创新上取得重大进展。

党的十八大提出实施创新驱动发展战略，强调科技创新是提高社会生产力和综合国力的战略支撑，必须摆在国家发展全局的核心位置。在新的发展阶段，中国共产党确立立足全局、面向全球、聚焦关键、带动整体的国家重大发展战略。

2016年5月，中共中央、国务院印发《国家创新驱动发展战略纲要》，提出“三

1964年10月16日，我国第一颗原子弹爆炸成功。这是爆炸几分钟后，科研人员进入爆炸现场取样。

2016年8月16日，我国自主研制的世界上首颗空间量子科学实验卫星“墨子号”发射升空。这是“墨子号”与阿里量子隐形传态实验平台建立天地链路（合成照片，2016年12月9日摄）。(新华社记者　金立旺　摄)

步走”战略，计划于2050年建成世界科技创新强国，“成为世界主要科学中心和创新高地”。

起源于20世纪初的量子力学，用概率描述微观物理现象。在20世纪，“量子革命”孕育出激光、半导体、核能等技术，发展出光通信、电子计算机、手机、互联网等改变人类文明进程的重大应用。以“量子调控”为特征的“第二次量子革命”，中国正在领跑。

“你好!”2017年9月29日下午，已是中国科学院院长的白春礼从中国发出一声问候，通过量子保密“京沪干线”，又经过“墨子号”卫星，跨越半个地球来到奥地利。

通话的另一方，国际量子物理学泰斗、奥地利科学院院长安东·塞林格评价，中国在量子保密通信领域的成就“定会让爱因斯坦感到惊讶”。

这是人类历史上首次洲际量子保密通信。量子具有不可分割、测不准、不可克隆等特性，量子保密通信在原理上绝对安全、不可破解。

发射全球首颗量子科学实验卫星“墨子号”，研发世界上第一台超越早期经典计算机的光量子计算机，实现千公里量子纠缠分发、星地量子密钥分发和地星量子隐形传态，研制出包含24个比特的高性能超导量子处理器，中国科学技术大学常务副校长潘建伟院士带领的团队在量子科研领域连续获得世界级突破，他本人也入选了英国《自然》杂志评选的“2017年全球十大科学人物”。

如今，全长2000余公里的量子通信骨干网络“京沪干线”，连接北京、上海，贯穿济南、合肥，可满足上万名用户的密钥分发业务需求。通过这条线路，交通银行、工商银行、阿里巴巴集团已实现了京沪异地数据的量子加密传输等应用。

创新是引领发展的第一动力，是建设现代化经济体系的战略支撑。党的十九大报告提出，加快建设创新型国家，建设科技强国。

从“第一生产力”到“第一动力”，几代科技工作者把爱国情、报国志融入新中国科技创新的伟大事业中。2018年底，我国研发人员总量达到419万人，连续6年位居世界第一。2019年7月24日，世界知识产权组织发布《2019年全球创新指数报告》，中国连续四年保持上升势头，排在第14位，较去年上升3个位次。

经过70年的发展，中国科技发展站上全新的历史起点，科技创新发生了整体性、格局性、历史性变革。科技发展水平从以跟踪为主向跟踪和并跑、领跑转变，创新能力从量的积累向质的飞跃、点的突破向系统能力提升转变，一些重要领域跻身世界先进行列，这是近代以来从未曾有过的重大改变。

中国科技发展的现实，清晰地回答了“李约瑟之问”。打开新一轮科技革命和产业变革的机遇之门，中国共产党带领人民走向民族复兴，动力强劲。

从短缺经济到供给侧结构性改革

段相宇

无效产能加速退出、产业结构明显改善、内生动力不断积聚，随着供给侧结构性改革深入推进，我国经济社会保持了持续健康发展，新旧动能转换进一步加快，各项宏观调控目标较好完成，为迈向高质量发展夯实了基础。

1993年2月，国务院发布《关于加快粮食流通体制改革的通知》，粮油敞开供应，粮票正式退出历史舞台。

1993年春节前夕，上海华联商厦旗下6家超市一天内同时开业。上千种日用品和副食品摆满货架，拿钱购物的顾客排起长龙。

票证全面退场，超市全面登场，中国人迈出告别短缺、走向充足的一大步。

新中国成立初期，为了缓解全国粮食严重紧缺等造成的产需矛盾、供需矛盾，国家对城乡居民的生活必需品实行计划供应，按人口定量发行粮票等票证。1954年，城乡开始凭布票供应棉布，1955年，发行全国通用粮票，中国社会进入“票证时代”：吃饭要粮票、穿衣要布票、洗衣要肥皂票、烧火要煤票，买电器要购买证，最困难时连买火柴也要票。

票证背后是短缺。每人每月四两油、二斤肉，城市居民怕没票，更怕老家来亲戚，一个亲戚要吃掉一个人的口粮，家里就得有一个人饿肚子。每月到割肉的时候，人们专挑肥的买，因为肥肉回去可以炼油。

“饲料大王”、新希望集团董事长刘永好对粮票有着特殊而深刻的感受。

1982年，31岁的刘永好和三个哥哥一起，来到四川新津农村创业养鹌鹑。鹌鹑越养越多，需要的饲料也越来越多，但饲料必须凭票供应。当地农民因为养鸡有指标，可以领到饲料票。刘永好不算农民，只能四处收购农民用不完的饲料票，换成鸡饲料后再加工成鹌鹑饲料。

这个矛盾在刘永好转战规模更大的猪饲料市场后，愈发明显。“买粮食要票，没有粮票就买不到玉米等原料。”刘永好绞尽脑汁想办法：先把鹌鹑蛋拿去换鸡蛋，鸡蛋卖了以后，凭鸡蛋票去粮食局买饲料粮。同时，有些农民会将富余的粮食拿到市场上卖，刘永好就天天去抢购这种“议价粮”。

买原料受限制，银行不给贷款，公司不许组建，创业初期，刘永好辛苦支撑，“当时的想法就是让‘希望’能够活下来”。

短缺经济下，粮票布票在不高的水准上解决了人民最重要的吃、穿问题，但也限制了商品生产的发展，成为人民日益增长的物质文化需要同落后的社会生产之间矛盾的典型表现。要打破这种低水平平衡，只有依靠改革开放。

1983年，使用了30年的“布票”首先被取消，棉布敞开供应。就在这一年的6月16日，江苏无锡港下镇荡上村党支部副书记周耀亭接到一纸调令：去港下针织厂上任。

针织厂当时是出了名的“烂摊子”，全厂只有八台老掉牙的棉纺车，大部分工人都回了家，被当地人称为“开关厂”——今天开明天关。周耀亭接手后，通过调研、观察，了解到工厂濒临倒闭的原因：乡镇企业产权不明，干多少都是人民公社的，没有人真正以主人的担当来发展生产。他意识到，改革是唯一出路。

大胆地试，大胆地闯。1983年，港下针织厂实行质量计件工资制，大大提高工作效率，当年扭亏为盈，次年注册“红豆”商标。1986年，实行年终效益工资制，将员工利益紧紧与企业效益挂靠在一起。1987年，红豆销售额过1000万元。

企业发展必须依靠人才。周耀亭跑到上海，以每月500元的高薪把退休在家的上海中华第一棉纺厂原厂长宋和根等13位老师傅请出了山，专门负责对织布、成衣、打样木等环节把关。不出一年，红豆的产品质量远超当地其他企业。当时的乡镇企业没有大学生分配指标，周耀亭就让儿子周海江辞去在河海大学的教职回厂创业，带动一批大学生涌入红豆。

1988年，红豆推出第一个专利产品“护士衫”，从年利润几十万发展到一天净赚十万。1992年，当中央电视台主持人穿着红豆护士衫走进演播厅，红豆一下成为全国知名品牌。尝到了“甜头”后，红豆创新不止步，全棉针织免烫T恤、牛奶丝T恤、碳纤维健康热能服，新产品不断推出。

进入新时代，我国经济发展面临的问题，供给和需求两侧都有，但矛盾的主要方面在供给侧。

改革开放，让“新希望”们收获了希望，让“红豆”们迸发出创新活力。今天，中国人均粮食年产量近千斤，用票证无法真正保障的吃饭问题得到解决。服装业形成庞大规模和完整体系，不仅中国人穿得暖穿得好，出口量还占全球服装贸易总额的三分之一。

地处华北平原的北京市冬季蔬菜品种少，因此价格低廉、易贮存的大白菜成为居民饭桌上的“当家菜”。这是1988年11月12日，北京市民在一个昼夜营业的冬贮白菜销售点排队购买白菜。

“宽幅软态不锈钢”，又名“手撕钢”，是世界上最薄的钢材。山西太原钢铁集团是目前全球唯一可批量生产这种特种钢的企业。这是太钢集团职工在展示厚度仅为0.02毫米的“手撕钢”。（新华社记者　王旭宏　摄）

进入新时代，我国经济发展面临的问题，供给和需求两侧都有，但矛盾的主要方面在供给侧。一些行业和产业产能严重过剩，同时大量关键装备、核心技术、高端产品还依赖进口；农业发展形势很好，但一些供给没有很好适应需求变化；一些有大量购买力支撑的消费需求在国内得不到有效供给，消费者将大把钞票花费在出境购物、“海淘”购物上。

党的十九大报告提出，必须坚持质量第一、效益优先，以供给侧结构性改革为主线，推动经济发展质量变革、效率变革、动力变革，提高全要素生产率。这是党中央在我国发展的重要时刻作出的重大战略性选择。

“宽幅软态不锈钢”，又名“手撕钢”，是世界上最薄的钢材，厚度仅有0.02毫米，相当于普通A4纸厚度的四分之一，用手就能撕开。

它的研发者是山西太原钢铁集团，也是目前全球唯一可批量生产宽幅软态不锈钢精密箔材产品的企业。2016年起，顺应供给侧结构性改革要求，太钢集团强化科技创新，持续加快特种钢生产攻关，推动传统产业优化升级。

把一卷原始钢带放进轧机里，轧辊就会像擀面杖一样把钢带从厚擀薄。手撕钢的生产原理看似不复杂，实则难度很大，此前核心技术一直掌握在日本、德国等国手中。

为实现自主研发，太钢组建手撕钢攻关团队。团队刚组建，就面临轧制、退火、高等级表面控制、性能控制等技术难题。

以退火为例，这是手撕钢生产中的一个环节，需要钢带通过一条260米长的带钢通道。钢带太薄，很容易出现断带，一旦断带，钢带就会“砰”地一下成为粉末。多次探索试验后，光亮线首席工程师王向宇向公司请命：“给我1000米，让我试一试！”1000米手撕钢价值10万元，不少人为王向宇捏一把汗。公司领导仔细分析王向宇的技术方案后，决定大胆试验。最终，王向宇用400米钢解决了这个难题。

研发团队先后攻克175个设备难题、452个工艺难题，终于从4万多种排列组合中找到轧出手撕钢的方法，2018年实现手撕钢量产。不久前，总重约600公斤的宽幅手撕钢出口德国。

近年来，太钢相继推出数十种填补国内空白的高端产品，如用在笔尖上的笔尖钢、港珠澳大桥上使用的双相不锈钢等。2018年，实现年利润53亿元，创10年来最好。

无效产能加速退出、产业结构明显改善、内生动力不断积聚，随着供给侧结构性改革深入推进，我国经济社会保持了持续健康发展，新旧动能转换进一步加快，各项宏观调控目标较好完成，为迈向高质量发展夯实了基础。

从粮票、布票退场，到220多种主要工农业产品生产能力世界第一，再到更高水平上实现供求关系新的动态平衡，中国共产党紧紧抓住不同时期经济运行的主要矛盾和矛盾主要方面，提出并贯彻正确的路线方针政策，推动社会生产力向前发展。其中的关键一招，就是以改革激发全社会经济活力、全民族创业进取精神。新时代，解决经济发展的新问题，根本动力仍然是全面深化改革，必须进一步解放思想、进一步解放和发展社会生产力、进一步解放和增强社会活力，不断满足人民日益增长的美好生活需要。

依靠改革，我们告别短缺。深化改革，中国经济走向更加繁荣。

从广交会到进博会

王 卓

“永不落幕”的进博会，背后是中国永远不会关上的对外开放大门。过去几十年间，中国从开放中获得了经济发展和社会进步的不竭动力，深刻地改变了自己，也影响着世界。

琶洲岛，位于“千年商都”广州南面腹地。琶洲展馆的屋顶呈波浪曲线浮动，像一朵银灰色的行云飘在空中，又像一面银帆迎风矗立。入口上方，镶嵌在玻璃幕墙上的“中国进出口商品交易会”分外醒目。这场一年两度的盛会还有个简短的名字——广交会。

新中国成立后，一些西方国家对中国实行“经济封锁”“货物禁运”。国家大规模经济建设急需进口多种物资，1955年10月至1956年5月，广东省外贸系统凭借毗邻港澳的地缘优势，先后三次成功举办出口物资展览交流会。在此基础上，党中央、国务院批准外贸部和广东省共同以中国国际贸易促进委员会的名义举办中国出口商品展览会。

1956年11月10日，中国出口商品展览会在广州中苏友好大厦举办。为期两个月的展览会上，共有来自37个国家和地区的2736名客商到会，出口成交5380万美元。这次展览会成为日后中国出口商品交易会的“预演”。

1957年4月25日，首届中国出口商品交易会开幕。

广州轻工业品进出口公司，是中国最早的专业进出口企业之一。28岁的梁永淞以这家公司外贸业务员的身份参加了首届广交会。梁永淞的爷爷做外贸茶叶生意，主要出口中国香港、新加坡，父亲继承了家族的生意。梁永淞通晓英文，做起外贸业务得心应手。

开幕当天晚上下了雨，身着黑呢中山装的梁永淞，拿出了最珍爱的德国进口福伦达相机，拍摄下中苏友好大厦的夜景，尽管是黑白照片，依然能清晰看出展馆灯火辉煌。

梁永淞所在的公司当时主要是做自行车内外胎、小电器等消费品。经过一番洽谈，他成功为公司签下了一家做轮胎业务的新加坡公司的海外代理权。后来两家公司合作了多年。

首届广交会展出面积9600平方米，分设工业品、纺织品、食品、手工艺品、土特产品5个展馆，13个专业外贸总公司组织交易团参展，展示商品1万多种，包括自行研制的解放牌载重汽车、普通车床等，也有各种日用轻工业品、农副土特产品以及传统工艺品。19个国家和地区的1200多位采购商到会。

广交会第一年即成交8686万美元，占当年全国创收现汇总额的20%。20世纪50年代，中国对外贸易80%是与社会主义国家之间进行的记账式贸易。第一届广交会成功创办，迅速成为中国出口创汇的主渠道。同时，也向世界表明新中国在互相尊重国家主权和平等互利的基础上，与一切国家建立和发展贸易关系的愿望。

广交会，开辟了一条中国与世界交往的通道。从1965年开始，广交会年出口成交占全国外贸年出口总额30%以上，1972年、1973年，占比均超过50%。

自创办起，每年春、秋两季，广交会定期举办，从未间断。以"中国第一展"广交会为起点，一扇扇认识世界、拥抱世界的门窗相继打开。1997年，外经贸部将福建投资贸易洽谈会正式升格为中国投资贸易洽谈会。1999年10月，有"中国科技第一展"之称的首届中国国际高新技术成果交易会在深圳举办，成为广交会、投洽会之后的又一个国家级交易盛会。

几十年里，广交会会址几经迁移，展馆面积增加了几十倍，规模逐步扩大、影响力日益提升。自2007年春季第101届开始，为促进贸易平衡，广交会开始设立进口展区，正式更名为"中国进出口商品交易会"。

2015年3月，经过15年发展的中国西部国际博览会被纳入国家"一带一路"倡议政府白皮书，成为推动"一带一路"建设的全国十大重点展会之一。

如今，中国展览业规模已稳居全球首位。商务部发布的《中国展览业发展统计分析报告〔2017〕》显示，2017年中国在专业展览场馆举办的各类展览会共5604场，展览总面积10642万平方米。各种展会让世界更加了解中国，也让中国充分走向世界。

几十年里，广交会会址几经迁移，展馆面积增加了几十倍，规模逐步扩大、影响力日益提升。自2007年春季第101届开始，为促进贸易平衡，广交会开始设立进口展区，正式更名为"中国进出口商品交易会"。

2018年11月5日，在外形宛如"四叶草"的上海国家会展中心，全球第一个以进口为主题的国家级展会——首届中国国际进口博览会开幕。

来自法国第一大岛科西嘉岛的16家中小型企业首次联合亮相，吸引了众多媒体和观众的目光。长久以

1956年11月10日，中国国际贸易促进委员会主办的中国出口商品展览会在广州中苏友好大厦开幕。这是来宾参观工业馆大厅。（新华社记者　杜修贤　摄）

2018年11月5日，全球第一个以进口为主题的国家级展会——首届中国国际进口博览会开幕。图为观众在“会飞的汽车”前参观。（杜洋　摄）

来，科西嘉产品的主要市场局限在法国和其他欧洲国家。“中国进博会给我们创造了建立新的贸易关系的机遇，对于我们来说是非常重要的，让我们能够以此寻找新的市场，在地区和国家间创造建立新的贸易关系。”法国上科西嘉省工商会副主席皮埃尔·奥尔西尼说。

为参加此次进博会，科西嘉人很早就开始准备。以科西嘉岛为中心的地中海区域多家中小企业经过重重筛选，最终组成代表团，入驻概念为“地中海村”的进博会场馆，在500平方米展位上展示特色产品。

“如果没有进博会这样的举措，外国中小企业很难进入中国市场。”科西嘉工商会特派代表本特朗·米罗说，“‘只要路走对了，就不怕遥远’。进博会就是中国政府改善营商环境的一个方面，因此，我们从很远的地方来上海参展了！”

首届进博会，参展的3000多家企业来自151个国家和地区，其中，G20成员、金砖国家和上合组织成员国全部参展，还有来自58个“一带一路”沿线国家和35个最不发达国家的企业。谷歌、微软、松下、英特尔、西门子，200多家世界500强和行业龙头企业参展。新产品新技术发布数量超过100多项，首次进入中国的展品多达5000余件。开展期间，企业商业展总计超过80万人次入场。

联合国国际贸易中心一位工作人员说：“非常高兴看到中国提供这么大一个平台，既让中国民众有更多机会接触到全世界的商品，也让全世界共享中国市场快速发展的红利。”

首届进博会交易采购成果丰硕，按一年计，累计意向成交578.3亿美元。其中，智能及高端装备展区成交额最高，为164.6亿美元，其次是食品及农产品展区，成交126.8亿美元，汽车展区成交119.9亿美元。此外，与“一带一路”沿线国家累计意向成交47.2亿美元。

举办中国国际进口博览会，是中国着眼于推动新一轮高水平对外开放作出的重大决策，是中国主动向世界开放市场的重大举措。“中国国际进口博览会不仅要年年办下去，而且要办出水平、办出成效、越办越好”，习近平总书记向世界郑重承诺，这个平台是中国的，更是世界的。

第二届中国国际进口博览会于2019年11月在上海举行。企业展展览面积增至30多万平方米，但仍“一展难求”。很多尝到首届进博会“甜头”的参展企业心心念念“再到中国去”。

2018年带来世界上运行速度最快焊接机器人的那智不二越（NACHI）集团，2019年携全球独一份的负载一公斤的工业机器人参展。众美洲际直升机投资（香港）有限公司将把新一代多功能中型直升机AW169以及更快、更高、更远的倾转旋翼机AW609带到装备展区。

“永不落幕”的进博会，背后是中国永远不会关上的对外开放大门。过去几十年间，中国从开放中获得了经济发展和社会进步的不竭动力，深刻地改变了自己，也影响着世界。

70年发展历程，让中国共产党和中国人民充满底气与勇气，坚持对外开放，以开放促改革促发展，汲取人类一切先进文明成果，开放、自信、奋进的中国，将继续给世界带来信心与机遇。

从十七条困难到防范化解重大风险

程 威

党的十九大报告号召，全党同志一定要登高望远、居安思危，勇于变革、勇于创新，永不僵化、永不停滞。报告还将防范化解重大风险列为“三大攻坚战”之首，将“驾驭风险本领”列入我们党必须增强的八种“执政本领”。

第一条，“外国大骂”；第二条，“国内大骂”；第三条，“准备被他们占去几大块根据地”……第十一条，“天灾流行，赤地千里”；第十二条，“经济困难”……第十七条，“其他意想不到的事”。

1945年5月，党的七大召开，面对抗战即将胜利的局面，毛泽东却一口气列举了可能出现的“十七条困难”，强调在看到光明的同时，更要准备困难，“要在最坏的可能性上建立我们的政策”。

忧患意识是中华民族饱经患难所形成的智慧，也是中华民族的重要精神特质，深深根植于优秀传统文化之中。秉持为中国人民谋幸福、为中华民族谋复兴的初心和使命，中国共产党一成立，就将忧患意识融入血脉，居安思危、未雨绸缪，攻坚克难、百折不挠。

“大雨大灾，小雨小灾，无雨旱灾”，这是千百年来淮河流域人民对淮河的最深记忆。

新中国成立后，尽管百业待兴，但党中央着眼长远，要求根治淮河水患。1950年7月至9月，两个月内，毛泽东就治淮问题作出4次批示。1951年5月，他发出“一定要把淮河修好”的号召。中共中央专门召开多次治淮工作会议，确定治淮工作的方针和原则。

1952年1月，淮河中游、淠河上游，被称为“新中国第一坝”的佛子岭水库开工。以治淮委员会工程部部长汪胡桢为首的中国专家建议采用混凝土轻型连拱坝方案。

连拱坝，当时只有美国和阿尔及利亚各有一座，许多技术人员听都没有听过。为了让大家迅速掌握建造大型混凝土坝的知识，汪胡桢创办了“佛子岭水库技术学习班”，又被称为“佛子岭大学”。这所“大学”没有围墙、课桌，课堂在工地、在现场。大家边学习边设计边施工，创造了众多的技术革新。1954年6月6日，相当于24层楼高的连拱坝浇筑到顶。

大坝刚建成，就面临大自然的验收。当年六七月间，皖北地区连降暴雨，淮河水位陡涨，沿岸告急。7月23日，佛子岭水库首次拦蓄洪水，水位高达125米，挡住了淠河洪水，减轻了淮河灾情。

到1958年，梅山、响洪甸、磨子潭等水库相继完工，初步改变了淮河流域易洪、易涝、易旱的状况，新中国治淮取得显著成果。

在内忧外患中诞生，在磨难挫折中成长，在战胜风险挑战中壮大，革命、建设、改革，中国共产党的忧患意识一以贯之。

1983年，美国为抢占21世纪战略制高点，出台加快发展高新科学技术计划。德国、日本等国随后纷纷提出高科技发展战略，新一轮全球科技竞争浪潮涌起。

面对挑战，“中国光学之父”、时任中科院技术科学部主任的王大珩坐不住了。在1986年的一次研讨会上，王大珩激动地说，这是一次世界性的高科技发展机会，我们应该把握住这个机会，不能延误时机，要尽早出台相应的决策！

同样焦急难耐的，还有时任国防科工委科技委专职委员陈芳允。当天晚上，陈芳允跑到王大珩家里商量办法。两位科学家都是“两弹一星”元老，对核武器“一点没有”和“有一点”的区别有着切身体会。“如果这一步不跟上，我们就有可能被新技术革命的浪潮彻底抛弃。”两人越谈越激动。

“能不能写个东西，把我们的想法向上反映反映？”陈芳允临走时问道。

“对，应该让国家领导了解我们的想法，争取为国家决策提供帮助！”当晚，王大珩动手写出一份《关于跟踪研究外国战略性高技术发展的建议》。建议写好后，两位科学家又找到时任核工业部科技委副主任的王淦昌和时任航天部空间技术院科技委副主任的杨嘉墀，一起对建议书反复推敲，郑重签上了各自姓名。

1986年3月5日，邓小平在四位老科学家的联名建议上批示：此事宜速作决断，不可拖延。

随后的会议上，有人向四位科学家提出了最关键也最棘手的问题——经费。高科技意味着高投入，而当年全国财政总支出仅约2100亿元。一阵沉默后，王淦昌说：“能省就省吧，我看，一年能给2个亿就行。”

让他们没想到的是，最后中央批了专款100亿元。不久，面向21世纪的中国战略性高科技发展计划正式公布，以邓小平批示时间命名，“863”计划诞生。

正是一代代中国共产党人心存忧患、肩扛重担，才团结带领中国人民不断从胜利走向新的胜利。

面对全球科技竞争浪潮，中国推出“863”计划，不断实现前瞻性基础研究、引领性原创成果重大突破。这是1995年7月27日，我国远洋科学考察船“大洋一号”奔赴东太平洋进行“六千米水下多金属结核观测系统”海上试验。（新华社记者　刘彦武　摄）

加快发展网络安全产业，夯实国家网络安全基础，对于促进数字经济持续健康发展具有重要作用。这是2019年8月22日，观众在“2019北京网络安全大会”了解网络安全新产品。

"863"计划实施以来，瞄准世界科技前沿，强化基础研究，不断实现前瞻性基础研究、引领性原创成果重大突破，直接和间接创造了上万亿元的经济效益。

正是一代代中国共产党人心存忧患、肩扛重担，才团结带领中国人民不断从胜利走向新的胜利。

中国特色社会主义进入新时代，前景十分光明，挑战也十分严峻。党的十九大报告号召，全党同志一定要登高望远、居安思危，勇于变革、勇于创新，永不僵化、永不停滞。报告还将防范化解重大风险列为"三大攻坚战"之首，将"驾驭风险本领"列入我们党必须增强的八种"执政本领"。

2019年1月21日，在省部级主要领导干部坚持底线思维着力防范化解重大风险专题研讨班开班式上，习近平总书记发表重要讲话，分别就防范化解政治、意识形态、经济、科技、社会、外部环境、党的建设等领域重大风险作出深刻分析、提出明确要求。

习近平总书记敏锐洞察国内外环境的深刻变化，准确把握各类风险挑战，要求全党同志居安思危、未雨绸缪，防范化解重大风险，强调要坚决贯彻总体国家安全观，确保我国政治安全；持续巩固壮大主流舆论强势，高度重视对青年一代的思想政治工作；精准研判、妥善应对经济领域可能出现的重大风险；加强体系建设和能力建设，完善国家创新体系；切实落实保安全、护稳定各项措施，下大气力解决好人民群众切身利益问题；统筹国内国际两个大局、发展安全两件大事，为我国改革发展稳定营造良好外部环境；以永远在路上的坚韧和执着，坚决打好反腐败斗争攻坚战、持久战。

越是前景光明，越是要增强忧患意识，做到居安思危。今天，面对波谲云诡的国际形势、艰巨繁重的改革发展稳定任务，我们必须始终保持高度警惕，既要高度警惕"黑天鹅"事件，也要防范"灰犀牛"事件；既要有防范风险的先手，也要有应对和化解风险挑战的高招；既要打好防范和抵御风险的有准备之战，也要打好化险为夷、转危为机的战略主动战。每一位共产党人都要"经风雨，见世面"，在防范化解重大风险中磨砺初心、练就本领。

74年前，毛泽东在列举"十七条困难"的同时，用一段话展望了中国的前途："我们清楚地懂得，在我们和中国人民面前，还有很大的困难，还有很多的障碍物，还要走很多的迂回路程。但是我们同样地懂得，任何困难和障碍物，我们和全国人民一道一定能够加以克服，而使中国的历史任务获得完成。"

共产党人的忧患意识，就是忧党、忧国、忧民，是先天下之忧而忧，这是一种责任，更是一种担当。

从上海经济保卫战到三大攻坚战

毛 翔

五千年中华文明孕育出中华民族不畏艰难、进取拼搏的精神与品格。逢山开路、遇水架桥，向着民族复兴伟大梦想前行，中国共产党和中国人民矢志不渝。

1949年5月27日，上海解放当天，军管会成立，陈毅任主任。接管上海任务复杂艰巨，毛泽东直言不讳："进入上海，中国革命要过一大难关。"

所有接收材料名单送到陈毅手中，现状与预想的大不一样。粮食分摊到每人仅5.5公斤，不足一星期的供应量，煤也不够烧一星期。存放在上海中央银行的黄金和银元被搬运一空，只留下了几近废纸的21万亿元金圆券。

金融稳，城市才能稳。军管会确定人民币为唯一合法货币，在1949年6月5日前完全废止金圆券，以1元人民币折合10万元金圆券的比率进行兑换。

上海市民用金圆券兑换完人民币后转身就去买粮食、布匹等，但南京路上四大百货公司竟然用银元标价，拒收人民币。有人叫嚣："解放军可以打进上海，但人民币进不了上海！"

侦察人员查明操纵黑市的投机分子，6月10日，时任淞沪警备区司令员宋时轮率士兵抓捕了1500多名投机分子，抄没黄金3642两、银元39747枚、美元62769元。

银元投机的路被堵死后，投机商又疯狂囤积大米、棉纱和煤炭，带动新一轮涨价风。党中央及时调运各省物资，米、棉、煤源源不断进入上海。1949年11月，全市统一平价抛售筹措到的所有物资，物价基本回到了正常水平。

上海经济保卫战，"其深远意义不亚于淮海战役"。能不能管理好城市，是中国共产党在全国执政必须面对的课题。在解放前后的半年中，"上海经济保卫战"乃至全国的经济保卫战，能取得决定性的胜利，显示了从农村走向城市的中国共产党，有信心也有能力攻克这道难关。

在中国建设社会主义，是前人没有干过的崭新事业，类似的课题、难关还有很多。中国共产党人始终坚定信念，为国家谋富强，为人民谋幸福，什么问题是拦路虎，就攻坚解决什么问题。

改革开放后，中国逐步开始向市场经济转型，价格改革成为整个经济体制改革成败的关键。此前三十年，中国实行高度集中的价格管理体制，生产企业无法自主决定价格，加上固定的生产计划带来的供需不平衡，成为制约计划经济向市场经济过渡的一大难题。完善市场机制，必须啃下价格这块“硬骨头”。

1980年，在国家鼓励开展“多种经营，以副养农”的政策下，北京市海淀区永丰公社亮甲店村第三生产队成立了皮件加工厂，制作皮包等产品。第二年，队长丁宝和又带人外出学习服装加工技术和经营管理，成立亮甲店村服装厂，开始加工外销订单。

1988年4月开始，国内一系列价格改革方案出台，部分副食品、原材料、小商品价格逐渐放开。亮甲店村服装厂决定在国内市场闯自己的品牌，“绅士”衬衫随之走进了商场，从5元一件，增长到7元、9元、10元、13元，这家服装厂抓住了内销商机。

改革进程从来不会一帆风顺，价格改革引起了很大震动。邓小平说：“理顺物价，改革才能加快步伐……中国不是有一个‘过五关斩六将’的关公的故事吗？我们可能比关公还要过更多的‘关’，斩更多的‘将’。过一关很不容易，要担很大风险……但是物价改革非搞不可，要迎着风险、迎着困难上。”

事实证明，“价格闯关”确实是“过五关斩六将”。中国共产党根据现实情况出台相应的措施，逐步放开价格，推动改革一步步前进。到1993年，中国社会零售商品总额的95%、农副产品收购总额的90%，以及生产资料销售总额的85%，都放开价格由市场供求决定。

发展速度上去了，发展质量也要提高。党的十九大提出，要坚决打好防范化解重大风险、精准脱贫、污染防治的攻坚战。

在这股浪潮中，亮甲店村服装厂改名为绅士服装有限公司，丁宝和也由厂长成了董事长。绅士衬衫继续丰富产品种类，提高生产工艺，立志做世界上最好的衬衫。

“价格闯关”最终成行，“用市场价格机制配置资源”从此成为中国经济制度的基础，市场活力得以迸发。经过40多年发展，中国经济创造了持续高速增长的奇迹，经济总量已经稳居世界第二，是世界第一大工业国、第一大货物贸易国、第一大外汇储备国。

发展速度上去了，发展质量也要提高。党的十九大提出，要坚决打好防范化解重大风险、精准脱贫、污染防治的攻坚战。重大风险、贫困、环境污染都制约着高质量发展，只有攻下最难的堡垒、啃下最硬的骨头，全面建成小康才是真正的全

1949年6月10日，《华东区金银管理暂行办法》颁布，规定严禁金银计价行使、流通和私相买卖，市民有储存者，须向国家银行按牌价兑换人民币。这是市民在银行兑换场景。

鸡鸣三省大桥助力解决贫中之贫、困中之困。这是2019年8月3日，大桥拆除临时拉索等附属设备，正进行拱上垫梁、垫墙及墩柱施工。

面，才能得到人民认可、经得起历史检验。

在四川、云南、贵州三省交界处的乌蒙山区，世代生活着汉、彝、苗、白等众多民族，村庄毗邻、鸡犬相闻，被叫做“鸡鸣三省”。赤水河和渭河相汇于此，悬崖陡立、激流深壑，曾为红军长征一渡赤水创造了有利条件，但如今也给群众脱贫致富带来很大阻碍。

这里昼夜温差大，清甜的冰脆李是特产。悬崖一侧的四川叙永水潦彝族乡，祖祖辈辈都种李子树。水潦卖2元钱一斤的李子，运到对岸云南镇雄县城就能卖5至8元。但一背篓李子四五十斤，背下山坐渡船过河后又得爬山，中间还要蹚过一条河，两天一夜才能到。煤炭等大宗货物运进来也只能依靠人力背运。

修桥，是两岸群众多年心愿。但在如刀砍一般、垂直高度达到180米的绝壁上开“天门”，谈何容易。

脱贫攻坚，解决贫中之贫、困中之困。2016年7月3日，鸡鸣三省大桥正式开工。大桥主跨180米，为悬臂扣挂悬浇拱桥，是西南地区第一次采用这种高难度工艺施工的拱桥。中心点桥面距离河底有50多层楼高，拱座开挖土方量达12万方。全桥起重吊装作业全靠吊装系统施工，弃土也需垂直调运。

塔吊操作员张春华夫妇，每天处在整个工地的最高点，距离水面256米。张春华30岁时开始跟丈夫陈世军学塔吊，第一次爬上去时，丈夫在前，她在后，塔吊晃了一下，她吓得不能动弹。如今她看着256米的落差，一看就是一天，也不觉得怕了。工地两岸各有一个塔吊，张春华在云南一侧工作，丈夫在四川一侧工作。张春华说，“人家隔一条银河，我们隔一条赤水河”。

经过3年奋战，2019年7月7日，鸡鸣三省大桥主拱合龙，乡亲们爬上山头观看，大桥上“传承长征精神，决胜脱贫攻坚”几个字格外显眼。“越赤水，通云川。”大桥通车后去河对岸开车仅1分钟，步行只要300米。

70年，中国共产党带领中国人民艰苦奋斗、攻坚克难，一步步走到今天。夺取具有许多新的历史特点的伟大斗争新胜利，还有许多雪山、草地需要跨越，还有许多娄山关、腊子口需要征服。

五千年中华文明孕育出中华民族不畏艰难、进取拼搏的精神与品格。逢山开路、遇水架桥，向着民族复兴伟大梦想前行，中国共产党和中国人民矢志不渝。

从京张铁路到高铁第一

张　弛

幅员辽阔的中国，交通更便捷、连接更紧密。中国的高铁第一，不仅是单项冠军，更是中国道路、中国制度、中国方案的集中体现。

北京八达岭长城脚下，青山环抱中，坐落着一个百年老站——青龙桥站。建成于1908年的小站，因“人”字形铁路而闻名。它所在的京张线，历经百年沧桑，见证了中国从零起步，走向高铁世界第一的历史性进程。

1905年，从北京到张家口的京张铁路开工建设，詹天佑任总工程师，1909年建成后轰动中外，成为首条由中国人自行设计和施工的干线铁路。

修建京张铁路，既体现了中国人的智慧，也反映出当时中国工业的极度落后。

京张线由南口至青龙桥段，俗称关沟段，最大坡度33‰。为了让火车爬上这样的陡坡，詹天佑顺着山势，将南美伐木所用的“人”字形铁路运用在京张铁路上。在这段路程中，火车使用“双机牵引”的方式，由头尾两辆大马力机车牵引。经过“人”字形的交叉点——青龙桥车站时，前面的机车变成车尾，后面变成车头，实现了短时间爬坡的目的。

然而，要实现这一技术构想，只能依靠国外设备。关沟段的坡度，普通机车难以胜任，旧中国的工业体系根本无法解决牵引机车问题。詹天佑几经联系，才先后从英国、美国购入马莱型蒸汽机车，在当时是中国铁路使用的功率最大的蒸汽机车，直到20世纪五六十年代陆续报废。

京张铁路一建成，就成为当时中国最繁忙的铁路线，但在之后的连年战乱中遭到严重破坏，通车时断时续。新中国成立后，对全国遭受战争破坏的基础设施进行了大规模的修复和重建，京张线所属的平绥铁路于1949年10月修复通车，正式更名为京包铁路。

1951年，铁路职工杨宝华调到青龙桥站工作，从站务工到站长，一干就是31年。1982年，杨宝华退休，20岁的杨存信接过父亲手中的信号旗，成为青龙桥站的扳道员。1991年，他成为这座老站的站长，也和父亲一样成为一名共产党员。父子俩守着青龙桥车站一共度过了68个年头。

“青龙桥车站是中国铁路发展的‘活化石’。”杨存信回忆，20世纪五六十年代，北京到张家口方向上下行列车只能走京张铁路这一条道。山西、内蒙古一带的煤炭等物资，经由京张铁路运输至北京，有些还会辗转通过货轮运往东南沿海。“那时候，青龙桥一天要接32对列车、64趟。忙得中午吃饭的时间都没有，都是家里给送饭。”当时杨存信才五六岁，每天提溜着一摞饭盒，从铁路那边跨到这边给父亲送饭。

改革开放后，随着经济社会的发展，对交通运输的需求日益增加，能源运输成为焦点问题。“每天急需车皮的电报像雪片一样飞来！”这是很多老铁路人的共同记忆。为满足国民经济需要，我国加强了由西向东的运输通道建设。大秦铁路、神黄铁路等重载铁路相继建成，共同构成“西煤东运”战略大动脉，京张线渐渐落伍。

全长653公里的大秦铁路承担着中国铁路1/4的煤炭运量，是中国第一条双线电气化重载运煤专线。设计能力为1亿吨的大秦铁路，1992年通车后，经过数次扩能改造，年运输能力达到4.5亿吨。在一条铁路线上实现如此大的运量，离不开具有中国自主知识产权的重载运输技术。

景生启是大秦第二机车队重载司机，先后获得火车头奖章、“铁路工匠”、全国五一劳动奖章荣誉。2014年4月2日，他驾驶着总长近4公里的3万吨重载列车，采用自主创新的机车同步操纵系统，由3台交流机车和1台直流机车互联互通牵引，创造出中国重载列车牵引重量的新纪录。试验的成功，意味着我国跻身少数几个掌握3万吨重载牵引技术的国家，且在速度上更胜一筹：中国重载列车能跑出每小时80公里的速度，其他国家则为每小时30至40公里。

铁路象征着国家气象。新时代的中国继续领跑世界，中国高铁运营总里程超2.9万公里，远超其他国家总和。从高寒地带到热带海岛，高铁将100多座城市紧密连接在一起。

从6000吨、1万吨，到2万吨、2.1万吨，再到3万吨，景生启亲历了我国重载列车的三次跨越，“行驶在运输效率、运营密度和年运量三项世界第一的大秦线上，总能体会到中国重载铁路司机的自信”。

铁路象征着国家气象。新时代的中国继续领跑世界，中国高铁运营总里程超2.9万公里，远超其他国家总和。从高寒地带到热带海岛，高铁将100多座城市紧密连接

京张铁路青龙桥站，因詹天佑设计的“人”字形铁路而闻名。这是上下行火车同时在开的场景。

2018年6月13日，由中铁二十局承建的京张高铁崇礼支线最长桥赵川镇高架特大桥上跨唐呼铁路现浇连续梁转体成功。连续梁长144米，转体角度68度，单转体部分的总重量2306吨，转体73分钟后，在高空精准对接，这标志着京张高铁主线、崇礼支线最后一座连续梁转体成功。这是当日无人机拍摄的施工现场。（马佳琦　摄）

在一起。

2018年4月11日8时55分，当K1596次列车停靠青龙桥车站作“人”字形运行时，杨存信站在站台边，进行最后一次出入站工作，并向车辆长时间敬礼。从这天起，青龙桥站正式告别绿皮车。

与此同时，青龙桥车站脚下，世界上首条设计时速350公里的高寒、大风沙高速铁路——京张高铁正在紧锣密鼓施工。它在青龙桥站地下中心位置4米处穿过，与老京张铁路的“人”字形线路组合成一个“大”字，新老两条京张铁路线在这里实现了跨越百年的“握手”。

蒋思是中铁五局四公司副总经理，2016年，他加入了京张高铁项目的踏勘行列：“四个标段我都一一仔细勘察过。包括八达岭隧道和八达岭长城站在内的三标段，是整条京张高铁上的‘硬骨头’。”之后，中铁五局中标了这块“硬骨头”，蒋思担任京张高铁三标项目部经理。

北京延庆八达岭长城景区内，京张高铁八达岭长城站位于地下102米、相当于30层楼高的深处，占地39800平方米，相当于6个足球场。这是世界上埋深最深、规模最大的暗挖地下高铁车站。

开工后，一系列难题接踵而至。针对项目工程难、技术新等特点，蒋思带领团队大胆探索创新，创下了“三个首次”：首次采用环形救援廊道设计，具备了紧急情况下快速无死角救援的条件；首次采用一次提升长大扶梯及斜行电梯等先进设备；首次采用精准微损伤控制爆破等先进技术，减少工程建设对文物和环境的不利影响。智能安全帽、无人机航拍、建筑信息模型加3D扫描、二维码物料跟踪等一批智能化设备和技术，构建起“智慧工地”。

“天上”的技术同样先进。即将用于京张高铁的“复兴号”智能型升级版列车，采用我国自主研发的北斗卫星导航系统，将在世界上首次实现时速350公里自动驾驶。

基于北斗卫星和地理信息系统技术，京张高铁部署了一张“定位”大网。线路实时“体检”系统将全线每一个桥梁、车站，每一处钢轨通过传感器连接起来，零件是否老化，路基是否沉降，照明是否损坏，一目了然。高铁周界入侵报警系统、地震预警系统、自然灾害监测系统等组成动车组的智能调度指挥系统。“京张高铁10个车站将有同一个‘大脑’。”京张高铁智能工程化设计总体负责人李红侠说，工作人员在控制室就可以管理客站灯光、温度、湿度。

百年巨变，一条京张线，见证了中国铁路的成长，折射出中国制造的全方位进步。从新中国成立时铁路运营里程只有2.2万公里到2018年底达到13.1万公里，从建立“三横五纵”铁路网到构建“八纵八横”高速铁路网，中国共产党团结带领全国人民，跑出了世界瞩目的中国速度。幅员辽阔的中国，交通更便捷、连接更紧密。

中国的高铁第一，不仅是单项冠军，更是中国道路、中国制度、中国方案的集中体现。

2019年8月23日上午11时28分，伴随着最后一罐混凝土的浇筑完成，京张高铁八达岭长城站主体结构正式封顶。至此，京张高铁全线站房主体结构建设完成，年底将全线贯通。

一列开往春天的高铁，即将出发。

从东方红一号到嫦娥四号

管筱璞

漫漫飞天路，中国共产党领导人民创造了具有自己特色的“中国模式”。航天事业历经多年发展，在创造辉煌成就的同时，也铸就了代代传承的航天精神，成为中华民族精神的重要组成部分。

天地玄黄，宇宙洪荒，日月盈昃，辰宿列张。几千年来，中国人对宇宙的想象与憧憬从未中断。

1957年10月4日，苏联率先发射世界第一颗人造地球卫星伴侣一号。1958年1月31日，美国成功发射探险者一号人造卫星。

此时的中国，社会主义基本制度已经确立，中国人民建设新中国热情高涨。中国共产党从国家长远发展战略考虑，作出了发展航天事业的决策。1958年，党的八届二中全会上，毛泽东说“我们也要搞人造卫星”。

人造卫星被列为中国科学院1958年第一位的任务，代号“581”，钱学森为组长。当年10月，581组抽调人员组建了8个研究组，形成卫星总体、火箭探测总体和空间探测分系统研究实体。

科学技术和工业基础薄弱，资源紧缺，又毫无外援，人造卫星研制之路十分艰难。1964年，东风二号导弹和原子弹相继成功。这一年，《东方红》大型革命音乐舞蹈史诗，一经演出，就成为鼓舞中国人民团结奋进的经典。《东方红》的旋律家喻户晓。

次年8月2日，党中央就人造卫星作出全面部署。10月至11月，中科院主持召开方案论证会议，长达42天，最终议定卫星要做到“上得去，抓得住，看得见，听得到”。有专家提出第一颗卫星叫“东方红一号”，得到一致认可。

所谓“上得去”是指发射成功，“抓得住”是指准确入轨，这是起码要求。“看得见”和“听得到”难度更大。

“看得见”是指在地球上用肉眼能看见，卫星直径只有1米，表面也不够亮，在地球上不可能看得到。科研人员反复实验，想到了“借箭显星”的办法，把第三级火箭用“观测球”包起来，表面镀上铝。入轨后，“观测球”充气撑开直径达3米多，阳光照射下，接近可观察的二等星亮度。

“听得到”是指从卫星上发射的讯号，在地球上可以用收音机听到。如果是滴滴答答的工程信号，老百姓并不明白是什么，于是决定播放《东方红》乐曲。经过多次试验，采用电子线路产生的复合音模拟北京火车站钟声的节奏和铝板琴的琴声，效果清晰悦耳。

1970年4月24日21时35分，长征一号火箭载着东方红一号一飞冲天。很快，浩瀚太空中响起了《东方红》的乐音。通过广播，全国人民都可以听到。第二天20时29分，东方红一号经过北京上空，天安门广场人山人海。一双双眼睛，紧紧追随这颗来之不易的“明星”。

从航天员飞天、太空漫步，到发射天宫、空间交会对接，再到天舟一号“叩开”空间站大门，光荣属于每一位参与者、见证者。

卫星能飞多高，中国人的头就能抬多高。航天事业，承载的是民族信心与国家尊严。别的国家能做到的，社会主义新中国一样可以。

1971年10月25日，联合国恢复了中华人民共和国的合法席位。“如果60年代以来中国没有原子弹、氢弹，没有发射卫星，中国就不能叫有重要影响的大国，就没有现在这样的国际地位。”

就在东方红一号升空当年，中国启动了首个载人飞船计划。载人航天，不仅是一个国家综合实力的直接体现，在政治、军事、经济上也具有重大战略意义。

1993年，中国载人航天工程办公室征集飞船名字，“神舟”中选，它既寓意天河之舟，又与“神州”谐音。截至目前，中国已有11位航天员遨游太空，全部安全返回。

吴杰、李庆龙早在1996年就率先通过层层选拔，经过严格培训，加入首批预备航天员队伍。2003年首批14名航天员通过考核，都具备了上天的能力。距离梦想近在咫尺，但不是每个人都有上天的机会。

2016年，没有实现飞天梦的吴杰退休了。在欢送会上，他说：“我们赶上了好时代，搞载人航天也许是我们彰显人生价值的最好途径。”李庆龙和景海鹏，既是同事，又是师徒。景海鹏每次飞天，李庆龙的嘱托只有6个字：“等你平安回来！”

首批航天员中，8人梦圆太空，5人已解甲离队。首飞成功后，杨利伟说：“我们一共14个战友，我绕地球飞了14圈，正好一人一圈！”

从航天员飞天、太空漫步，到发射天宫、空间交会对接，再到天舟一号“叩开”空间站大门，光荣属于每一位参与者、见证者。据不完全统计，直接参加载人航天工程的单位有110多家，参试单位多达3000余家，参与工程技术人员超过10

1970年4月25日20时29分，东方红一号经过北京上空，天安门广场人山人海。这是喜看卫星飞过头顶的人群。

2019年4月21日，山东航天电子技术研究所举行开放日活动，市民们近距离观看各种航天装备模型和空间技术图示，学习航天和太空知识，了解我国航天发展成就，迎接4月24日“中国航天日”的到来。这是市民在航天科技展厅观看“嫦娥卫星飞行轨道图”。（唐克　摄）

万人。

发射人造地球卫星、载人航天和深空探测是航天活动三部曲。嫦娥奔月的梦想，在一代代人接力下，一步步走进现实。

欧阳自远，1935年出生在江西吉安，舅舅给他取名“自远”，意思是来自遥远的地方。考大学时，为了“唤醒沉睡的高山，献出无穷的宝藏”，欧阳自远报考了北京地质学院矿产地质勘探专业。几十年丈量大地，他坚信地质学必将与探测地球、行星的观测结果相关联，低头找矿的他开始仰望星空。

欧阳自远第一次接触到月球，是美国人1978年访华时带来的一块1克重的月球岩石。他取了一半，带领团队分析出由阿波罗17号采集，并确认了采集地点、阳光条件等，还发现了包括氦－3在内的巨大可利用资源。欧阳自远的目光投向遥远的月球。

2004年大年初二，党中央正式批准绕月探测工程立项报告，工程规划为“绕、落、回”三期。欧阳自远带着4名学生，与探月工程的总指挥栾恩杰，来到一个小饭馆。他举起酒杯，用颤抖的声音说：“所有努力都是为了今天，我们很幸运。”

从嫦娥一号工程开始，70多岁的欧阳自远每晚只能睡三四个小时。“发射嫦娥一号时，血压、血糖、血脂都很高，手心一直在冒汗。”

2007年11月5日，嫦娥一号第一次近月制动成功。被誉为探月工程“三驾马车”的指挥团队——总指挥栾恩杰、总设计师孙家栋、首席科学家欧阳自远抱在一起，三位老人泪水长流。

2008年2月，以“落”为目标的探月工程二期正式立项。栾恩杰、孙家栋、欧阳自远三位院士主动让贤，退居二线。一大批中青年成为工程管理和技术骨干，在工程“两总”队伍中，45岁以下中青年占46.6%。担负嫦娥二号测控总体方案设计任务的科研团队平均年龄不到33岁。

2010年10月，嫦娥二号卫星试验新的奔月轨道；2013年12月，嫦娥三号探测器登陆月球；2019年1月15日，嫦娥四号发布照片，其搭载的棉花种子已经长出了嫩芽。

欧阳自远觉得自己是幸福的，“有多少当年参与‘两弹一星’的科学家，默默无闻奋斗了一辈子。而我已经能看到梦想在宇宙深处展现的淡淡轮廓”。

漫漫飞天路，中国共产党领导人民创造了具有自己特色的“中国模式”。航天事业历经多年发展，在创造辉煌成就的同时，也铸就了代代传承的航天精神，成为中华民族精神的重要组成部分。

迈向民族复兴的新时代，中国航天踏上了“建设航天强国”的新征程。宇宙无边无际，探索永无止境，每一个新高度都是一个新起点，每一次叩问都是下一次探索的新开始。现在，只是迈出了一小步，更壮丽的事业还在前面。

从十大建筑到城市建筑群

易 舜

一批又一批经得起历史和人民检验的精品建筑，引领我们不断进入新的城市生活空间。在这里，时代建筑绽放勃勃生机，人与自然和谐共生，我们看得见山、望得见水、记得住乡愁。

“各位乘客，天安门西到了。天安门广场是世界上最大的城市广场，可容纳一百万人集会。广场西侧是人民大会堂，象征着光明的未来；广场东侧是中国国家博物馆，代表着辉煌的历史。”每当北京公交1路车即将到达天安门广场，车厢里都会响起乘务员的播报。

建筑，是时代的纪念碑。新中国七十年，这片土地上生长出的一座座建筑，像一滴滴水珠一样折射着社会的进步，其中有人有事，有记忆有情感，有伟大也有平凡，汇聚在一起，镌刻出一部从不停歇的奋斗史。

1958年8月，党中央决定，为庆祝新中国成立十周年、展现新中国建设十年来的成就，改建天安门广场，并在首都建设十项重大公共建筑工程：人民大会堂、中国革命博物馆与中国历史博物馆、中国人民革命军事博物馆、民族文化宫、民族饭店、北京火车站、工人体育场、农业展览馆、钓鱼台国宾馆、华侨大厦。十大建筑全部由中国人自行设计与建造，所呈现的“中而新”风格，既延续民族特色，又体现时代风貌。

时任北京市建筑设计研究院总建筑师的张开济，是中国革命博物馆与中国历史博物馆的设计师。这两座博物馆在同一个屋檐下，通过中庭连接。张开济为博物馆设计的西立面柱廊，高33米，宽逾100米，造型与中国古代的石牌坊相似，但更加挺拔通透。博物馆与人民大会堂以天安门广场中轴线左右对称，为了保持这种对称性，博物馆在设计上有意与人民大会堂相呼应：博物馆廊柱是海棠角方形，人民大会堂廊柱则是圆形；人民大会堂柱廊顶端是庄严的国徽，而博物馆在相应的位置是红旗与五星。张开济说，这组装饰“是画龙点睛之笔”。参观者拾级而上，抬头看见红旗与五星，仿佛走向一座胜利之门。

不到一年时间，十大建筑全部完成，这种高效率是靠党的领导下全国大协作实现的。十大建筑需要大量五金件，但当时北京的几家五金厂技术水平低，无法满足工程需要。1958年底，北京市向上海方面联系，希望将上海几家技术实力较强的五金厂迁至北京。经商议，上海工艺五金厂、永生五金厂等五家工厂搬迁到北京，500多位工人分三批进京。第二批、第三批工人进京时，是第二年2月，正是北京冬天最冷的时节。在气候、饮食都不习惯的情况下，工人们克服困难，迅速开工，为十大建筑生产了大批高质量的五金件。

改革开放唤醒了中国大地。中国人活力创造力迸发，敞开胸怀拥抱世界，吸纳优秀文明成果，提升自身技术水平，建筑精品如雨后春笋般涌现，“中国速度”不断刷新。

改革开放唤醒了中国大地。中国人活力创造力迸发，敞开胸怀拥抱世界，吸纳优秀文明成果，提升自身技术水平，建筑精品如雨后春笋般涌现，“中国速度”不断刷新。

深圳人民南路与嘉宾路交会处，曾经是一片沼泽地，周围是低矮的灰色房屋。1982年，深圳市政府决定在此兴建一座标志性大厦——国贸大厦，高160米，建成后将是当时中国第一高楼。

与十大建筑的营造方式不同，深圳国贸大厦在全国第一次采用公开招标方式遴选建筑商，中建三局中标成为承建单位。在“时间就是金钱，效率就是生命”口号的激励下，工人们士气旺盛、埋头苦干。工程彻底打破“大锅饭”制度，实行计件工资，多劳多得，奖金上不封顶。当时，其他地方的工人一个月只能拿十几元、几十元，而在国贸大厦，干得最多的工人月收入600多元。

国贸大厦能够如期高标准建成，还在于成功运用了滑模工艺。变固定模板为滑移式活动钢模，可以成倍提升效率，但施工难度非常高，将其大面积运用于超高层建筑，内地没有先例，国外也很少见。技术人员和工人们一起日夜加班攻关，经历三次失败后，1983年9月18日，第四次滑模试验开始。在1600多双眼睛的注视下，滑模缓缓提升。“成功了！我们成功了！”先是瞬间寂静，接着一片欢呼。

滑模试验成功后，施工纪录不断刷新：6天一层，5天一层，4天一层。从第30层起，达到了3天一层——“深圳速度”由此诞生。

北京香山饭店，上海金茂大厦，广州“小蛮腰”，城市建筑的每一步，都是改革开放的足迹。进入新时代，我们对自己的文化越来越自信，对建筑的理解也越来越成熟。速度和高度之外，绿色、人文、宜居成为设计和营造者的更高追求。

作为上海国际金融中心核心区的陆家嘴，持续吸引着全世界的顶级设计师。最

1961年7月1日，中国革命博物馆和中国历史博物馆同时正式开馆，参观的人群络绎不绝。（新华社记者　王敬德　摄）

在上海国际金融中心核心区的陆家嘴，东方明珠广播电视塔、金茂大厦、环球金融中心、上海中心大厦错落有致。这是游人在外滩上欣赏对岸陆家嘴建筑的场景。

新为这片城市建筑群带来光环的，是2016年完工的上海中心大厦。

高632米的上海中心大厦不是世界最高的大厦，但19种绿色技术的使用，使它成为世界最高的绿色建筑，每年可以节省25%的能源费用。为减少大楼与外界的直接热交换，设计师为大厦安装了双层幕墙，外层幕墙与内层幕墙之间形成温度缓冲区，从而与单层幕墙比降低了约一半的采暖与制冷能耗。大厦121层屋顶的钢结构上，布满了一个个小圆筒。这是270台垂直轴涡轮风力发电机，每年可以为大厦提供119万度绿色电力。

大厦内部，每隔45米就有一个面向外部城市景观的花园中庭，这一灵感来源于上海的弄堂文化。大厦主设计师夏军是土生土长的上海人，小时候住的都是老弄堂，弄堂狭窄的公共空间中，小伙伴们一起乘凉、游戏，给他留下了深深记忆。摩天大楼的花园中庭，就如同上海的弄堂，“把封闭的居住内部空间和喧闹的都市外部空间联结了起来”。

走进大厦大堂，一座名为“上海少女”的雕塑映入眼帘。少女身着旗袍，足履皮拖，头向上扬，左手拿着一把扇子，右手提着一个鸟笼，轻盈曼妙的身材让人联想到上海中心大厦旋转上升的姿态。这是艺术家陈逸飞的作品。2014年，“北漂”了11年后，“上海少女”回到自己的家，落户上海中心大厦，为这座“垂直城市”增添了一份人文魅力。

大厦外形以圆角三角形层层收分，自下而上连续120°螺旋上升，从天空俯瞰，形似吉他拨片。临近的两座超高层建筑，中美合作设计的金茂大厦呈“宝塔”形状，环球金融中心则给人以硬朗的雕塑感。三座建筑并立，体现着中华文化的刚柔相济。

夜晚来临，外滩上挤满了欣赏对岸陆家嘴建筑的游人。东方明珠广播电视塔、金茂大厦、环球金融中心、上海中心大厦，一片现代城市建筑错落有致，与外滩百年老建筑交相辉映。

从举全国之力在首都兴建十大建筑，到城市建筑群在各地崛起，新中国建筑的70年跨越，正是中国现代化进程的一角。今天，经历了现代化洗礼的中国人，对于什么是适合自己的建筑，如何让建筑更好地为人民服务，理解越来越全面、深刻。一批又一批经得起历史和人民检验的精品建筑，引领我们不断进入新的城市生活空间。在这里，时代建筑绽放勃勃生机，人与自然和谐共生，我们看得见山、望得见水、记得住乡愁。

中国建筑既面向未来，更背靠五千年中华文明。在这片底蕴深厚的锦绣大地上，我们向往着诗意的栖居。

从提出双百方针到建设文化强国

李自强

中国特色社会主义文化，源自于中华民族5000多年文明历史所孕育的中华优秀传统文化，熔铸于中国共产党领导人民在革命、建设、改革中创造的革命文化和社会主义先进文化，植根于中国特色社会主义伟大实践，为实现从站起来、富起来到强起来的伟大飞跃提供了重要支撑。

2019年6月，中宣部公布100首庆祝中华人民共和国成立70周年优秀歌曲，雷振邦改词编曲的《花儿为什么这样红》是其中一首，情真意切、感人肺腑的歌声，是中国人心中永不消逝的文化记忆。

1949年7月，第一次中华全国文学艺术工作者代表大会在北平召开。中国共产党号召一切爱国的文艺工作者进一步团结起来，广泛发展为人民服务的文艺工作，由此进入“新的人民的文艺”时代。

“建立中华民族的新文化，这就是我们在文化领域中的目的。”新中国成立后，中国共产党继承和发扬民族文化中的优良传统，重点发展文学、艺术、戏剧、电影等文化事业。1956年4月，在中央政治局扩大会议上，毛泽东提出“百花齐放、百家争鸣”方针。

1961年，《电影文学》发表作家乌·白辛的剧本《冰山上的来客》，讲述新中国成立初期帕米尔高原塔吉克族军民惊险的反特故事。剧本深受读者喜爱，长春电影制片厂决定拍摄。

当时在长影工作的作曲家雷振邦，擅长编写少数民族题材的作品，曾创作过《五朵金花》《刘三姐》等影片音乐。接到为《冰山上的来客》作曲的任务后，他去新疆采风，到达塔什库尔干，登上帕米尔高原，被自然景观和当地少数民族群众生活震撼。他还去了许多位于喀喇昆仑山上的哨所，有的在海拔4000米以上，要在风雪中徒步近一天。

雷振邦从边防哨所塔吉克族战士那里，听到了当地广为传唱的歌曲《古丽碧塔》描述的感人爱情故事。带着对边疆军民的感情，他将这支

人民创造了属于自己的文化，文化又成为一个民族生存和发展的重要力量。独具特色、博大精深的中华文化，为中华民族克服困难、生生不息提供了强大精神支撑。

民歌改编为电影中的歌曲，“花儿为什么这样红，为什么这样红……”

1963年影片上映后，《花儿为什么这样红》传唱大街小巷，成为经典。雷振邦用俄国音乐家格林卡的名言说：“真正创作音乐的是人民，作曲家只不过是把它们编成曲子而已！”

人民创造了属于自己的文化，文化又成为一个民族生存和发展的重要力量。独具特色、博大精深的中华文化，为中华民族克服困难、生生不息提供了强大精神支撑。社会主义建设时期，优秀文艺作品“百花齐放”，鼓舞着人民用双手创造幸福。

《冰山上的来客》上映这一年，25岁的杭州姑娘樊锦诗从北京大学历史系毕业，北京、上海都可以留下，但她选择了敦煌。几十年来，她一直致力于石窟考古、石窟科学保护和管理。

从20世纪80年代起，敦煌研究院在全国率先开展文物保护专项法规和保护规划建设，扩大国际交流合作，敦煌石窟的保护研究逐步与国际接轨。

1987年12月，莫高窟申遗成功后，越来越多的中外游客来到敦煌。樊锦诗提出了“数字敦煌”的构想，运用高科技手段为敦煌壁画、泥塑和洞窟分别建立数字档案。

“给佛拍照”，是石窟数字化最简单的解释。在昏暗的洞窟中，专业人员自制轨道、灯箱，分层、逐行拍摄壁画，然后利用计算机技术，将数量庞大的照片逐一比对、拼接和修正。莫高窟有735个洞窟、4.5万平方米壁画、2000多身彩塑，数字化工程十分浩大。

2014年，莫高窟数字展示中心向公众开放。直径18米的球幕影院中，通过数字化取得的壁画素材纤毫毕现，游客可以饱览敦煌艺术的壮美。2016年，“数字敦煌”资源库上线，30个洞窟的高清图像及全景漫游，免费在网上公布。次年，“数字敦煌”英文版上线。

乔兆福，祖籍河南，儿时跟随父亲戍边，从此扎根敦煌。莫高窟数字中心成立后，他们摄影、后期小组，每天都要在山上洞窟里待7个小时，拍摄并校验150张照片。耗时最长的61号洞窟，高9.8米，壁画面积756平方米，前后投入4个摄影小组20多名工作人员，两个半月累计拍摄4.7万多张照片。至今，他和团队已经拍摄了数十万张洞窟照片。

乔兆福说：“有时候枯燥得让人发疯，需要停下来到洞窟外面走一走，散散心，才能继续工作。但看到取景器里那些千年以前的壁画、塑像，还有采集完成的数字作品，又顿时有了干劲儿。”

从新中国第一部电影《桥》开始，长影乐团先后为700多部经典影片创作录制音乐歌曲。《我的祖国》《英雄赞歌》《花儿为什么这样红》……这些脍炙人口、久唱不衰的电影音乐歌曲，成为时代记忆。这是1964年长影乐团为故事片《英雄儿女》录制音乐。

“数字敦煌”利用计算机数字化技术永久且高保真地保存敦煌壁画和彩塑的珍贵资料，30多年来，让一批敦煌艺术精品通过数字平台、数字展览、手机APP等途径走出敦煌。这是敦煌研究院莫高窟第146窟文物数字化保护项目工作现场。（敦煌研究院供图）

截至2018年，敦煌研究院已完成180余个洞窟壁画的数字化采集和120余个洞窟的全景漫游。建设完整的敦煌石窟数字档案，以现代科技手段，让世界文化遗产“容颜永驻”。

中华文化既是历史的、也是当代的，既是民族的、也是世界的。中国人民一直在继承中转化，在学习中超越。

进入新时代，中国共产党坚持举旗帜、聚民心、育新人、兴文化、展形象，文化领域发生广泛而深刻的变化，展现出建设社会主义文化强国的理念、胸襟、气魄，文化自信得到彰显，主旋律更响亮，正能量更强劲，人民文化获得感、幸福感不断增强。

文艺创作持续繁荣，由“高原”向“高峰”迈进，国家文化软实力大幅提升，许多优秀作品既体现中华文化精髓、传播当代中国价值观念，也符合世界进步潮流。

科幻作家刘慈欣从小在山西阳泉长大，7岁那年，东方红一号人造卫星升空，在他心里埋下了星辰大海的梦想。

毕业后，刘慈欣被分配到山西娘子关电厂。工作之余，他的笔尖在科幻世界里游走。连续12年，他获得中国科幻文学创作最高奖“银河奖”。

2015年8月23日，第73届世界科幻大会颁奖，美国航天局宇航员从国际空间站用视频连线，宣布刘慈欣的小说《三体》获得“雨果奖”最佳长篇小说奖。2019年7月4日，《三体》日文版正式开售，当天就登上日本亚马逊文艺作品销量榜榜首，一个月销量突破10万册。到目前，《三体》全球累计销量已超2000万册。

刘慈欣的作品展现了当代中国人对未来和宇宙的向往，在对人类命运的关注中，体现了中国风格和家国情怀。他说，只有国力繁荣、民族复兴的国家，才能为优秀科幻文学培育肥沃的创作土壤。

在世界舞台上，越来越多的中国人和刘慈欣一样，讲述着中国故事，向世界展现全面、立体、真实的中国，中华文化正成为中国走向世界的闪亮名片。

文化是国家、民族的灵魂。中国特色社会主义文化，源自于中华民族5000多年文明历史所孕育的中华优秀传统文化，熔铸于中国共产党领导人民在革命、建设、改革中创造的革命文化和社会主义先进文化，植根于中国特色社会主义伟大实践，为实现从站起来、富起来到强起来的伟大飞跃提供了重要支撑。

文化兴国运兴，文化强民族强。中华民族创造了源远流长的中华文化，也一定能够创造出中华文化新的辉煌。70年的奋斗成就，正激发全民族文化创新创造活力，繁荣中华文化，坚定文化自信，建设社会主义文化强国，一个民族才能真正走向伟大复兴。

从小喇叭到融媒体

姜永斌

与党和人民同呼吸、与时代共进步，从小喇叭到融媒体，改变的是传播手段，不变的是党性和人民性的统一。

“嗒嘀嗒，嗒嘀嗒，小朋友，小喇叭开始广播啦！”20世纪50至80年代出生的人，几乎都听过一档儿童广播节目——《小喇叭》。一提起孙敬修爷爷、曹灿叔叔以及木偶人物“小叮当”、邮递员叔叔等名字，人们的脑海中就会浮现出这些亲切可爱的形象。

新中国成立后，党中央从国家发展与民族未来出发，高度重视少年儿童工作。中央人民广播电台提出，要覆盖所有年龄段的少儿听众，开设学龄前儿童的广播节目。

节目起什么名字？要让五六岁的孩子们知道，这个广播是给他们听的。怎样才能引起他们的注意呢？电台少儿部主任郑佳想到了玩具喇叭，“这是孩子们自己的东西，都很熟悉”，既形象，叫起来也响亮。从取名开始，节目编辑组就很注意掌握儿童的年龄特征和广播“听”的特点。

1956年9月4日，《小喇叭》节目诞生。为使编出的稿子“浅”和“活”，编辑们经常去幼儿园蹲点。成稿后要先面对面念给孩子们听，有时念到某一句自己就觉得念不出口了，因为“这么说肯定不是他们能接受的语言”，必须再改。念完后，还要请孩子复述，如果能复述出来说明稿件儿童语言运用得好，复述不出来就说明稿件还不成熟。节目播出时，编辑们要和孩子们一起收听，通过观察他们的反应，有针对性地改进。

无论是内容、形式、语言、音乐，编辑组都从孩子的角度出发，想

“小喇叭开始广播啦!”1956年诞生的儿童广播节目《小喇叭》，吸引了无数孩子入迷地守候在收音机旁，收听专门为他们组织的节目。这是北京第二实验小学幼儿园的小朋友们听节目的场景。（新华社记者　杜海振　杨展华　摄影报道）

今年是“5G元年”，5G技术构建的“数字高速公路”，将催生一批新的媒介形态，给有线电视网络通信化改造、超高清内容的生产与制作、VR／AR／MR等制作带来机遇，将对媒体融合发展带来“超乎想象”的变化。这是2019年8月25日，一名小朋友在2019智博会主会场重庆国际博览中心参观。（新华社记者　王全超　摄）

的是把最健康、最有趣、最容易接受的节目奉献给孩子和家长。

1962年毕业于北京大学中文系的林阿绵，被分配到《小喇叭》编辑组。本以为高才生编幼儿广播稿很“屈才”，谁知实际情况大大出乎他的预料：一个月下来，尽管费了不少力气，却未能编出一篇像样的稿件。

第二个月，林阿绵被“赶”到东华门幼儿园，每天跟孩子们一起上课、做游戏、聊天。“这一个月胜读十年书，使我对幼儿的心理、生理特征有了了解，对如何给他们讲故事也有了体会。”

《小喇叭》的语言风格伴随了这些编辑大半生，甚至连打报告都会写“我想要个桌子”这种孩子话。

节目最火的时候，每天广播时间一到，家家户户都会传出“嗒嘀嗒，嗒嘀嗒”的声音，千千万万的小朋友坐在收音机旁听《小喇叭》讲故事。

站在人民群众中做宣传，是我们党的优良传统。新中国成立初期，我国80%以上的人口是文盲，很多人不识字、看不懂报刊和书籍。在这种情况下，收音机和村口或街道电线杆上的广播喇叭，是大部分人最重要的信息来源。在社会主义革命和建设时期，我们党发挥小喇叭、大喇叭的作用，把广大群众团结起来。

改革开放后，电视机飞入“寻常百姓家”，人们逐渐从听广播转为看电视。大众媒体和传统文化结合，中央电视台春节联欢晚会应运而生。

600平方米的演播室、5台摄像机、60多位演职人员、200名现场观众——简陋的条件下，1983年首届央视春晚开创了一个时代。设立主持人、现场直播、让观众参与点播互动，都是这一年开始的。“足球赛不看直播，看录播有意思吗？要让中国所有观众跟我们一起过春节的时候，有一个身临其境的感觉。”总导演黄一鹤大胆提出直播方案，春晚从此成为中国人的除夕大联欢。

小品这种崭新的表演形式，也伴随着春晚走近群众。从1983年将哑剧《吃鸡》搬上舞台，到陈佩斯和朱时茂表演的《吃面条》《拍电影》《羊肉串》，小品成为春晚最受欢迎的节目类型。

“组长、科长、处长同花一条顺，科长、处长、局长三色一条龙”“秘书管董事长”“小报记者管著名演员”，除夕夜的一趟列车上，采购员偶遇当记者的老同学，为了打发时间，用手里的名片打了一场特殊的“争上游”。

这是1994年春晚小品《打扑克》的经典一幕，它改编自小小说《新式扑克游戏》，却远比原作接地气。曾连续7年参与春晚创作的小品作家焦乃积等在改编创作时，将原作中的两个记者，改成了采购员和记者，这样一来，两人手中名片的种类更丰富；又将简单的比职务高低，改为各行各业充满戏剧效果的对比，从而把各种“潜规则”和不正之风生动展现出来。

“小小一把牌，社会大舞台”，名片牌打出社会的种种怪现象，引来观众开怀大笑，更发人深思。这一作品获得当年春晚最受欢迎节目评选一等奖。

小品不小。春晚的相声小品就像一个符号，以喜闻乐见的形式、观照现实的内容、不回避问题的姿态，承载起人民群众在社会变迁中的情感诉求。“和观众站在一起，让观众感受到春晚是他们自己的晚会，观众才能喜爱。”黄一鹤这样总结春晚成功的原因。

媒体发展日新月异，伴随互联网的普及、媒体融合的深入，信息无处不在、无所不及、无人不用，舆论生态、媒体格局、传播方式发生深刻变化。

2019年春节，一则被称为“神仙爱情故事”的新闻火了。

新闻名为《相约在零点37分》，记录了陕西榆林两位铁路工作者的真实故事。郝康是铁路司机，雷杰是列车乘务员，两人值乘的列车不同，春节期间都要坚守岗位，无法相聚。按照列车时刻表，雷杰值乘的列车会在零点37分驶入郝康工作的榆林站，在站台停留8分钟。他们就相约将这8分钟作为2019年的“团圆时间”。然而，由于列车安排临时有变，当准备利用这8分钟时间当面求婚的郝康在站台找到雷杰时，留给他们的时间只剩1分52秒。

1分52秒，郝康匆忙把求婚戒指和食盒塞给雷杰，却没来得及说出那句“嫁给我”。列车启动，他在站台上冲着车上的她挥手，久久未动；她在车厢里看着他给自己的戒指，低头抹泪。

平淡的言语、真实的场景，戳中了许多人的泪点，微博话题“1分52秒神仙爱情故事”登上热搜榜第一，两天内阅读量达到2亿。节目以15秒短视频、竖屏视频、H5的形式在央视新闻客户端、抖音等新媒体平台发布后迅速扩散，网友点赞不断：“这就是爱情的模样”“向坚守岗位的劳动者致敬”“真正有温度的新闻”。

媒体发展日新月异，伴随互联网的普及、媒体融合的深入，信息无处不在、无所不及、无人不用，舆论生态、媒体格局、传播方式发生深刻变化。

新时代，最感人至深的故事，仍然是人民群众自己的故事。借助新媒体平台，这样的故事传播得更加广泛深入。

网络已经成为人们生产生活的新空间，也应该成为我们党凝聚共识的新空间。截至2019年6月，中国网民规模8.54亿，手机网民占比达99.1%。从人民网、新华网到微信、抖音，读者在哪里，受众在哪里，宣传报道的触角就伸向哪里，宣传思想工作的着力点和落脚点就放在哪里。2019年1月25日，中共中央政治局第十二次集体学习，习近平总书记就推动媒体融合发展作出深刻阐述，强调要运用信息革命成果，推动媒体融合向纵深发展，做大做强主流舆论，巩固全党全国人民团结奋斗的共同思想基础，为实现“两个一百年”奋斗目标、实现中华民族伟大复兴的中国梦提供强大精神力量和舆论支持。

与党和人民同呼吸、与时代共进步，从小喇叭到融媒体，改变的是传播手段，不变的是党性和人民性的统一。70年来，我们党始终坚持以人民为中心的根本立场，牢牢占据舆论引导、思想引领、文化传承、服务人民的传播制高点，以党心连民心，构筑时代同心圆，凝聚起团结奋进的磅礴力量。

“嗒嘀嗒，小喇叭广播开始啦！”“春天姐姐”正在给小朋友们讲彩虹帽的故事，这次，可以用收音机，也可以用手机或是车载智能终端听了。

从穷棒子精神到脱贫攻坚

曹俊明

中国是世界上减贫人口最多的国家，也是世界上率先完成联合国千年发展目标的国家，对全球减贫的贡献率超过70%，为全球减贫事业作出了重大贡献。

1950年冬天开始，土地改革在全国展开，封建土地所有制被彻底废除，“耕者有其田”变成现实。1951年12月，党中央公布《关于农业生产互助合作的决议（草案）》，土改完成地区的农民纷纷搞起了农业生产互助合作。

1952年10月26日晚，河北省遵化县建明镇西铺村，王国藩、杜奎、王生等21户43人，在王荣家里成立初级农业生产合作社，有着十几年党龄的王国藩被推选为主任。

经过清点，合作社财产只有230亩土地和“三条驴腿”。“三条驴腿”，是因为土改时分给西铺的一头驴，入社农户占3/4股份，只能社里用三天，社外还得用一天。一些富裕户说：“看他们除去要饭的罐子就是打狗的棍子，还有什么？这样的‘穷棒子社’早晚也得穷散了！”王国藩说：“他们说我们‘穷棒子’，但我们人穷志不穷，只要有志气什么困难都不怕。”

合作社成立后的第一个冬天，杜奎带领壮劳力到三十里外的山上打柴。寒冬腊月，大雪纷飞，吃稀粥白薯，穿破烂棉衣，住透风草棚，十几个人合盖四条小被，苦干20多天，打回4万多斤柴，卖了430多元钱。大家用这些钱买了一辆大车、一头牛、一头骡子、19只羊和部分小农具。

第二年春播，“穷棒子”社员们你追我赶，互相竞赛，牲畜不够就用人拉犁。这一年，“穷棒子社”赢得第一个丰收。1955年，西铺向国家交售余粮5455斤，棉花1943斤，花生131553斤，不但让自己丰衣足食，还开始为国家作贡献。

“穷棒子社”成为农业战线上的先进典型和农业合作化运动中的一面旗帜，塑造了“不甘落后，团结互助，自力更生，艰苦奋斗，勤俭办事”的“穷棒子精神”。

1957年2月，在全国农业劳动模范代表大会闭幕式上，毛泽东把一面奖旗送到王国藩手中，说：“你是劳模，是建设共和国的功臣！这是表彰你们在全国起了率先作用。”

随着社会主义制度、独立的比较完整的工业体系和国民经济体系、农村社会保障和教育卫生体系逐步建立，人民群众生活水平有了提高。但很长一段时期，中国农村仍然普遍贫困。1978年，我国人均GDP只有156美元，贫困人口7.7亿人，贫困发生率高达97.5%。

贫穷不是社会主义，建设“小康之家”“小康社会”，必须消灭贫穷。改革开放后，国家启动大规模减贫计划，扶贫开发持续进行。

> **贫穷不是社会主义，建设“小康之家”“小康社会”，必须消灭贫穷。改革开放后，国家启动大规模减贫计划，扶贫开发持续进行。**

1988年，曾进藏工作3年的孔繁森已任聊城地区行署副专员，山东省委让他带队再次进藏。1992年底，孔繁森第二次调藏工作期满，自治区党委决定任命他为阿里地委书记，他毫不犹豫服从安排。阿里地广人稀，是西藏最艰苦的地方，被称为“世界屋脊的屋脊”。

孔繁森看到阿里贫穷落后的状况，也看到了丰富的畜产品和矿产品资源优势。他说：“随着社会主义市场经济体制的建立，我国的经济必将进入一个新的快速发展时期，对原材料的需求将进一步增长。这对有着丰富资源的阿里来说，无疑是一个极好的发展契机。我们一定要抓住这个有利时机，加快阿里经济发展的步伐。”

不到两年，孔繁森就把阿里106个乡跑了98个，行程8万多公里。思路渐渐清晰起来，阿里发展要靠畜产品、矿产品、旅游、边贸、政策与人口少六大优势。

在孔繁森等地委、行署党员干部带领下，阿里经济快速发展。1994年，阿里国民生产总值超过1.8亿元，国民收入超过1.1亿元。2000千瓦的朗久地热电厂重新发电，年产值上亿元的山羊绒梳绒厂、鱼骨粉加工厂、硼矿脱水厂、水泥厂等相继投产。

就在孔繁森准备为阿里发展再挖潜力之际，令人痛惜的意外发生了。1994年11月29日，孔繁森在完成外出考察任务返回阿里途中，不幸发生车祸，以身殉职，年仅50岁。

葬礼上悬挂的挽联写着：“一尘不染，两袖清风，视名利安危淡似狮泉河水；二离桑梓，独恋雪域，置民族团结重如冈底斯山。”在料理后事时，人们看到孔繁森留

1960年，全国农业劳动模范王国藩带领河北遵化县建明人民公社社员，积极做好春耕播种的准备工作。这是社员们在地里卸肥料。(新华社记者　王旭东　摄)

西藏阿里地区日土县日松乡甲岗村海拔4400余米，有197户，是阿里地区实施边境小康示范村建设项目的典型村。当地群众在享受政策性补贴的同时，用勤劳的双手增收致富。图为2018年9月17日，甲岗村村民走在村里的路上。(新华社记者　刘东君　摄)

下的两件遗物：仅有的8元6角钱，以及他去世前4天写的关于发展阿里经济的12条建议。

孔繁森献身边疆、带领少数民族脱贫致富的精神，感动、鼓舞着许许多多党员干部，在各自岗位上团结带领群众干事创业，积极进取。几十年来，中国经济社会发展日新月异，中国人民精神面貌焕然一新，离不开这些党员干部的艰苦奋斗、无私奉献。他们始终不忘中国共产党人的初心使命，是党和国家事业发展的中流砥柱。

位于河西走廊东端的甘肃省古浪县，名字来自藏语“古尔浪洼”，意思是“黄羊出没的地方”，属于国家集中连片特困地区中的六盘山区，是深度贫困县。

2011年，古浪县提出走高深山区贫困群众易地搬迁脱贫致富和祁连山生态环境保护双赢的扶贫开发新路，成立了生态移民暨扶贫开发黄花滩项目区移民工作站，抽调相关部门和12个移民乡镇60多名干部驻点工作。

2012年10月，生活在古浪县南部山区的冯政一家，从横梁乡横梁村搬迁到西靖镇感恩新村，这是古浪县统一规划、最早完工的生态移民点。全村918户4416人，来自南部山区11个乡镇，每家有一个正院和侧院，政府给予每户搬迁农户4万元建房补贴。

冯政一家住上了砖瓦房，吃上了自来水，开始谋划起新生活。2013年7月，他们抓住政府扶持设施农牧业发展的政策机遇，自己花1万多元，政府补贴约2万元，修建三栋养殖暖棚，开始养殖土鸡，第三年开始见到收益。2018年，冯政家的土鸡场出栏1万只鸡，挣了4万元。

“现在的好生活都是党的政策好。”冯政的妻子次仁德吉说：“下一步，我们打算进一步扩大养殖规模，争取过上更好的日子。”

现在，古浪县12个移民点和绿洲生态移民小镇相继落成，共搬迁移民1.54万户6.24万人。通过发展牛羊养殖和蔬菜种植等产业，移民逐步摆脱贫困。今年将减贫1.81万人以上，全县达到整体脱贫摘帽标准。

新中国成立70年的历史，就是一部中国共产党带领全国各族人民艰苦奋斗、自力更生、脱贫致富奔小康的历史。经过长期持续努力，成功走出了一条中国特色扶贫开发道路，使7亿多贫困人口成功脱贫，为全面建成小康社会打下了坚实基础。

中国是世界上减贫人口最多的国家，也是世界上率先完成联合国千年发展目标的国家，对全球减贫的贡献率超过70%，为全球减贫事业作出重大贡献。这个成就，足以载入人类社会发展史册，也足以向世界证明中国共产党领导和中国特色社会主义制度的优越性。

习近平总书记在党的十九大报告中指出，坚决打赢脱贫攻坚战，确保到2020年我国现行标准下农村贫困人口实现脱贫，贫困县全部摘帽，解决区域性整体贫困，做到脱真贫、真脱贫，让贫困人口和贫困地区同全国一道进入全面小康社会。这是中国共产党向全中国人民、全世界人民作出的庄严承诺，如期实现这一目标，将在中华民族几千年历史发展中首次整体消除绝对贫困。

决战“最后一公里”，到2020年彻底消除贫困，相当于平均每分钟脱贫25人，这是一场分秒必争的攻坚战。胜利就在眼前，号令如山：一鼓作气、尽锐出战，不获全胜、决不收兵！

从赤脚医生到健康中国

张 琰

面对近十四亿人口的基本国情，面对人民群众对更高水平医疗卫生服务的更为迫切的需求，统筹解决好人民群众最关心最现实最直接的健康问题，健康中国建设任重道远。

1896年10月17日，英文报纸《字林西报》发表一篇题为《中国实情》的文章。文中说，“夫中国——东方病夫也，其麻木不仁久矣”。

鸦片战争后中国昏睡百年，国民“其心渐弛，其气渐柔，其骨渐软，其力渐弱”，体质羸弱，精神低下，心理屈辱，被讥讽为“东亚病夫”。

新中国成立后，中国人民翻身做了主人，摘掉“病夫”帽子既是民族期盼，也是现实需要。当时全国人口超过5.4亿，人均预期寿命只有35岁左右。卫生机构和卫生设施少之又少，天花、鼠疫、血吸虫病等地方病、传染病严重威胁着人民特别是广大农民的健康。

“应该把医疗卫生工作的重点放到农村去!”“培养一大批‘农村也养得起’的医生，由他们来为农民看病服务。”1965年6月26日，毛泽东对时任卫生部部长钱信忠说。

这个讲话，就是新中国医疗卫生史上著名的“六二六指示”，核心是把医疗卫生事业的重点放到农村去。

医务工作者热烈响应，迅速组织了医疗队，去农村、林区、牧区进行巡回医疗。巡回医疗队每到一处，就要举办培训班，培养了大批半农半医的赤脚医生。

上海川沙县江镇公社的培训班开课比较早，公社从21个生产大队挑选了28个人参加培训。1965年12月，21岁的王桂珍走进了培训班的大门。

王桂珍是1975年上映的电影《春苗》中田春苗的原型。她没进过中学的门，简单的化学符号都搞不懂。面对这些文化水平不高的学生，老师把书上讲的知识和病人的症状结合起来，理论联系实际，开展案例教学。比如大队里气管炎病人比较多，老师就把听诊器放在病人身上教学生们听诊，这种声音叫湿啰音，那种声音叫干啰音，学生们既听得懂也记得牢。

经过培训，学员们初步掌握了一些多发病、传染病的基本知识，可以治疗常见病，能为产妇接生。1966年3月，王桂珍等28名学员结业了，他们回到各自的生产大队，一边劳动，一边给人看病。

刚开始老百姓也有疑虑，做一个医生要学好几年，这个黄毛丫头只学4个月能看病吗？有个病人牙齿痛，王桂珍要给他针灸，先给自己扎，病人也就不怕了。“我给他把针扎下去，他说真好，不痛了。病人的宣传比我们自己宣传更有力。”

“一根银针、一把草药”，两脚泥巴，看病就在田间地头，这是赤脚医生的典型画像。为了降低医疗成本，赤脚医生普遍使用了中草药和针灸这类诊疗技术。王桂珍他们在村边一块坡地上种了一百多种中草药，村里还专门建了土药房。

后来，上海《文汇报》报道了王桂珍的事。毛泽东看后批示了七个字：“赤脚医生就是好。”此后，全国赤脚医生逐步发展到100多万人。

赤脚医生制度，是基于当时仍然落后的社会条件和农村实际做出的选择：通过一支广覆盖的医疗卫生队伍，医治处理农村的常见病、多发病，满足广大农民的初级医护需要。

“赤脚医生制度，是基于当时仍然落后的社会条件和农村实际做出的选择：通过一支广覆盖的医疗卫生队伍，医治处理农村的常见病、多发病，满足广大农民的初级医护需要。”

十一届三中全会后，经济体制改革从农村起步。旧有的农村合作医疗失去集体经济支撑，赤脚医生逐渐淡出舞台。1985年，卫生部决定停止使用赤脚医生的名称，规定所有农村卫生人员凡经过考试、考核已经达到医生水平的，成为乡村医生。

随着人民生活水平不断提高，对健康和医疗保障的需求日益增加，医疗资源和经费出现严重短缺局面。中国医疗卫生事业亟须突围，走出一条新的全民健康之路，让人民群众看得上病、看得好病。

2003年，我国开始试点新型农村合作医疗制度。这一政府组织、引导、支持，农民自愿参加，个人、集体和政府多方筹资，以大病统筹为主的农民医疗互助共济制度，让农民拥有了基本的医疗保障。再加上城镇居民医保和职工医保，我国初步建立起覆盖全民的医疗保障体系。

没有全民健康，就没有全面小康。党的十八大以来，党中央对健康中国的勾勒和谋划，首要关注的是人民的健康。在这一大背景下，新型农村合作医疗制度逐步

四川医学院钩端螺旋体病防治研究室的教师和医务人员，长期坚持钩体病防治研究工作，取得显著成效。这是1977年10月，从事钩体病研究20多年的该室主任戴保民，在给峨眉县胜利公社胜利大队的赤脚医生讲解钩体病的防治。（新华社记者　金勖琪　摄）

从2009年起，每年8月8日是“全民健身日”。这一天，各地举行丰富多彩的健身活动，推广科学健身理念，倡导文明健康生活方式。图为2017年8月8日，瑜伽爱好者在河北石家庄新乐市一家瑜伽馆内练习。（贾敏杰　摄）

升级。为了不让农民“因病致贫、因病返贫”，各级财政提高了对新农合的人均补助标准。

2014年，家住河南农村的王兴梅患上了一种疑难病。用尽家里的积蓄，前前后后花了30多万元，到2014年11月，王兴梅报销的医药费已超过新农合20万元的封顶线，这让她一度产生放弃治疗的想法。

2015年1月1日，河南省全面实施城乡居民大病保险。像王兴梅这样的大病患者，医药费在基本医保报销后，自付部分超过了1.5万元，就可以二次报销，最高30万元。王兴梅能够继续治病了。

2015年8月，国务院《关于全面实施城乡居民大病保险的意见》印发，要求在2016年实现大病保险全覆盖，让更多大病患者减轻负担。2016年12月印发并实施的《“十三五”卫生与健康规划》提出，到2020年，覆盖城乡居民的基本医疗卫生制度基本建立，实现人人享有基本医疗卫生服务。

完善医保制度的同时，以基层为重点，医疗卫生资源不断下沉到农村和城市社区。老百姓看病“挂号起五更，排队一条龙”“等待两小时，看病两分钟”“千金难买一床位”等困难逐步缓解。

云阳是重庆市一个远郊县。现在，县人民医院药房里，药剂师轻轻一点鼠标，系统便可以自动调配药品，一条机械臂把药品放入设定好的药品槽，通过轨道传输系统传递到药剂师手边。“过去是人排长队等发药，现在是药排着队等人。”患者钱斌这样形容变化。

在这家县级医院，化学检验、免疫检验、临床血液检验全部实现全自动流水线作业，抽血更少，检测更准，速度更快。引入数字化血管造影机，新开展微创介入治疗，大幅减少手术时间，减轻患者病痛。看病挂号缴费用手机即可完成，预约挂号精确到分钟。“今年每天接诊病人近2000人，比去年同期增加近一倍，好多以前到大城市看病的人都回来了。”院长张建才说。

在国家持续投入下，各地县级医院医疗水平不断提升，就医环境明显改善。2018年全国84%的县级医院达到二级医院水平，全国县域内就诊率达到85%。

实践证明，无论社会发展到什么程度，都要毫不动摇地把公益性写在医疗卫生事业的旗帜上，不能走全盘市场化、商业化的路子。从“提高人民健康水平”写入十八大报告，十八届五中全会提出“推进健康中国建设”，到十九大报告对“实施健康中国战略”作出全面部署，以习近平同志为核心的党中央牢牢把握人民群众对美好生活的向往，将人民健康摆到优先发展的战略地位，建设健康中国的指导思想、顶层设计和实施路径一步步深化、系统化、具体化。

人民健康是民族昌盛和国家富强的重要标志。新中国七十年，居民人均预期寿命从35岁提高到77岁，孕产妇死亡率从1500／10万下降到18.3／10万，婴儿死亡率从200‰下降到6.1‰。这3个国际通行的居民健康衡量指标的巨大变化，见证了一个发展中人口大国卫生与健康事业的不平凡历程。今天，面对近十四亿人口的基本国情，面对人民群众对更高水平医疗卫生服务的更为迫切的需求，统筹解决好人民群众最关心最现实最直接的健康问题，健康中国建设任重道远。

曾被称为“东亚病夫”的中国人，将在更好的制度设计和公共服务中享有全方位全周期的健康保障。

从扫除文盲到教育强国

易 舜

建设教育强国是中华民族伟大复兴的基础工程，必须把教育事业放在优先位置，深化教育改革，加快教育现代化，办好人民满意的教育。

“扫盲识字班，今天开学了，上学的男和女，早早就来到，学文化、学政治，专心听课，天下的大事情，我们能知道……”这是1950年代流传在山西晋城的扫盲识字歌。

新中国成立之初，基础教育薄弱，适龄儿童小学入学率不到20%，初中入学率仅为6%，接受高等教育的在校人数只有11.7万人。80%以上的人口是文盲，农村的文盲率高达95%以上，有的地方甚至十里八村都找不出一个识字的人。扫除文盲成为十分迫切的任务。

1949年12月，第一次全国教育工作会议召开，确定了逐步改革旧教育的方针步骤和发展新教育的方向，提出教育要为国家建设服务，普及与提高结合，在相当长的时期内以普及为主。1950年，毛泽东在《人民教育》创刊号上题词：“恢复和发展人民教育是当前重要任务之一”。

1951年10月，中央军委为提高军队的素质和战斗力，在全军进行文化大练兵。毕业于中原军政大学的祁建华，当时是第二野战军某军文化干事，曾参加过淮海战役和渡江战役。在向大西南行军作战途中，他开始研究速成识字的教学方法。

这次文化大练兵，祁建华准备下功夫教战友识字。他以汉语注音符号为“拐棍”，制定了一套速成识字方案。起初，他向战友们说每天要教40个字，大家觉得太多了，可用了祁建华的识字法后，都进步明显。一个文盲在一个星期的时间里，学会1000多个常用汉字，并且能读报。这个识字教学方案被称为“祁建华速成识字法”。

12月，总政治部通告全军广泛推行“速成识字法”。西南军区政治部决定给祁建华记特等功一次，并授予“模范文化教员”称号。

1952年5月，教育部下发通知，要求各地开展“速成识字法”的教学实验工作。11月，中央扫除文盲工作委员会成立，一场全国范围内的扫盲运动开始了。

1954年，山东省莒南县高家柳沟村团支部办起了“记工学习班”。高家柳沟村有300多户人家，全村只有9个人识字，团支部选了7个识字青年当记账员，但他们识字不多，经常把账记成“糊涂账”。团支部办起识字班，请四位高小毕业生教大家，首先从社员的名字、各种农活与农具词汇教起。

“做什么，学什么”，白天下地干活忙，晚上集中起来学习。毛泽东称赞这是一个“创造性的工作”，“看了这种情况，令人十分高兴”。

经过三次大规模的扫盲运动，到20世纪50年代末，全国已有近3000万人脱盲。这期间，中国的教育体系逐步建立发展起来，人民群众精神面貌得到很大改变，为大规模展开社会主义建设提供了人才储备。

与改革开放一起到来的，是中国人思想的“破冰”。1977年5月，邓小平关于“尊重知识，尊重人才”的讲话，重新点燃广大科学和教育工作者的希望，中国教育事业发展迎来新契机。

1978年3月，全国科学大会在北京举行，邓小平在开幕式上说，“四个现代化，关键是科学技术的现代化”“科学技术人才的培养，基础在教育”。

1980年，江西省宜春市奉新县澡下镇，19岁的支月英得知奉新山区缺乏师资，不顾家人反对，来到泥洋村教书。交通不便，她经常徒步十多公里，将课本、教具背回村。学生多是留守儿童，“支老师”因此也成了“支妈妈”，早上要负责叫醒学生，晚上还要抽出时间辅导功课。

1985年5月，党中央发布关于教育体制改革的决定，提出有步骤地实行九年义务教育，“教育要面向现代化、面向世界、面向未来”。1986年《中华人民共和国义务教育法》颁布，中小学教育经费增加，办学条件得到改善。至2008年秋，全面免除义务教育学杂费。

30多年过去了，组织上考虑支月英常年在山区教书，身体不好，要调她下山到中心小学教书。可比泥洋村更加偏远的白洋村村民联名上书请她来村里教书，支月英便继续扎根大山。在奉新山区，支月英教育了整整两代人。

2011年，中国向世界宣告，全面完成普及九年义务教育和扫除青壮年文盲的战略任务，中华民族

党的十八大以来，中国共产党始终把教育事业放在国家发展大局中优先发展的战略地位，推进深化改革，不断加大投入，教育规模逐年扩大，中国教育的总体水平迈进世界中上行列，成为世界教育大国，为中国经济社会发展提供了人才资源和创新创造活力。

1955年，辽宁省复县沙坨村的扫盲班在地里通过实物进行扫盲教学。

2017年11月13日，北京市第五中学分校和国子监中学举办以“传承、创新、体验、成长”为主题的科学嘉年华活动，学生们参与了造云工程师、钻木取火、水发火箭、建筑模型搭建、变脸机器人等20多个项目，在快乐中体验科学的魅力。图为当日，学生们进行“造云工程师”科学实验。（周良　摄）

千百年来“学有所教”“有教无类”的教育理想成为现实。

党的十八大以来，中国共产党始终把教育事业放在国家发展大局中优先发展的战略地位，推进深化改革，不断加大投入，教育规模逐年扩大，中国教育的总体水平迈进世界中上行列，成为世界教育大国，为中国经济社会发展提供了人才资源和创新创造活力。

高等教育是中国教育的战略制高点。中国有独特的历史、独特的文化、独特的国情，决定了必须走自己的高等教育发展道路，扎实办好中国特色社会主义高校。

清华大学计算机科学与技术系（简称为计算机系），始于20世纪50年代创办的自动控制系，当时定向为国家的核工业和航天工业培养人才。改革开放之初，清华大学计算机系选派了一批年轻学者出国进修，了解学科前沿动向。经过几十年发展，成为计算机学科领域教学、科研综合实力强，影响力大的机构。

几年前，清华大学组织对计算机学科开展首次国际评估。以图灵奖获得者约翰·霍普克洛夫特教授任主席的国际评估专家委员会认为，“清华大学的计算机科学与技术学科已经崛起成为世界级的计算机科学研究与教学机构之一”。

在清华大学计算机系，有一支本科生完全根据兴趣组成的超算团队。几年前，超算团队已首次实现了世界三大国际大学生超算竞赛的冠军“大满贯”。2018年，计算机系大三学生于纪平作为队长，带领“95后”小伙伴们参赛。他们不但要自行组装机器，还要在48小时内自行搭建计算机集群系统，并进行6个应用程序的性能比拼。良好的理论功底、极强的动手能力，使团队又一次实现了“大满贯”。

这一年，也是清华大学计算机学科成立60周年，US News世界大学学科排名中，清华大学计算机学科历史性地获得了第一。

目前，中国高等教育在学总规模占世界高等教育总规模的1/5，位居世界第一，正向普及化阶段快速迈进。

在中国共产党的坚强领导下，中国彻底改变了教育底子薄、整体落后的状况，建立了完整的现代教育体系，中国教育面貌焕然一新。2018年，小学学龄儿童净入学率达到99.95%，学前教育毛入园率81.7%，高中阶段毛入学率88.8%，高等教育毛入学率48.1%，各级教育普及程度均达到或超过中高收入国家平均水平；中国劳动年龄人口平均受教育年限达到10.6年，新增劳动力中接受高等教育的比例超过48%，平均受教育年限达到13.6年以上，高于世界平均水平。亿万人民通过受教育实现了完善自身、改变命运、创造美好生活的愿望。

教育是“国之大计、党之大计”，是民族振兴、社会进步的重要基石，功在当代、利在千秋。党的十九大报告提出，建设教育强国是中华民族伟大复兴的基础工程，必须把教育事业放在优先位置，深化教育改革，加快教育现代化，办好人民满意的教育。

70年来，教育改变了中国的面貌，改变了中国人民的面貌，决定了中国的今天。新时代赋予中国教育事业前所未有的重任，建设社会主义现代化强国，仍需要源源不断的智力资源和人才支撑，教育也决定着中国的明天。

从凭票排队到移动支付

吴 晶

从1952年社会消费品零售总额277亿元到2018年的38万亿元，消费巨变背后，是产权有效激励、要素自由流动、价格反应灵活、竞争公平有序、企业优胜劣汰的不断完善的社会主义市场经济体制。

北京王府井百货大楼门前，有一座青铜色雕塑，塑造的是在百货大楼工作30多年的售货员张秉贵。20世纪五六十年代，他用热情周到的服务和过硬的本领，创下了百货大楼销售糖果的最快速度，将接待一个顾客的时间从三四分钟减为一分钟。

从一分钟接待一个顾客的纪录，到2018年11月11日天猫商城创下每秒49.1万笔订单新纪录，从凭票排队的等待到移动支付的“秒抢”，老百姓消费支付的变化，从一个侧面书写了让世界惊叹的“中国速度”。

计划经济时代，买东西除了钱还需要购物票，排队是很常见的景象。王府井百货大楼9点开门，8点半门口就排出几十米的队伍。有的顾客从旁边的北京火车站直接赶过来，肩上还扛着行李。大家紧攥着现金和花花绿绿的各种票证，以最快速度冲向柜台购买心仪商品。

当时的糖果柜台有近50平方米，柜台前永远都排着长队，呈扇形一圈一圈围着柜台。为减少顾客排队等待的时间，张秉贵苦练“称重一抓准、算账一口清”技艺，顾客要买多重的糖果，他一把抓下去，重量丝毫不差。哪怕顾客要买几种甚至十几种不同重量的糖果，他也能一边称糖一边心算。经常是顾客的话音刚落，他就同步算出价格。张秉贵的忙碌和顾客排队购物的焦急，成为一个时代的典型画面。

买东西的“慢”反映了商品的匮乏。伴随着改革开放，中国经济活力释放，物资日益丰富，商品市场日趋活跃，购物体验和支付方式迅速向“快”转变。

1996年，美国沃尔玛进入中国，在深圳开设了两家仓储式卖场。当时深圳大型超市很少见，基本都是便利店或小商铺，人们消费主要依赖现金。除了进货售货，这些商铺必不可少的一项“任务”就是去银行兑换成卷的硬币用于找零。

可以用现金，也可以刷银行卡或者用支票结账。除了全新的自选式购物体验，沃尔玛给顾客带来多样的支付选择。

刚开始老百姓还是习惯使用现金。开业当天，卖场里挤满了人，收银台前都排着长长的现金结账队伍。当时还没有点钞机，收银员都要求掌握快速点钞的技能。后来，沃尔玛上线银行卡支付系统，开设刷卡专用通道，与现金通道相比，结账速度明显加快，排队等候时间大幅缩短。越来越多的顾客开始选择刷卡支付。

沃尔玛中国资金管理及零售金融服务副总裁顾佳琪回忆起当年的情景，直言有两个没想到，一是深圳老百姓旺盛的消费能力，二是使用刷卡消费的顾客增长速度之快。

支付方式从单一现金向现金刷卡并行转变，是商品日益丰富和购买力不断增强共同作用的结果。互联网和信息技术的推动，则使中国在全球率先开始从“线下”到“线上”的跨越。

2003年10月18日，西安工业学院学生焦振中在淘宝网拍下一台标价700多元的二手富士相机。相机的主人崔卫平当时在日本横滨留学。横亘在陌生人之间的障碍除了地理距离，还有信任。买家不愿先付款，卖家也不愿先发货。

支付信任问题，困扰着新成立的淘宝网团队，他们决定尝试“担保交易”：买家拍下物品后先把货款打给淘宝网，淘宝网作为中间人暂时保管，然后通知卖家发货，买家收货确认后，淘宝网再打钱给卖家。

焦振中通过“担保交易”下了单。“有一个业务过来了，让我们确认。”在杭州，一名淘宝财务跑进担保交易小组办公室，通报这一喜讯。然而，没过两分钟，财务又跑过来说，“买家又不想买了，说要退款。”工作人员连忙给焦振中打电话，报出自己的真实姓名、工号和手机号，向他承诺：“如果出了问题，我用工资赔你”。焦振中最终打消了退款想法，淘宝的第一笔担保交易做成了。

担保交易迅速普及，到2004年初，淘宝70%的商品支持担保交易，进而催生出支付宝。中国人对于新技术、新方式的快速接受，使消费创新层出不穷。

进入新时代，中国经济发展持续向前。移动互联网迅速普及，社会信用体系不断健全，推动支付方式走向新的变革，既提升速度、更拓展广度深度。

对于互联网创新，党和国家给予了政策鼓励和规范指导。2005年，央行发布《电子支付指引（第一号）》，明确促进电子支付业务健康发展。2010年，出台《非金融机构支付服务管理办法》，对第三方支付企业实行牌照制度，规范监管。

进入新时代，中国经济发展持续向前。移动

在计划经济时期，大多数商品都是凭票供应。这是那个年代，老百姓在凭票排队买鱼。

2019年1月16日，在浙江省温州市鹿城区五马商业街，购物市民通过“刷脸”完成支付。

互联网迅速普及，社会信用体系不断健全，推动支付方式走向新的变革，既提升速度、更拓展广度深度。

2019年8月，西安成为全球首个引进北斗智慧停车项目的城市。利用北斗卫星系统的精准时空定位技术，判断车辆进出车位的位置和时间，并通过车主绑定的电子支付手段自动扣费，连扫码环节都被省略，实现即停即走、无感支付。

在西安，无论商场、超市还是菜场、水果摊，扫码付款随处可见。地铁实现扫码过闸，乘客只要下载“西安地铁”APP或者在支付宝内领取“西安电子地铁卡”就能直接扫码进出站。5000多辆公交全线接通扫码乘车。在外吃饭扫一扫，手机缴纳水电燃气费、在线办理预约挂号，西安人习惯了“一部手机走天下”的生活。

支付已不仅是支付。伴随着西安“移动智慧城市”建设，现在，住房公积金服务平台上，7天24小时不打烊办理公积金缴存、支取、贷款等业务；交警在支付宝上线了10余项功能，为车主提供查询缴纳违章罚款等服务；电子社保卡、医保移动支付等业务均可用手机完成。西安还率先支持税收业务移动办理，年收入超过12万元申报的用户里，有85%通过支付宝完成。

古老的西安，正在成为一座“指尖上的城市”。

移动支付的发展，是技术的迭代升级，也是经济水平不断提升、人民消费日趋活跃的表现。2018年，移动支付用户达到5.83亿。据统计，科技创新给老百姓带来的获得感中，移动支付占比最高，约占26%。

从缓慢排队、现金付款到刷卡消费、移动“秒付”，消费支付的加速度，反映着国家经济发展的新速度。今天的中国，1小时能创造超百亿元国内生产总值，生产大约1.5亿斤粮食，新建近500米高速铁路，处理约600万件快递，往来货物贸易额超过5亿美元。从1952年社会消费品零售总额277亿元到2018年的38万亿元，消费巨变背后，是产权有效激励、要素自由流动、价格反应灵活、竞争公平有序、企业优胜劣汰的不断完善的社会主义市场经济体制。

2018年11月11日，最新一次的“双11”再次成为中国经济活力的晴雨表：天猫商城21秒消费破10亿元，2分钟破100亿元，1小时48分破千亿元；通过指纹和刷脸完成的支付占到60.3%；创下每秒订单49.1万笔新纪录；实时处理用户请求的峰值达到17.18亿条/秒，相当于在一秒内读完120万本2018年新版《新华字典》。

支付，在中国已进入光速时代。

从人均寿命35岁到77岁

兰琳宗

70年来，中国共产党致力于人民健康事业，中国经济发展水平、医疗服务水平、教育水平、生活方式等都取得巨大进步，给人民群众带来实实在在的健康福利。

近代以来，中国人民饱受战乱之苦。新中国成立之初，经济萧条，传染病、寄生虫疾病、营养不良疾病肆虐，没有全国性的预防计划和体系，全国人口平均预期寿命只有35岁。

为尽快改善卫生状况，控制疫病流行，中国共产党把“卫生工作与群众运动相结合”定为方针之一。从1950年起，全国相继开展春季防疫运动、爱国卫生运动。

1952年9月27日，《人民日报》一篇题为《打开“协和”窗户看祖国》的文章写道：“我觉悟到共产党与人民政府是为人民服务的，以人民利益作为衡量的标准。就是这个真理感动了我，唤醒了我。”

这篇文章的作者是被誉为“万婴之母”的中国现代妇产科学的主要奠基者和开拓者、北京协和医院妇产科主任林巧稚。她经常带领医务人员深入农村、城镇考察妇女和儿童疾病。当时，孕产妇死亡率高达1500/10万，婴儿死亡率高达200‰。为降低中国婴儿死亡率，防治妇女宫颈癌，她撰写了妇幼卫生科普通俗读物《家庭卫生顾问》等。

接生改革，是党和政府重点推进的一项工作。卫生部把“改造旧式接产，推广新法接生”，作为全国妇幼工作首要任务。各地一方面改造旧产婆，一方面大量培训新法接生员。

杨安秀是陕西南郑村村民，对自己产育时遭受的痛苦刻骨铭心。1954年，当地政府选拔人员参加接生培训，她报名参加，决心要让其他人生孩子容易些。

杨安秀学习了如何接生、如何消毒，也学会了处理一些难产情况。回到村里第二天，她就成功接生了一个婴儿。此后几年，她每年接生100多个婴儿，新生儿很少得破伤风，产妇也没得产后疾病。

1956年，全国卫生机构总数增加到10.7万多个，卫生防疫站1464个，妇幼保健所站4564个。1957年，婴儿死亡率已下降至70.39‰，中国人均预期寿命达到57岁。

1959年，林巧稚在《新中国妇产科的成就》里写道，“全国各地相继建立了妇幼保健站网，训练接生员和改造旧产婆774983人”，“产妇和婴儿的死亡率已显著降低”。

传染病肆虐数千年，是对人类危害最大的疾病。改善人口健康状况，必须控制传染性疾病，主要手段是预防，接种疫苗是最有效、最经济的措施。

20世纪50年代，俗称小儿麻痹症的脊髓灰质炎，在中国流行。1955年，在江苏南通大规模暴发，随后迅速蔓延，全国多处暴发疫情。

病毒学家顾方舟临危受命，开始进行脊髓灰质炎研究。他先是成功分离出脊髓灰质炎病毒，后又到苏联考察脊灰疫苗生产工艺，取回活疫苗，做有效性和安全性研究。

昆明玉案山花红洞，距离市区几十公里，当时一片荒芜，没有路、没有水、没有电。顾方舟带着母亲、妻子和儿子，从北京来到这里，筹建中国医学科学院医学生物学研究所，建起生产疫苗基地。

冒着瘫痪的风险，顾方舟决定以身试药，喝下了一小瓶疫苗，后又瞒着妻子偷偷给刚满月的儿子服用。经过三期严格临床试验，在1960年研究取得突破性进展。当年12月，首批500万人份疫苗生产成功，在全国11个城市推广。投放疫苗的城市，流行高峰纷纷削减。

顾方舟还与同事研制出了“脊灰糖丸疫苗”。这种糖丸不仅好吃，而且能在常温下存放多日，更易于推广服用。1965年，全国农村逐步推广疫苗，脊髓灰质炎发病率明显下降。

1978年，卫生部开始实行计划免疫，脊髓灰质炎疫苗、卡介苗、百白破疫苗、麻疹疫苗4种疫苗列入计划，可以预防6种疾病。此后，又加入乙肝疫苗，可预防7种疾病，到现在是14种疫苗预防15种疾病。其中一类疫苗由国家免费接种，接种率持续保持在90%以上。

中国人民生活水平和质量不断提高，中国疾病预防、控制、治疗水平显著提升，公共卫生事业长足发展。2000年全国第五次人口普查，平均预期寿命已达71.4岁。

2000年，“中国消灭脊髓灰质炎证实报告签字仪式”在卫生部举行，74岁的顾方舟作为代表，签下了自己的名字。一颗小小糖丸，成为几代中国人的记忆。

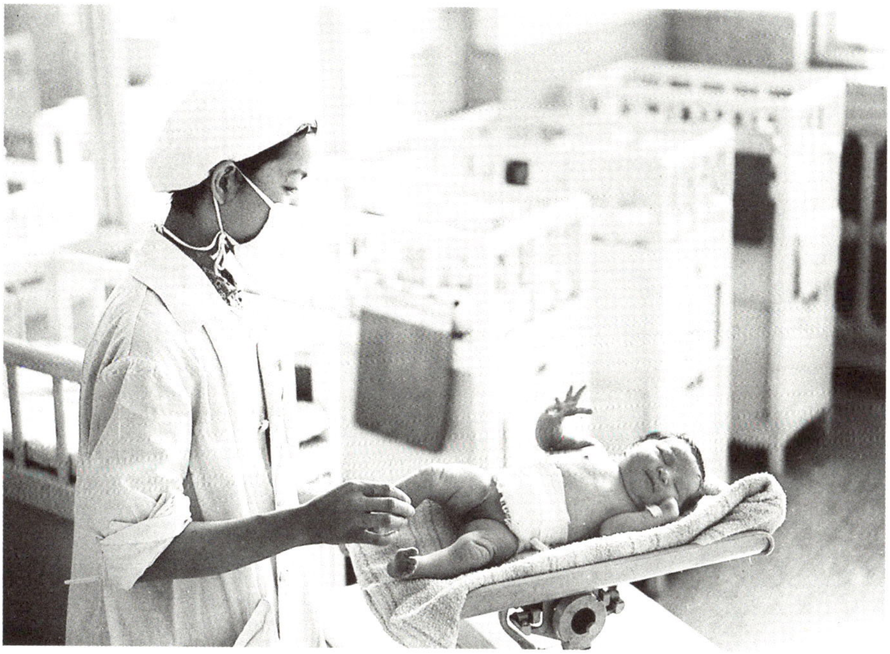

1959年6月北京市妇产医院成立，中国著名的妇产科专家林巧稚任院长。这是1960年2月，护士在宽敞的婴儿室里，给新生的婴儿称体重。（白瑛　摄）

2016年5月24日，在杭州市社会福利中心，一名老人通过智能养老机器人“阿铁”与家属视频通话。（新华社记者　黄宗治　摄）

中国人民生活水平和质量不断提高，中国疾病预防、控制、治疗水平显著提升，公共卫生事业长足发展。2000年全国第五次人口普查，平均预期寿命已达71.4岁。

随着人均寿命延长，人口生育率降低，带来了人口老龄化的问题。到2000年，我国65岁及以上人口比重达7.0%，0—14岁人口比重为22.9%，老年型年龄结构初步形成。此后，人口老龄化程度持续加深，到2012年，65岁及以上人口比重达8.79%。

党的十八大报告提出“老有所养”，强调“积极应对人口老龄化，大力发展老龄服务事业和产业”。

位于福州市鼓楼区的军门社区，几乎和共和国同龄。紧邻社区居委会的，是居家养老服务中心。86岁的社区居民刘建国和84岁的老伴，几乎每天一早就会来这里“报到”。

“孩子在国外忙工作，一年才回来几次。这里干净舒适，有丰富的午餐和专业的护理人员，每月伙食费700元，午休都有床铺，真是太贴心了。我们老两口现在一待就是一天。”刘建国说。

党的十九大报告指出，积极应对人口老龄化，构建养老、孝老、敬老政策体系和社会环境，推进医养结合，加快老龄事业和产业发展。

几年来，军门社区居家养老服务能力得到很大提升，不仅扩大了服务面积，还实现了24小时为社区老人服务。中心共占三层楼，拥有照料床位20余张，包括诊疗咨询中心、餐饮、文化娱乐等区域，服务涵盖了老人生活照料、膳食供应、保健康复等。中心配备了相应的管理人员、专业技术人员和护理人员，每天还安排医生免费接诊。

到2018年底，中国社区养老服务设施覆盖全部城镇社区和50%以上农村社区，以居家为基础、社区为依托、机构为补充、医养相结合的养老服务体系基本建立。

2019年8月22日，国家统计局发布报告显示，2018年孕产妇死亡率18.3/10万，婴儿死亡率6.1‰，中国人口平均预期寿命达到77岁。

实现人的健康长寿，是国家富强、民族振兴的重要标志，也是中国人民的共同愿望。70年来，中国共产党致力于人民健康事业，中国经济发展水平、医疗服务水平、教育水平、生活方式等都取得巨大进步，给人民群众带来实实在在的健康福利。

健康是促进人的全面发展的必然要求，是经济社会发展的基础条件。目前，中国总人口已经由新中国成立时的5.4亿发展到近14亿。对于每个人，健康是幸福的前提和基础。对于一个国家、一个民族，人是最宝贵的财富。

从绿化祖国到建设美丽中国

代江兵

70年来，我们在建设社会主义现代化的实践中，对人与自然关系的认识不断深入，对生态文明建设规律的把握不断深化，探索出一条生产发展、生活富裕、生态良好的绿色发展之路。

新中国成立之初，由于连年战争，生态环境遭到很大破坏。有计划地植树造林、绿化祖国成为一项重要而迫切的任务。

1955年，毛泽东提出“绿化祖国”。1956年1月，中央提出《一九五六年到一九六七年全国农业发展纲要（草案）》：从1956年开始，在12年内，绿化一切可能绿化的荒地、荒山。

1956年3月1日，陕、甘、晋、豫、内蒙古五省（区）青年造林大会在延安召开。当天，延安大礼堂门口悬挂着两幅醒目的标语：“青少年们！绿化黄土高原，控制水土流失，和水、旱、风沙等自然灾害作斗争”；“青少年们！都来采种育苗，植树造林，护林防火，让祖国河山更加美丽”。

23岁的浙江林业技术员黄根品，运送花木到延安参会。当时延安满目的荒山秃岭，让他十分震惊。中央给大会发来的贺信，更激发了黄根品的责任感和使命感，他当即提出申请：“我志愿留在延安，建设延安。”会议结束时，主持人宣读了浙江省委批准黄根品申请的电报。

让延安四季常青，是黄根品最大的愿望。除了从杭州带来水杉等优良花木进行引种，1956年冬天，他又冒着风雪到四百里外的黄龙山，挑选了33棵有10多年树龄的油松运回延安，通过保持土团完整、冻土移栽的方法，分别栽在中央大礼堂、杨家岭和宝塔山、凤凰山上。第二年夏天，33棵松树棵棵长得油绿。

1964年4月，黄根品加入中国共产党，他站在松树下表示：要把延安打扮成“春季桃红柳绿，夏季百花齐放，秋季红叶迎霜，冬季松柏常青”的革命圣地。冬去，春来，黄根品扎根延安植树造林23年，被称为“延河畔上一棵柳”。

改革开放，让中国在短短几十年间走完了许多发达国家上百年的工业化之路，但也积累了大量生态环境问题，一段时间内成为民生之患、民生之痛。

直面现实，人民群众的环境保护意识逐步提高，党和政府对环境问题的认识不断深化，并体现到一系列路线、方针、政策中。1978年宪法第一次对环境保护作出规定。1979年，第五届全国人大常委会第六次会议决定将每年3月12日设为植树节。此后，每年春季，党和国家领导同志参加义务植树，从来没有间断过。

1988年3月3日，一个老人来到大亮山。他是刚从云南保山地委书记岗位上退休的杨善洲。此前，他婉言谢绝了上级让自己到省城安享晚年的安排：“我要回家乡施甸种树，为家乡百姓造一片森林。”

大亮山位于保山市施甸县城东南44公里，海拔2619米。20世纪六七十年代，由于大规模滥砍滥伐，造成严重水土流失和生态破坏。周边村民要吃水，得爬五六公里山路。遇上红白喜事，主人不但要建一个“礼簿”，还要建一个“水簿”，乡邻送来的水，来日要足额归还。

杨善洲在大亮山上组建“国社联营林场”，吃住都在山上。山里没房子，自己动手建了几间油毛毡房，用于办公和住宿。床是用木桩和树枝搭的，门是荆条编的，夏天热，冬天冷，下雨天被子常被淋湿。偶尔下山几天，老鼠就把被子咬得到处是窟窿。

没钱买苗木，杨善洲就发动全场林工一起到街上去捡果核。见到的人说，你一个地委书记到处捡果核，多不光彩。杨善洲说：“我弯弯腰，林场就有树苗了，有什么不光彩，等果子成熟了，我就光彩了。”

一个个小果核，逐渐长成一棵棵枝繁叶茂的果树。22年过去，杨善洲带着干部群众植树造林5.6万亩，曾经风吹石头跑的大亮山重新披上绿装。2009年4月，杨善洲把价值3亿元的林场经营管理权无偿移交给国家。他说：“这笔财富从一开始就是国家和群众的，我只是代表他们在植树造林。”他去世后，大亮山林场改名为“善洲林场”。如今，施甸的森林覆盖率从1988年的17.1%升至50.78%。

把建设美丽中国摆在前所未有的高度，把生态文明建设纳入中国特色社会主义“五位一体”总体布局，把坚持人与自然和谐共生纳入新时代坚持和发展中国特色社会主义基本方略，把绿色发展纳入新发展理念，把污染防治纳入三大攻坚战，打响蓝天碧水净土保卫战，中国生态环境保护发生了历史性、转折性、全局性变化，生态文明建设不断迈上新台阶。

党的十八大以来，以习近平同志为核心的党中央积极回应人民所想、所盼、所急，把建设美丽中国摆在前所未有的高度，把生态文明建设纳入中国特

位于晋蒙交界、毛乌素沙漠边缘的山西省右玉县，解放初期林木覆盖率不到0.3%。“要想风沙住，就得多种树”。经过几十年“绿色接力”，右玉从昔日的不毛之地变成塞上绿洲。这是20世纪六七十年代，右玉县干部群众在荒山荒坡植树。

2019年8月18日，游客在江苏省扬州市渌洋湖湿地公园的“水上森林”游玩。初秋时节，渌洋湖湿地公园内，水杉、池杉郁郁葱葱，美如画卷。（孟德龙　摄）

色社会主义“五位一体”总体布局，把坚持人与自然和谐共生纳入新时代坚持和发展中国特色社会主义基本方略，把绿色发展纳入新发展理念，把污染防治纳入三大攻坚战，打响蓝天碧水净土保卫战，中国生态环境保护发生了历史性、转折性、全局性变化，生态文明建设不断迈上新台阶。

2017年12月5日，联合国环境规划署宣布，中国塞罕坝林场建设者获得联合国环保最高荣誉“地球卫士奖”，塞罕坝林场第一代务林人、73岁的陈彦娴接过奖杯。这不仅是对塞罕坝人的肯定，也生动诠释了中国是全球生态文明建设的重要参与者、贡献者、引领者。

塞罕坝，解放初期是一片荒原。1962年以来，林场的三代创业者接续奋斗，在自然条件极端恶劣的高寒荒漠上，培育出110多万亩人工林，将森林覆盖率从11.4%提高到80%。

随着绿色发展提速、产业转型升级，塞罕坝人既有效地保护了绿水青山，同时也收获了金山银山。

木材生产曾经是塞罕坝林场的支柱产业，一度占总收入的90%以上，但最近几年已降至50%以下。第二代务林人，林场党委书记、场长刘海莹说，过去种树为了伐木取材，现在种树为了增林扩绿，提供生态产品。“同样是树，却能做不同的文章，与其卖木材，不如卖整株苗木。”刘海莹说，林场培育的优质绿化苗木，销往京津冀、内蒙古、甘肃等地，每年收入超千万元。

从朴素的生态观念到自觉的生态文明意识，这是一个重大变化。林场利用边界地带、石质荒山和防火阻隔带等无法造林的空地，建设风电项目，以可观的风电补偿费反哺生态建设。2018年8月，塞罕坝林场在北京环境交易所达成首笔造林碳汇交易，预计可给林场带来过亿元的收入。森林旅游的发展带动了周边地区的乡村游、农家乐、养殖业、山野特产等产业发展，每年可实现社会总收入6亿多元。

“这片林子就是我的诗和远方”，林场副场长于士涛是个“80后”，已在这里工作14年，皮肤黝黑，脸庞上两团“高原红”。建设塞罕坝的重任已经落在了年轻一代的肩上。“绿色发展是塞罕坝的底色，更是未来不懈的追求。作为塞罕坝新一代务林人，我的责任就是守护好这片绿色。”于士涛说。

在全球森林资源持续减少的背景下，我国森林覆盖率由新中国成立初期的8.6%提高到21.66%，森林面积达到2.08亿公顷，人工林保存面积6933万公顷，居世界首位。

生态兴则文明兴。从扎根延安的黄根品，到奉献一生的杨善洲、谷文昌，从右玉县18任县委书记60年“绿色接力”，到三代塞罕坝人的接续奋斗，一个个“染绿”“复绿”的故事，折射出中国生态文明建设的力度与成就。70年来，我们在建设社会主义现代化的实践中，对人与自然关系的认识不断深入，对生态文明建设规律的把握不断深化，探索出一条生产发展、生活富裕、生态良好的绿色发展之路。

正是基于对生态文明建设重要意义的深刻理解，“生态文明建设”写入党章、载入宪法，成为党和国家最根本的思想遵循和行动指南。继往开来，在习近平生态文明思想指引下，我们必须咬紧牙关，爬坡过坎，保持加强生态环境保护建设的定力，不动摇、不松劲、不开口子，探索以生态优先、绿色发展为导向的高质量发展新路子，建设人与自然和谐共生的现代化，建设望得见山、看得见水、记得住乡愁的美丽中国。

9月，长城脚下、妫水河畔，湖光山色交相辉映，以“绿色生活，美丽家园”为主题的2019年中国北京世界园艺博览会，正在让世界认识一个绿色的中国。

从坦赞铁路到一带一路

张　弛

以文明交流超越文明隔阂、文明互鉴超越文明冲突、文明共存超越文明优越，“一带一路”建设国际合作框架内，各方正携手应对世界经济面临的挑战，开创发展新机遇，谋求发展新动力，拓展发展新空间，不断朝着人类命运共同体方向迈进。

1976年，贯通东南部非洲的坦赞铁路正式移交运营，铁路轨道上清晰刻着“中华人民共和国制”，列车上挂着“中华人民共和国援助”的标志，成为中非友谊的一座丰碑。

1964年，赞比亚获得独立，但通往南非的出海口却遭到封锁，铜矿资源无法出口。为寻找新的出海通道，赞比亚和坦桑尼亚共同向中国请求援助修建一条连接两国的铁路。中国政府克服自身困难，决定援建坦赞铁路。

坦赞铁路东起坦桑尼亚的达累斯萨拉姆，西至赞比亚的新卡皮里姆波希，全长1860.5公里。铁路沿线地形复杂，跨越高山、峡谷、急流、森林，许多地区荒无人烟、野兽群居出没，蚊虫散播着疟疾和黄热病，施工条件异常艰苦。中国工程技术人员住在用铁丝网和树枝围起来的院落里，办公室、宿舍都是用牛毛毡和木棍再加上点泥巴糊起来的房子。

1969年，刚刚大学毕业的杜坚来到坦桑尼亚，此后38年的职业生涯中，他有超过30年在为坦赞铁路服务。当时，杜坚夫妻两人虽在同一条铁路上工作，却服从工作需要分赴坦桑尼亚和赞比亚，难得相见，多年把女儿寄养在国内同事家。杜坚说：“我们这批人，真的是把青春、把人生最美好的时光都献给了坦赞铁路。”工程建设期间，中国政府先后派出工程技术人员5万多人次，诠释了相互尊重、顽强奋斗、无私奉献的“坦赞铁路精神”。坦赞铁路交付运营后，中国技术专家组一直在当地提供管理和技术咨询，从未间断。

大道之行，天下为公。源远流长的中华传统文化培养了中国人兼济天下的情怀。近代以来饱经风雨的中国人民对美好生活满怀渴望，同时也尊重并支持各国人民追求幸福生活的权利。作为最大的发展中国家，中国坚持向经济困难的其他发展中国家提供力所能及的援助。

十一届三中全会以来，中国在不断扩大对外开放中展现大国担当，不仅发展自己，也造福世界。在平等互利、讲求实效、形式多样、共同发展的原则下，建设了一批标志性项目，帮助受援国改善基础设施和生产生活环境；建成大批农业示范中心、医院、农村学校，派遣医疗队、提供药品，帮助当地人民解决吃饭、看病问题；举办涉及农业、经贸、教育、卫生等多个领域的培训班，培养大批管理和技术人才，有力推动了当地经济社会发展。

政策沟通、设施联通、贸易畅通、资金融通、民心相通，六年来，“一带一路”成为沿线国家共同的机遇之路、繁荣之路。

党的十八大以来，我国发展到新的历史方位，开放型经济的基础和条件深刻变化，与世界的互动关系也发生了历史性演变。2013年秋天，习近平总书记提出共建“丝绸之路经济带”和“21世纪海上丝绸之路”重大倡议。这是习近平总书记为促进全球共同繁荣、打造人类命运共同体所提出的宏伟构想和中国方案，开辟了中国参与和引领全球开放合作的新境界。政策沟通、设施联通、贸易畅通、资金融通、民心相通，六年来，“一带一路”成为沿线国家共同的机遇之路、繁荣之路。

徐州，中铁二局六公司工程师。2012年6月，29岁的徐州远赴非洲，参与“一带一路”重点建设项目——连接埃塞俄比亚和吉布提两国首都的非洲第一条现代电气化铁路亚吉铁路建设。

一到任，徐州就面临难题。项目部标段地层以火山岩等为主，沿线找不到符合标准的常规填料。如何改良“火山灰”？他带领12名工作室成员，带上试验仪器，头顶烈日，每天徒步十几公里，对沿线土源进行取样、分析。半个月下来，脚磨破了皮，手搓出了茧。走完铁路沿线100多公里，经过上千次的配比实验，徐州带领团队成功解决了路基填料问题。

2016年10月亚吉铁路正式运营，从吉布提到亚的斯亚贝巴的货运时间从3至7天缩减为十几个小时。“亚吉铁路给我们带来了惊喜！很多吉布提居民还是第一次见到满载100个集装箱的列车驶过田野的景象。”吉布提铁路公司总经理马哈茂德·达巴尔说。亚吉铁路已成为吉布提的名片，许多非洲国家代表专程到此参观。

2017年5月，徐州从非洲转战老挝，任“一带一路”重点项目——中老铁路二工区总工程师，负责包括中老铁路重点控制性工程楠科内河特大桥在内的项目建设。中老铁路北起中老边境，南抵老挝首都万象，全长414公里，是老挝的“一号工

这是1973年，中国、坦桑尼亚、赞比亚工人、技术人员在一起冒雨赶修坦赞铁路。（新华社记者　李生南　摄）

蒙内铁路是肯尼亚自独立以来最大的基础设施工程，项目累计为当地直接创造逾4.6万个工作岗位。这是2017年1月11日，在肯尼亚蒙巴萨，当地民众在中国承制的蒙内铁路首批内燃机车旁载歌载舞。（新华社记者　孙瑞博　摄）

程”，计划2021年12月建成通车。

“雨季施工是项目面临的首个难题。”徐州介绍，雨季的老挝，大雨滂沱、无休无止，桥梁桩基施工过程中，由于水位线较高和地层大部分为砂夹卵石层的原因，基坑刚挖成型又被淹没坍塌，桥梁钻孔桩难以成孔，严重影响桥梁后续施工。面对难题，徐州带领团队反复研究，在雨季完成了一个又一个“不可能”，创下中老铁路全线第一个桥梁桩基成桩、第一个桥梁墩台成型、12天建成钢筋厂等纪录。如今，楠科内河特大桥已成为中老铁路上的一道绚烂长虹。

“一带一路”是古丝绸之路的延续，是各国人民共同谱写美好幸福生活的友好篇章。两千多年的交往历史证明，只要坚持团结互信、平等互利、包容互鉴、合作共赢，不同种族、不同信仰、不同文化背景的国家完全可以共享和平，共同发展。

塞林港，位于阿拉伯半岛西南角，红海边的一片沙漠里。文献记载，它是红海“三大港”之一，与通往麦加的吉达港、通往麦地那的吉尔港并立。三大港中，唯有塞林港因故废弃，遗址被厚厚的流沙覆盖。

为加强对“一带一路”沿线文化遗产保护，2018年，中国和沙特组成联合考古队，寻找神秘消失的塞林港。

2018年3月30日，中国考古队首次抵达阿拉伯半岛，沙尘暴就来了一个“下马威”：沙丘波浪般涌上路基，流向公路另一侧，如同一片沙海。

此前，塞林港遗址从未开展过系统性的考古发掘，地面遗迹几乎湮灭无踪，沙方考古学者对地面以下的遗迹办法不多，而中国田野考古以“地下寻踪”见长。待沙暴停歇，联合考古队一刻不停，直奔遗址现场。中方领队姜波指挥大家一字排开，齐头并进，以间距50步为线拉网式排查。队员王霁操控无人机，开始遗址航拍和遥感测绘，以尽快建立三维模型。

通过紧张工作，古代塞林港踪迹渐露真容。遗址全域航拍完成，发现了四处建筑基址，还采集到了阿拉伯陶釉、中国白瓷片等重要文物。在墓葬区有40余方倒伏的石碑，中方队员采用金石拓印方法，使模糊不清的碑文变得清晰可读。首次20天的联合考古，确认了塞林港遗址为古代重要的朝圣贸易港，面积超过100万平方米。

工作之外少有的闲暇时光里，大家互相学习对方的语言，沙特队员唱起古老的情歌，疲惫不堪的众人就静静地听。“我们的工作时刻都能体会到不同文化、文明之间生生不息的关联。”姜波说。

截至目前，中国与“一带一路”沿线国家正在开展的文物保护修复国际合作，还包括乌兹别克斯坦世界文化遗产地希瓦古城保护修复，柬埔寨吴哥古迹保护国际行动，尼泊尔加德满都九层神庙保护修复项目等，在“一带一路”沿线形成一条“文化遗产合作长廊”。

“各美其美，美人之美，美美与共，天下大同”。中国共产党是为中国人民谋幸福的政党，也是为人类进步事业而奋斗的政党。共建“一带一路”倡议植根于历史，但面向未来；源于中国，更属于世界。以文明交流超越文明隔阂、文明互鉴超越文明冲突、文明共存超越文明优越，“一带一路”建设国际合作框架内，各方正携手应对世界经济面临的挑战，开创发展新机遇，谋求发展新动力，拓展发展新空间，不断朝着人类命运共同体方向迈进。

合作的种子一经播撒，必将收获发展的果实。9月1日，由中国企业设计施工的肯尼亚内马铁路一期工程启动联调联试，标志着该工程进入开通倒计时。“一带一路”上，亿万人正深耕细作，共同绘制精谨细腻的“工笔画”。

从伟大工程到新的伟大工程

徐梦龙

从伟大工程到新的伟大工程，中国共产党领导中国革命、建设、改革的长期实践说明，办好中国的事情，关键在党，关键在坚持党要管党、全面从严治党。

“我们今天要怎样建设我们的党?”

1939年10月，《共产党人》创刊，毛泽东撰写发刊词，提出党的建设“伟大的工程”这一重大命题，要求建设一个全国范围的、广大群众性的、思想上政治上组织上完全巩固的布尔什维克化的中国共产党。

在寻求民族独立和人民解放的道路上，走向胜利的每一步，都离不开党的建设。新中国成立后，中国共产党成为执政党，政治地位、中心任务、工作环境发生重大变化，党的自身建设迎来新的严峻挑战，党中央提出在全国执政的条件下加强党的建设的新任务。

1951年11月29日，深夜，华北局呈报毛泽东并中共中央的《河北省天津地委贪污浪费严重，拟将刘张逮捕法办》电文以4A急件的形式传到了中央办公厅。

4A电报，是特急件，当年毛泽东指挥“三大战役”，传给前线指挥官的命令用的就是4A电报。

看到电文后，毛泽东作出批示，肯定河北省委的做法，要求必须严重地注意干部被资产阶级腐蚀发生严重贪污行为这一事实，注意发现、揭露和惩处，并须当作一场大斗争来处理。党中央同意依法判处刘青山、张子善死刑，立即执行。

案发前，刘青山刚出席了世界和平友好理事大会，还当选常务理事。《人民日报》编辑部担心刘青山被处决的消息公布后会在国际上产生不好影响，建议把刘青山的“青”加上三点水，写成“刘清山”，让人以为这是两个人。

事情一直请示到毛泽东那里，毛泽东说：不行！你这个三点水不能加。我们就是要向国内外广泛宣布，我们枪毙的这个刘青山，就是参加国际会议的那个刘青山，是不要水分的刘青山。

此后，毛泽东谈到处理刘青山、张子善贪腐案件时表示：对于这样的叛徒和蛀虫，有多少就必须清除多少。清除了他们，不是党的损失，而是党的胜利，不是降低了党的威信，而是提高了党的威信。

两声枪响，在党内起到警戒作用，赢得人民衷心拥护。新中国成立初期，我们党通过整风、整党，加强思想建设、组织建设和作风建设，使党和人民群众的血肉联系在新的条件下得到巩固和加强，党在群众中的威信空前提高。

改革开放后，我们党在开辟中国特色社会主义道路的历史进程中不断加强党的建设。1980年，邓小平提出“执政党应该是一个什么样的党，执政党的党员应该怎样才合格，党怎样才叫善于领导”这一重大问题。此后，党的每届中央委员会都会召开一次专题或重点研究“党的建设”的全会。1994年9月，党的十四届四中全会通过的《中共中央关于加强党的建设几个重大问题的决定》明确指出，把党建设成为用建设有中国特色社会主义理论武装起来、全心全意为人民服务、思想上政治上组织上完全巩固、能够经受住各种风险、始终走在时代前列的马克思主义政党，强调这是党的建设的“新的伟大的工程”。

马庄村位于江苏省徐州市潘安湖畔。1986年，孟庆喜任马庄村党委书记。当时马庄是一个贫瘠落后的苏北乡村，党组织基本处于瘫痪状态，村里盛传一个顺口溜：“土地到了户，家家户户有干部，不要党支部。”一些党员找不准自己的位置，也流传一个顺口溜：“什么党员不党员，一个月多交两毛钱。”

如何带领百姓摘掉贫困的帽子？孟庆喜想到了最有力的抓手——党建。

孟庆喜带领马庄大力实施以强战斗堡垒、带生态宜居、带乡风文明、带生活富裕为主要内容的“一强三带”工作法，党组织成为宣传党的主张、贯彻党的决定、领导基层治理、团结动员群众、推动改革发展的坚强战斗堡垒，马庄村由此迈入转型发展振兴快车道，成为中国十佳小康村。

“抓党建、强班子、强队伍、强思想，用一个好的党风带动一个好的民风！”孟庆喜说，30多年来，凡是涉及村策民计的事，不是哪一个人说了算，都要听取党员意见，召开党委会，实行党委集体决策制。马庄还有个“小人大”，由每10户选出一个村民代表组成。村委会的重大决策、举措都请村民代表参与表决并督促检查监督，充分保障村民代表的权利。

接过老书记手中的“指挥棒”，马庄村现任党委书记孟国栋继续做好党建引领这篇大文章。在坚持和完善“三会一课”制度的基础上，马庄村党委建立了党员联系

湖南省浏阳县大瑶人民公社沙螺大队党总支书记杨宏典，在领导群众生产中，善于走群众路线，很快就改变了这个生产队的穷困面貌。这是1959年10月，杨宏典和生产队的队长们在田间总结晚稻丰产的经验。（新华社记者　王平　摄）

党的十八大以来，全党发扬钉钉子精神，锲而不舍、久久为功，坚定不移纠“四风”、树新风，赢得党心民心。位于浙江杭州西湖曲院风荷公园内的“西湖会”作为高档会所转型试点，率先更名为“开心茶馆”并对外营业。这是市民和游客在“开心茶馆”里喝茶聊天。（新华社记者　徐昱　摄）

户制度，全村600多户，户户有党员联系，个个党员都有联系户，小矛盾不出党员联系人，大矛盾不出党小组，形成了党风正、民风淳、人心齐的局面。

改革开放既是改天换地、战天斗地的伟大社会革命，又是中国共产党不断实现自我净化、自我完善、自我革新、自我提高的自我革命。实践证明，只有在伟大社会革命中坚定不移推进伟大自我革命，把党建设好、建设强，才能推动改革开放行稳致远。

党的十八大以来，以习近平同志为核心的党中央将全面从严治党纳入“四个全面”战略布局，将建设伟大工程作为统揽“四个伟大”的关键，在坚持和发展中国特色社会主义的进程中把党的建设新的伟大工程推进到新阶段。

改革开放既是改天换地、战天斗地的伟大社会革命，又是中国共产党不断实现自我净化、自我完善、自我革新、自我提高的自我革命。

把党的政治建设摆在首位。在坚定政治信仰、增强“四个意识”、维护党中央权威和集中统一领导、严明党的政治纪律和政治规矩等方面取得明显成效，党内政治生活气象更新，党内政治生态明显好转。

拧紧思想上的“总开关”。先后开展党的群众路线教育实践活动、“三严三实”专题教育、“两学一做”学习教育、“不忘初心、牢记使命”主题教育，环环相扣，党内教育从“关键少数”向广大党员拓展、从集中性教育向经常性教育延伸，以创新理论武装全党。

贯彻新时代党的组织路线。形成良好用人导向和制度环境，全国460多万个基层党组织共筑坚强战斗堡垒，9000多万名党员争当先锋模范，党员干部队伍焕发生机，党的执政根基进一步夯实，为改革发展稳定提供了坚强组织保证。

打响改进作风的持久战。全面从严治党从落实中央八项规定精神破题，从治理公款大吃大喝、旅游、送礼等奢靡之风入手，紧盯公款购买赠送月饼、贺卡、烟花爆竹等问题，一个节点一个节点抓，一年接着一年干，以一个个具体问题的突破，带动了作风整体转变。

使纪律真正成为带电的高压线。全面加强纪律建设，实现由“惩治极少数”向“管住大多数”拓展。充分运用监督执纪“四种形态”，从注重查办案件转向加强日常监督执纪，对照党章党规党纪检查党员的言行，严肃了党的纪律，纯洁了党的肌体。

全方位扎牢制度的笼子。把党内法规纳入中国特色社会主义法治体系，立体式、全方位推进党内法规制度体系建设。6年多来，党中央制定修订180多部党内法规。一手抓制度制定、一手抓制度执行，强化刚性约束。

反腐败斗争取得压倒性胜利。以猛药去疴、重典治乱的决心，以刮骨疗毒、壮士断腕的勇气，坚定不移“打虎”“拍蝇”“猎狐”，不敢腐的目标初步实现，不能腐的笼子越扎越牢，不想腐的堤坝正在构筑。

从伟大工程到新的伟大工程，中国共产党领导中国革命、建设、改革的长期实践说明，办好中国的事情，关键在党，关键在坚持党要管党、全面从严治党。习近平总书记在党的十九大报告中提出新时代党的建设总要求，成为指导推进新时代党的建设新的伟大工程的总纲领和总遵循。从党的十九大后同中外记者见面会，到学习贯彻党的十九大精神研讨班，再到中央和国家机关党的建设工作会议，习近平总书记反复告诫全党，要始终保持革命精神、革命斗志，推进党的建设新的伟大工程必须一以贯之。

新时代要有新气象、新作为，关键是党的建设新的伟大工程要开创新局面。必须毫不动摇坚持和完善党的领导，毫不动摇把党建设得更加坚强有力，确保党在世界形势深刻变化的历史进程中始终走在时代前列，在应对国内外各种风险和考验的历史进程中始终成为全国人民的主心骨，在坚持和发展中国特色社会主义的历史进程中始终成为坚强领导核心。

把党建设成为始终走在时代前列、人民衷心拥护、勇于自我革命、经得起各种风浪考验、朝气蓬勃的马克思主义执政党——这就是我们的目标。

从政治工作是生命线到以党的政治建设为统领

李志勇　徐梦龙

坚决维护习近平总书记党中央的核心、全党的核心地位，坚决维护党中央权威和集中统一领导，是党的政治建设的首要任务，也是最重要的政治纪律和根本政治规矩。

2018年6月29日，习近平总书记在十九届中央政治局第六次集体学习时讲到长征中的一个故事：红军过草地的时候，伙夫一起床，不问今天有没有米煮饭，却先问向南走还是向北走。这说明在红军队伍里，即便是一名炊事员，也懂得方向问题比吃什么更重要。如果在方向问题上出现偏离，就会犯颠覆性错误。

坚持正确的方向，是讲政治的必然要求。中国共产党作为马克思主义政党，具有崇高政治理想、高尚政治追求、纯洁政治品质、严明政治纪律，必须旗帜鲜明讲政治。讲政治的目的在于统一全党意志、凝聚全党力量，为实现党的纲领和目标而共同奋斗。

新中国成立后，中国人民解放军进入现代化、正规化建设时期，有人认为应该取消政治委员，还有人说“政治工作不能开坦克”“过去是打政治，现在是打技术”。

1954年，《中国人民解放军政治工作条例（草案）》送党中央审改时，“中国共产党在中国人民解放军中的政治工作，是我军的生命线”一句中，“的生命线”的表述被划掉了，毛泽东亲手用铅笔把这几个字又勾了回来。

这部条例规定：“中国共产党在中国人民解放军中设立党的各级委员会，作为部队统一领导的核心，并确定党委统一的集体领导下的首长分工负责制，为党对军队的领导制度。”

1955年，毛泽东在《中国农村的社会主义高潮》一书按语中又提出，“政治工作是一切经济工作的生命线”。“生命线”的比喻，凸显了政治工作的极端重要性。

1978年12月，党的十一届三中全会召开，开启了改革开放新时期。邓小平一再强调各级干部要讲政治，善于从政治上观察问题和处理问题，“到什么时候都得讲政治”。

1979年1月，中央纪委召开恢复重建后的第一次全体会议，讨论拟定了《关于党内政治生活的若干准则（草案）》（以下简称《准则》）。1979年3月19日，党中央向全党公布《准则》，要求全党开展学习讨论，提出修改意见，由中央纪委汇集、整理、修改。在近一年的时间里，吸收全国各级党组织提出的1800多条意见，先后进行了7次修改。

《准则》于1980年2月在党的十一届五中全会上正式通过，12条内容中，第一条就是“坚持党的政治路线和思想路线”，第三条是“维护党的集中统一，严格遵守党的纪律”。

《准则》的制定、实施，对于当时恢复和健全党内民主、维护党的集中统一、严肃党的纪律、促进党的团结，实现全党工作中心的转移，以及对此后30多年严肃和规范党内政治生活、弘扬党的优良传统和作风，发挥了重要作用。

党的十八大以来，在全面从严治党实践中，中国共产党越来越深刻认识到，随着形势任务发展变化，党内存在的很多问题都同政治问题相关联，都是因为党的政治建设没有抓紧、没有抓实。不从政治上认识问题、解决问题，就会陷入头痛医头、脚痛医脚的被动局面，无法从根本上解决。

全面从严治党首先要从政治上看，政治问题要从政治上来解决。2015年10月，中共中央印发新修订的《中国共产党纪律处分条例》，将党的纪律整合为政治纪律、组织纪律、廉洁纪律、群众纪律、工作纪律、生活纪律“六项纪律”，政治纪律排在首位。

2016年3月1日，党中央着眼于推进全面从严治党、坚持思想建党和制度治党相结合，发出《中共中央关于对党的十八届六中全会研究加强和规范党内政治生活问题、修订〈中国共产党党内监督条例（试行）〉征求意见的通知》，决定同时制定准则、修订条例。

在8个月时间里，文件起草组开展专题调研，广泛征求意见和建议，反复讨论修改。其间，中央政治局常委会召开3次会议、中央政治局召开2次会议分别审议文件稿。

2016年10月，党的十八届六中全会审议通过了

加强党的政治建设，严明政治纪律和政治规矩，消除了严重政治隐患，党内政治生活气象更新，党内政治生态明显好转，党的团结统一更加巩固，党群关系明显改善，党在革命性锻造中更加坚强。

马鞍山钢铁公司，是我国江南一个重要的钢铁基地。1964年，我国第一个直径为840毫米的整体车轮在马钢诞生。这是公司二铁厂技术革新小组在研究革新高炉堵渣机的问题。（新华社记者　朱云风　摄）

福建省邵武市水北镇大乾村发挥村党支部的战斗堡垒作用，因地制宜发展食用菌、优质瓜果种植等特色农业，带领村民脱贫致富。这是2018年9月11日，该村驻村第一书记在村社情民意商议点向村民征求文化设施建设意见。（新华社记者　张国俊　摄）

《关于新形势下党内政治生活的若干准则》和《中国共产党党内监督条例》。两部党内法规，最鲜明的特点就是继承和创新的有机统一，针对当前党内政治生活和党内监督存在的薄弱环节提出了明确措施，形成了新的制度安排。

加强党的政治建设，严明政治纪律和政治规矩，消除了严重政治隐患，党内政治生活气象更新，党内政治生态明显好转，党的团结统一更加巩固，党群关系明显改善，党在革命性锻造中更加坚强。

2017年10月，党的十九大，习近平总书记提出，新时代党的建设要把党的政治建设摆在首位。“以党的政治建设为统领，全面推进党的政治建设、思想建设、组织建设、作风建设、纪律建设，把制度建设贯穿其中”，写入十九大党章总纲。

坚决维护习近平总书记党中央的核心、全党的核心地位，坚决维护党中央权威和集中统一领导，是党的政治建设的首要任务，也是最重要的政治纪律和根本政治规矩。教育引导全党增强“四个意识”，坚定“四个自信”，做到“两个维护”，确保党的路线方针政策和党中央重大决策部署贯彻落实，这是夺取新时代伟大胜利的根本保证。

马鞍山，位于安徽省东南部，地处长江中下游南岸，是一座依矿兴建的城市。几十年前，这里诞生了新中国华东地区第一炉铁水、第一根钢材。

近年来，中国经济社会发展特别是结构性改革任务十分繁重，以习近平同志为核心的党中央大力推进供给侧结构性改革，抓好去产能、去库存、去杠杆、降成本、补短板关键任务，推动化解过剩产能，培育新动能，强化科技创新，推动传统产业优化升级。

去产能，既是经济任务，也是政治任务。马钢有600多个党支部，1.6万多名党员。“党的建设是国有企业的根和魂，作为炼钢企业，不仅要冶炼好钢铁，更要冶炼好团队。”马钢集团公司党委工作部部长王东海说。

去产能，与之俱来的就是员工的安置问题，要说没有困难那不可能。困难面前，马钢党委扛起政治责任，党员发挥先锋作用，集体向党旗宣誓，公开承诺庄重签名，支持拥护公司去产能举措，用实际行动感染职工。仅第二炼铁总厂就一次性安置541名员工，无一人提出安置异议。

几年来，马钢累计淘汰炼铁产能224万吨、炼钢产能269万吨，完成分流安置职工29204人，提前完成去产能的目标任务。

通过转型升级和实施“十三五”技术改造，马钢产品结构调整更加合理、更具市场竞争力。马钢高速车轮拿到中铁检验认证中心首张认证证书，成功搭载“复兴号”穿行祖国大江南北，热轧H型钢一举托起全球最大的天然气项目——中俄亚马尔项目等工程。2018年，马钢还投资22亿元用于环保治理，实施了一大批先进的节能减排技术，使马钢各条生产线全面达到了清洁化生产的要求。

践行“两个维护”是具体的、实在的。坚决贯彻落实党中央关于钢铁去产能的决策部署，为马钢扭亏脱困、转型升级、健康发展提供了坚强保证和有力支撑。

2019年1月，中共中央印发关于加强党的政治建设的意见，对新形势下加强党的政治建设各方面工作进行了具体部署。同月，中共中央印发《中国共产党重大事项请示报告条例》，加强和规范重大事项请示报告工作，保证全党团结统一和行动一致，确保党始终总揽全局、协调各方。

办好中国的事情，关键在党，实现中华民族伟大复兴离不开党的全面领导。形势越是复杂，越要听从党中央号令。当今世界正面临百年未有之大变局，来自各方面的风险挑战比以往任何时候都多，统揽伟大斗争、伟大工程、伟大事业、伟大梦想，必须增强推进党的政治建设的自觉性和坚定性，把准政治方向，坚持党的政治领导，夯实政治根基，涵养政治生态，防范政治风险，永葆政治本色，提高政治能力，确保党始终成为中国特色社会主义事业的坚强领导核心。

走进西柏坡纪念馆的电报长廊，“嘀嗒、嘀嗒”的电报声不绝于耳。解放战争时期，中央一不发钱、二不发粮、三不发枪，只是靠发出408份电报，就打败了国民党。为什么仅凭“嘀嗒、嘀嗒”就能运筹帷幄、决胜千里，让全党全军行动如一人？就是因为全党都坚决维护党中央权威，坚决贯彻党中央指令。

从“一不怕苦、二不怕死”到革命理想高于天

王 丹

进入新时代，理想信念依然是中国共产党带领人民逢山开路、遇水架桥，克服一切困难，向实现“两个一百年”奋斗目标和中华民族伟大复兴中国梦迈进的强大精神支柱。

新中国成立之初，西藏没有公路，交通闭塞，党中央制定了“一面进军、一面建设”的方针，要求尽快修通公路，促进西藏经济建设，方便人民交流往来。

1951年5月，康藏公路（后改名为川藏公路）正式动工，在参加修路的解放军战士面前，有14座终年积雪的雪山。物资短缺、高寒缺氧、地质复杂、工具简陋，筑路条件异常艰苦。到了秋冬，气温降到零下20摄氏度以下，积雪一两米厚，冻土一米多深，铁镐砸下去只见一道白印子。

敏拉山皮康崖，百米峭壁如刀砍斧削，直插云霄，民谣唱，“飞鸟难过皮康崖，神仙到此也咬牙”；当地藏民说，“那是牦牛也爬不上去的皮康崖，除非是神才能在那里修出公路”。

负责该段的十八军某部二连官兵发誓：“我们的战士都不是神仙，而是凡人。但我们有一不怕苦、二不怕死的革命精神。”他们徒手攀上陡壁，从崖顶用绳子吊着人悬空打眼放炮，山风吹来，人像铃铛在空中晃，就这样一点点开出一条刚能站住脚的小道。经过全连两个月艰苦奋战，终于在这段悬崖上修出了公路。

修筑全长2255公里的康藏公路，总共牺牲三千余人，平均每公里牺牲官兵至少1.5人。

1954年底，雅安到拉萨的康藏公路正式通车，改变了两千多年来西藏不通公路、没有汽车的历史。“一不怕苦、二不怕死”的革命口号，

1954年，修建康藏公路的筑路战士在怒江两岸的悬崖陡壁上开山修路。

浙江嘉兴南湖革命纪念馆内，序厅穹顶上的党徽分外醒目。

开始在西藏部队中流传起来。

1962年10月，该部奉命开赴前线。在一次突袭战中，面对敌军的凶猛火力，二连六班班长阳廷安高呼：“一不怕苦、二不怕死，跟我来、打进去！”阳廷安中弹牺牲，副班长上，前赴后继往前冲，六班8名战士牺牲了7名，为全歼敌军打开了通道。

“阳廷安班”的英雄壮举震撼了各参战部队。1963年2月，毛泽东在中南海怀仁堂听取作战情况汇报时说：“我赞成这样的口号，叫作‘一不怕苦、二不怕死’。”

为了理想信念，不向困难低头，不被挫折压倒，一不怕苦、二不怕死，挺起革命者的脊梁，这是中国共产党人的本色。

1964年，全军各部队正准备庆祝红军长征胜利30周年纪念活动，一些文艺单位多次向亲历长征的解放军总政治部主任肖华约稿。

深思熟虑后，肖华决定写一部组诗。他认真研读毛泽东著作、诗词，以及老同志的长征回忆录，从长征历史中选取了告别、突破封锁线、遵义会议、四渡赤水、飞越大渡河、过雪山草地、大会师等12个典型场景，采用中国古典诗词风格，每段诗歌4个三字句、8个七字句，共12行68个字，一诗一韵。

肖华一进入创作状态就什么也不顾了，即便生了病，还经常通宵达旦。回忆起牺牲的战友，他一边流泪一边写，稿纸上沾满了泪水。

经过反复修改，1964年11月，十二首诗定稿，以毛泽东《长征》一诗的首句“红军不怕远征难”为题。1965年4月，战友歌舞团的晨耕、生茂、唐诃、遇秋4位作曲家，选择其中10首诗谱成了一部风格独特的大型声乐套曲——《长征组歌》。8月1日，《长征组歌》在北京民族文化宫礼堂正式公演，立即轰动全国。

经历过长征的人，才能从心底里流淌出这样经典的作品。《长征组歌》始终激荡在亿万人民心中，鼓舞着一代又一代人。

1985年5月，69岁的肖华经检查诊断为胃癌并伴有全身转移，病重期间，护理员经常播放《长征组歌》给他听以缓解病痛。有一次护理员问他：“《长征组歌》那么长，您最喜欢哪一句？”肖华脱口而出：“革命理想高于天。”

一代人有一代人的长征，一代人有一代人的担当。不论是在革命、建设，还是改革开放时期，“革命理想高于天”的精神始终在中国共产党人身上绽放光彩。

> 一代人有一代人的长征，一代人有一代人的担当。不论是在革命、建设，还是改革开放时期，“革命理想高于天”的精神始终在中国共产党人身上绽放光彩。

1989年，黄文秀出生于广西田阳一个农民家庭，由于父母亲身体不好，家境贫寒，她在国家助学政策帮助下才完成了学业。父亲黄忠杰常对女儿说：“没有共产党，我们家不可能脱贫，不可能有今天的生活，一定要入党。”

2008年，黄文秀考上山西长治学院，入学军训刚结束，她就申请入党。她在入党申请书里写道："只有把个人的追求融入党的理想之中，理想才会更远大。我迫切要求加入中国共产党。""没有政府的扶贫资助，家里不可能供我来上大学。我选择读思政专业，选择加入党组织，是发自内心的。"2011年6月，品学兼优的黄文秀如愿加入中国共产党。

2016年，黄文秀北京师范大学硕士研究生毕业，没有留恋都市繁华，加入广西选调生队伍，回到生她养她的家乡，成为革命老区一名普通干部。毕业那天，她对导师说："我来自广西贫困山区，我要回去，把希望带给更多父老乡亲，为改变家乡贫穷落后面貌尽绵薄之力。"

心中有信仰，脚下有力量。2018年3月，她主动请缨，到乐业县偏远的百坭村担任驻村第一书记。

百坭村是一个深度贫困村，石山林立，山路陡峭，基础设施薄弱，全村11个自然屯散落在大山深处。

百坭村贫困户黄仕京问她："你是北京毕业的研究生，为什么到我们这么偏远的农村工作？"黄文秀说："这里是脱贫的主战场，我有什么理由不来呢？共产党是为群众谋幸福的党，我是一名党员，这是我的使命。"

黄文秀到了百坭村后，白天抓工作，晚上走访群众，用两个月时间遍访全村195户贫困户，绘制"贫困户分布图"，把每一户的住址、家庭情况、致贫原因等都详细标注出来。

她带领干部群众深入挖掘百坭村的资源优势，学经验、找路子，大力发展杉木、八角、砂糖橘、枇杷等特色种植产业，千方百计拓宽增收渠道。还把扶贫与扶志相结合，筹办百坭村幼儿园，搞乡风文明建设，开展文明家庭评比、村规民约吟诵活动。经过努力，百坭村贫困发生率从22.88%降至2.71%，88户418人顺利脱贫。

黄文秀驻村满一年的那天，她的汽车仪表盘里程数正好增加了两万五千公里。她在微信朋友圈写下一句话："我心中的长征，驻村一周年愉快。"

2019年6月16日，黄文秀因惦记百坭村的防汛抗洪工作和群众安危，在看望做完手术不久的父亲后，冒着暴雨连夜开车返回百坭村，途中遭遇山洪暴发，不幸牺牲。

从大山走出又回到大山，因为心中不变的理想信念，娇弱的农家女娃成为满腔赤诚的共产党员，成为冲锋在前的第一书记。黄文秀用青春扎根基层、把深情奉献乡土，用短暂而精彩的一生写下了对党和人民的忠诚。

一个国家、一个民族、一个政党，任何时候任何情况下都必须树立和坚持明确的理想信念。中国共产党人坚定理想信念，就是要把对马克思主义的信仰、对社会主义和共产主义的信念作为毕生追求，矢志不渝为共产主义远大理想和中国特色社会主义共同理想而奋斗。进入新时代，理想信念依然是中国共产党带领人民逢山开路、遇水架桥，克服一切困难，向实现“两个一百年”奋斗目标和中华民族伟大复兴中国梦迈进的强大精神支柱。

革命理想高于天。理想信念之火一经点燃，就永远不会熄灭。

从干部是决定因素到忠诚干净担当

李自强

回首近百年历程，中国共产党之所以能够始终保持强大创造力、凝聚力、战斗力，成为革命、建设、改革事业发展的中流砥柱，战胜各种艰难险阻、取得一个又一个胜利，一个十分重要的原因就在于高度重视培养造就能够担当重任的干部队伍。

1945年9月，为了保卫抗战胜利成果，壮大革命力量，中共中央作出战略决策："向北发展，向南防御"，决定成立中共中央东北局。

到年底，全国各解放区调往东北的部队达10.7万多人，干部约2万名，开始了"有党以来第一次大规模的军事调动"，毛泽东称之为"又一个几千里的长征"。参加过"七大"的77名中央委员，有21名在这个"长征"名单中，其中包括彭真、陈云等人。

"政治路线确定之后，干部就是决定的因素。"进入东北的干部大部分都是经过长期革命斗争考验，有着丰富的工作经验，又经过整风教育，是一支很强的战斗队伍。

元宝村，黑龙江省中南部的一个小山村。当年，村里很多人家只有一条裤子，谁出门谁穿，元宝村因此也被人称为光腚屯。

1946年5月4日，党中央发出《关于土地问题的指示》，揭开了解放区土地立法的序幕，为实现耕者有其田的土地革命指明了方向。东北解放区有1.2万名干部下乡开展土地改革，元宝村就是这场土改运动的第一村。

那年7月下旬的一天，以萧洪达为队长、周立波为副队长，由15名共产党员组成的工作队，来到了元宝村。此时的东北广大农村，很多群众还分不清国民党和共产党的区别，要发动群众，必须提高他们的政治觉悟，做好他们的思想工作。

萧洪达和周立波带领其他队员，针对元宝村的情况，举办积极分子训练班，到村民家里访贫问苦，给村民们讲道理，慢慢让他们懂得了只要团结起来，就一定能推翻旧社会、解放自己。

思想问题解决后，工作队又带领村民量土地、评等级、分青苗，把实实在在的利益带给群众。村民也终于发现，“共产党不是来征粮，而是要让老百姓吃饱肚子，搞土改来了”。1946年到1948年清明前，经过3次分地，元宝村的土改基本结束。

1947年10月，周立波以元宝村的土改经历为原型，创作了长篇小说《暴风骤雨》上卷。一年后，1948年12月，《暴风骤雨》下卷完成。

如暴风骤雨一般的土地改革，使无数忍饥挨饿的东北农民获得了土地、农具，还分到了牛马，实现了翻身解放。党的政策在干部们的努力下深入人心，党和群众迅速融在一起。

1957年10月，毛泽东在八届三中全会上指出：“我们各行各业的干部都要努力精通技术和业务，使自己成为内行，又红又专。”党的组织部门和政府有关部门统一调整、重点配备、大胆提拔、加快培养各方面干部，为大规模经济建设提供了干部支撑。

不论是革命、建设还是改革开放时期，激情燃烧的岁月里，无数党的干部出现在急难险重的岗位上，作为党联系群众最直接的纽带，让党的方针政策落地生根，推动社会主义事业一步一步向前发展。

不论是革命、建设还是改革开放时期，激情燃烧的岁月里，无数党的干部出现在急难险重的岗位上，作为党联系群众最直接的纽带，让党的方针政策落地生根，推动社会主义事业一步一步向前发展。

浙江衢州市区的一个老小区，88岁的谢高华住在这里。在他家中，悬挂着一幅他自己写的“信仰”二字。翻开谢高华的履历：龙游县、衢州市、义乌市、金华市。他说：“党指向哪里，我们就打到哪里。”

干部是块砖，哪里需要哪里搬。每到一个地方，谢高华都以全部的热情和精力投入当地发展中。20世纪70年代，他在衢县主持工作，带领干部群众建造水利设施、改造低产田，让衢县开始大踏步发展。

1982年，谢高华被组织调往相对落后的“小义乌”工作。他经过反复调研后，在县委会议上提出允许摊贩经营，并开放小商品市场。当时，“要改革”已经成为共识，但“如何改”“往哪改”有一个逐步认识和深化的过程。开放商品交易市场还没有先例，要冒一定风险。

符合中央精神原则，就去做！人民需要，就去做！1982年8月25日，义乌县委做出决定：开放位于义乌湖清门的小商品市场。随之，又制定“允许农民经商，允许长途贩运，允许开放城乡市场，允许多渠道竞争”的政策，激活了义乌市场经济的活力。几乎一夜之间，所有“地下”摊子都摆了出来，从城外摆到城内，一直摆到县委门口。

这是1986年9月建成开业的义乌第三代小商品市场。

时任福建省政和县县委书记廖俊波在县东涧花卉基地了解村民和返乡企业主种植花卉的情况。（新华社记者　魏培全　摄）

1983年，谢高华辗转找到省级银行，贷款57万建设摊棚式小商品市场，义乌小商品市场从此诞生，在全国抢占了商机。当年年底，市场摊户增加到1050个，日均交易人数为6000人，上市商品多达3000多种。

如今，这个既不沿海也无资源的农业小县，成为全球最大的小商品市场，也成为中国最富的地区之一。

1985年，谢高华又调回衢州。他提出上马83公里的“乌引工程”，为沿线50万居民和一大批工矿企业送去源源活水，也带领群众干出了“自力更生、艰苦奋斗、团结协作、无私奉献”的“乌引精神”。

既听党指挥，又充分发挥主观能动性，谢高华这块“砖”，不管被搬到哪里，都会以敢于改革创新的勇气和魄力夯出新局面。

什么样的干部是好干部？好干部的标准是具体的、历史的。革命战争年代，对党忠诚、英勇善战、不怕牺牲的干部，是好干部。社会主义革命和建设时期，懂政治、懂业务、又红又专的干部，是好干部。改革开放初期，拥护党的十一届三中全会确定的路线方针政策，有知识、懂专业、锐意改革的干部，就是好干部。

进入新时代，党和人民事业不断发展，需要适应“新的历史特点”的好干部。

2013年6月，习近平总书记在全国组织工作会议上指出：“好干部要做到信念坚定、为民服务、勤政务实、敢于担当、清正廉洁”。

2014年10月，习近平总书记要求党员干部“对党忠诚、个人干净、敢于担当”。

福建省政和县熊山街道渡头洋上河滨路3号的张承富老人家门口，贴着一副对联“当官能为民着想，凝聚民心国家强”，横批是“俊波您好”。

张承富年过七旬，家门口是一条河，附近住户一直筹划建一条栈道以便出行，但因资金问题迟迟不能解决。2015年5月，老人抱着试试看的想法找到时任政和县委书记廖俊波。廖俊波当场召集相关部门负责人研究，将修栈道列为民心工程。2016年6月，栈道修通，老人贴上这副对联，再也没有揭下。

政和，地处闽北山区，曾经交通闭塞、发展滞后，经济发展各项指标长期处于全省末位。在任政和县委书记期间，廖俊波提出，政和发展必须扬长避短，走特色化、差异化路子，在抓好现代农业的基础上，致力于突破工业、城市、旅游、回归等“四大经济”。他努力实践自己的誓言，以“背石头上山”的劲头带领干部群众开拓进取，使政和由“省末位”跨入增长速度“省十佳”，累计减贫3万多人。

廖俊波一身正气，为政清廉，带头坚持原则，秉公用权。在武夷新区，他曾公开说：“谁要是打着我的旗号搞工程，你们要马上拒绝，我没有这样的亲戚。”他时常叮嘱家人，要多付出、多奉献，不仅不能搞特殊，还要以更高的标准严格要求自己，踏实做事，干净做人。

火车跑得快，全靠车头带。好干部不管放在哪里，都是一台动力十足的“火车头”。拿口镇、荣华山、政和县、武夷新区……“把我放在哪里都是信任，让我做更多的事情就是重用”“打它个翻身仗，这是一件多么有意义的事啊！”廖俊波在每一个岗位上，都以为民的情怀、务实的干劲、担当的精神、清廉的作风诠释着对党的忠诚、对人民的热爱。

事业是靠人干出来的。回首近百年历程，中国共产党之所以能够始终保持强大创造力、凝聚力、战斗力，成为革命、建设、改革事业发展的中流砥柱，战胜各种艰难险阻、取得一个又一个胜利，一个十分重要的原因就在于高度重视培养造就能够担当重任的干部队伍。实现“两个一百年”奋斗目标、实现中华民族伟大复兴，关键在党，关键在人，归根到底还在培养造就一支忠诚干净担当的高素质干部队伍。

为政之要，唯在得人。选好干部，用好干部，中国共产党就会朝气蓬勃、生生不息，中国特色社会主义事业必将薪火相传、蒸蒸日上。

从五湖四海到聚天下英才

鲍 爽

人才是第一资源。古往今来，人才都是富国之本、兴邦大计。新中国70年的发展说明，干一番大事业，就要有聚天下英才而用之的眼界、魄力、气度。

1949年5月的一天，美国麻省理工学院教授钱学森收到香港大学心理学教授、中国科学工作者协会香港分会负责人曹日昌的来信，信中写道："北方工业主管人久仰您的大名，只因通讯不便，不能写信问候，特命我致意。如果您在美国的工作能够离开，很希望您能很快地回到国内来，在东北或华北领导航空工业的建立。"

早在1944年发表的《为人民服务》一文中，毛泽东就写道："我们都是来自五湖四海，为了一个共同的革命目标，走到一起来了。"五湖四海，是中国共产党人的胸襟和揽才之道，也是党团结带领人民不断推进革命、建设、改革事业的重要原则。

新中国成立前夕，毛泽东、周恩来等领导人就认识到，知识分子在未来新中国的经济建设和科学技术大发展中具有特别重要的地位。1949年12月6日，刚刚诞生的新中国成立了办理留学生回国事务委员会，在北京、广州、上海等地设立留学生回国招待所。12月18日，周恩来通过广播电台，诚邀在海外的留学生及学者回国参加新中国建设。

曹日昌的信送到钱学森手里，颇有些曲折。曹日昌与钱学森并不相识，也不知道他的通信地址。于是，曹日昌联系了芝加哥大学研究员葛庭燧，拜托他将信转交钱学森。葛庭燧转寄时附上了一封亲笔信："据弟悉，北方当局对于一切技术的建设极为虚心从事，在为人民大众服务的大前提下，一切是有绝对自由的。以吾兄在学术上造诣之深及在国际上的声誉，如肯毅然回国，则将影响一切中国留美人士，造成早日返国

1960年4月，钱学森在上海南汇探空火箭基地发动机实验现场。

2018年4月2日，6名外籍人士获颁外国人永久居留身份证，这将给他们出入境、在华生活和工作带来诸多便利。（新华社记者　凡军　摄）

致力建设之风气，其造福新中国者诚无限量。”

收到祖国的召唤，钱学森毫不犹豫地放弃优裕条件准备回国，却受到美国方面的阻挠。美国移民局抄了钱学森的家，在特米那岛上将他拘留了14天。随后，钱学森被软禁在家，不允许离开洛杉矶，每月还要接受移民局的传唤。

中国政府一直努力采取多种方式营救钱学森。1955年8月，中美两国在日内瓦举行大使级会谈，中方在会谈一开始就宣读了释放11名美国飞行员的声明，并就钱学森的归国问题提出交涉。在美方提出“没有证据表明旅居在美国的中国人想回去”时，中方代表拿出了关键证据——钱学森夫妇写在小香烟纸上、请求祖国帮助他早日回国的信。

迫于压力，美国政府不得不批准钱学森回国的要求。1955年10月8日，受国务院委托，中国科学院代表朱兆祥在罗湖桥深圳一侧接到了归来的钱学森。

世间一切事物中，人是第一个可宝贵的。在共产党领导下，只要有了人，什么人间奇迹也可以造出来。新中国成立之初，在党和国家的帮助、推动下，钱学森、钱三强、李四光、华罗庚等一批科学家冲破重重阻力，返回祖国参加建设。至1957年，2500多名留学生陆续回国，在极其艰难困苦的条件下呕心沥血、顽强奋斗，为新中国各项事业发展做出重大贡献。

改革开放以后，我们党认识到，中国要实现现代化，赶上世界先进水平，就必须依靠数以亿计的专门人才。1978年，在全国科学大会上，邓小平指出：我们向科学技术现代化进军，要有一支浩浩荡荡的工人阶级的又红又专的科学技术大军，要有一大批世界第一流的科学家、工程技术专家。2002年，党中央首次明确提出实施“人才强国战略”。2007年，党的十七大将人才强国战略写入党章。

人才队伍建设是一项复杂而艰巨的系统工程。中国航空航天人才的代际传承，正是改革开放后我国高度重视人才队伍建设、打造人才梯队的生动体现。

1994年初，长征三号甲火箭即将发射。虽然火箭已进入发射场，但设计人员仍在进行产品可靠性试验。发动机试车过程中，意外发现发动机的伺服机构工作不正常。距离发射仅有20多天，如果不能迅速查明原因，发射就会被推迟。

“一定要查出症结，决不能让长征三号甲火箭带着隐患上天。”负责火箭空气动力和热设计工作的岑拯带领型号队伍夜以继日开展测试、试验，查找根源。最终将问题锁定在伺服机构的油管上：天气太冷，油管被冻住了。赶在火箭发射点火前，岑拯成功破解难题，那年他才30岁。十年后，岑拯出任长征三号甲火箭总指挥，之后，被任命为绕月探测工程火箭系统总指挥。

中国航天史上，留美的钱学森被称为第一代；留苏的王永志是第二代；中国自己培养的戚发轫、黄春平是第三代；神舟五号成功后，第四代航天人全面接班。如今，在探月工程“两总”（总指挥、总设计师）队伍中，45岁以下中青年占比接近一半。

“把担子交给他们，我们这一代人很放心。”航天专家王永志说。

进入新时代，我们比历史上任何一个时期都更接近实现中华民族伟大复兴的宏伟目标，也比历史上任何时期都更加渴求人才。以习近平同志为核心的党中央高度重视人才和人才工作，坚持聚天下英才而用之，加快人才强国建设步伐，实行更加积极、更加开放、更加有效的人才政策，将国内外人才聚集到中国的建设事业中来。

进入新时代，我们比历史上任何一个时期都更接近实现中华民族伟大复兴的宏伟目标，也比历史上任何时期都更加渴求人才。

中国科学院国家天文台德国专家思博森精心保存着一张照片，这是2012年12月5日习近平总书记会见20位外国专家时与他的合影。

这位来自德国的天文学家，对研究超级计算机很感兴趣，然而这样的项目在德国得不到支持，人们认为已经有了常规计算机，不必再研发新型超级计算机了。在北京的一次会议上，思博森了解到，中国有机构正在进行超级计算机群的研究，双方一拍即合。

到中国后，思博森建立了一支致力于推进高效能超级计算机在天文学中应用的团队，团队成员五湖四海，分别来自德国、中国、乌克兰、意大利、澳大利亚，项目组的合作伙伴遍布世界各地。思博森给团队起了一个有浓郁中国风格的名字——“丝绸之路”，“19世纪70年代，‘丝绸之路’最初由德国地理学家命名，是中国和欧洲贸易往来的途径，也是文化交往的途径。我们的项目以‘丝绸之路’命名，因为这个项目是中国和欧洲学术交往的途径，我们希望秉承中西交流的传统”。

这支国际化团队取得了令人瞩目的成果，2014年4月22日，欧洲空间局宣布，“丝绸之路”项目组首次在普通星系中发现了互相绕转的超大质量双黑洞。这一发现为星系合并提供了重要证据，将帮助人类了解星系的演化历史。

“不拒众流，方为江海。”中国共产党包容开放的政策和海纳百川的气概，引燃了全球英才来华创新创业的持续热情。党的十八大以来至2017年底，来华工作的外国专家已达到334.6万人次。

人才是第一资源。古往今来，人才都是富国之本、兴邦大计。新中国70年的发展说明，干一番大事业，就要有聚天下英才而用之的眼界、魄力、气度。中国共产党正在团结带领全国人民创造着人类历史上从未有过的伟大事业，最需要这种眼界、魄力、气度。党的十九大报告提出，要坚持党管人才原则，聚天下英才而用之，加快建设人才强国。三句话环环相扣，融为一体：党始终把选人用人作为关系党和人民事业的关键性、根本性问题来抓；党要树立强烈的人才意识，寻觅人才求贤若渴，发现人才如获至宝，举荐人才不拘一格，使用人才各尽其能；党要更好地实施人才强国战略，努力建设一支能够站在世界科技前沿、勇于开拓创新的高素质人才队伍。

新中国成立70周年之际，国家主席习近平签署主席令，授予42人国家勋章、国家荣誉称号，于敏、孙家栋、袁隆平等多位科学家入选。尊重知识，尊重人才，70年始终不变。

从改造我们的学习到全党来一个大学习

管筱璞

我们的干部要上进，我们的党要上进，我们的国家要上进，我们的民族要上进，就必须大兴学习之风，坚持学习、学习、再学习，坚持实践、实践、再实践。

“我主张将我们全党的学习方法和学习制度改造一下。”1941年5月19日，毛泽东在延安高级干部会议上作了题为《改造我们的学习》的报告。

“中国共产党的二十年，就是马克思列宁主义的普遍真理和中国革命的具体实践日益结合的二十年。”毛泽东开宗明义点出了中国共产党所提倡学习的内容和方法：要使马克思列宁主义的理论和中国革命的实际运动结合起来，是为着解决中国革命的理论问题和策略问题而去从它找立场、找观点、找方法的。这种态度，就是有的放矢的态度，就是实事求是的态度。

一篇《改造我们的学习》，代表着中国共产党人理论联系实际的马克思主义学风。

“三边有三宝：食盐、皮毛和甘草。”运盐、卖盐、用盐交换外货是陕甘宁边区政府财政收入的重要来源。为了打破国民党的经济封锁，1941年5月，边区政府作出动员边区人民运销六十万驮食盐的决定。个别干部心怀疑虑，认为用牲口长途运盐得不偿失，工作进展迟滞。

没有调查就没有发言权。为了解运盐情况，以便制定相应政策，毛泽东让西北局的同志写一份关于运盐的调查报告。8月13日，在边区政府工作的高克林找到刚从定边县盐池运盐归来的城关区副区长鲁忠才等三人，了解他们带队运盐的具体情况。经过算账，他们发现：一只能驮150斤盐的毛驴，运一趟可赚115元；好驴赚得多，弱驴赚得少。这一结论证明边区政府的运盐计划、估计、办法是完全正确的。

高克林根据记录整理了运盐过程、沿途困难、经验教训等七方面情况，形成调查报告，送往延安。毛泽东看到这份不足3000字的报告后高度评价："我们需要的是这类东西，而不是那些千篇一律的'夸夸其谈'，而不是那些党八股。"他将其定名为《鲁忠才长征记》，并附上按语交《解放日报》发表。

从延安时期开始，全党学习风气的大改变，大大提升了党员干部的理论水平和基本素质，推动党达到空前的统一和团结。

随着全国革命的胜利，党的主要任务转变为全面管理和领导建设新国家。1949年3月，党的七届二中全会上，毛泽东强调：面临新的任务和考验，全党必须努力和善于学习，"如果我们在生产工作上无知，不能很快地学会生产工作，不能使生产事业尽可能迅速地恢复和发展，获得确实的成绩"，"那我们就不能维持政权，我们就会站不住脚，我们就会要失败"。

在每一个重大转折时期，面对新形势新任务，我们党总是号召全党同志加强学习；而每一次学习，又极大地统一了全党的思想，推动党和人民事业实现大发展大进步。

1978年12月24日，《人民日报》刊发十一届三中全会公报，同时刊发的评论员文章《伟大转变和重新学习》中提出："四个现代化，是一场根本改变我国经济和技术落后面貌的伟大革命。这场大革命，既要大幅度地改变目前落后的生产力，也就必然要多方面地改变生产关系，改变上层建筑，改变社会结构，改变工农业企业的管理方式和国家的管理方式，改变人们的活动方式和思想方式。而这一切，对我们来说，完全是新东西，需要重新学习。"

学什么？文章提出，在学习马列主义毛泽东思想的同时，广大党员干部还需要抓经济理论、科学技术和管理三方面的学习。

1994年，苏州城东还是一片遍布茭白、菱藕的水洼地。当年2月26日，中国和新加坡签署合作开发建设苏州工业园区的协议，这里成为学习借鉴新加坡经验的试验田。

从填进第一方土、打下第一根桩起，园区就开始向新加坡虚心取经。4月20日，苏州向新加坡派出首批10名学员，学习城市规划管理。与此同时，中新两国的规划专家组划着小船在园区实地勘察。在新加坡专家建议下，园区整体平均垫高95厘米，达到可抵御百年一遇洪水的防汛标准。1999年，苏州城普降大雨，唯一没有被淹的就是园区。今天，在园区规划展示馆陈列着两张规划图，一张是1994年编制园区总体规划时设计师手绘

“在革命中学习革命，在建设中学习建设，在改革中学习改革，在开放中学习开放，学习在我们党发展壮大的重要历史关口，发挥了不可替代的作用。”

延安时期，八路军指战员认真学习马列主义理论。

2019年春节期间，读者在中国国家图书馆阅读大厅内看书学习。（陈晓根　摄）

的金鸡湖远景图，一张是2014年园区建成后的实景图。两者相似度高达90%，诠释了什么叫“一张蓝图绘到底”。

园区管委会原副主任潘云官回忆这段历史，用了“革命”二字：学习带来了一场思想观念革命。从管理衙门到服务窗口的地位转变，从管理者到服务员的角色转变，园区摒弃政府部门朝南坐的积弊，从帮助投资者获得满意的回报出发，打造符合国际商务活动的通行规则。2018年，在国家级经济开发区综合发展水平考核中，苏州工业园区位列全国第一。

在革命中学习革命，在建设中学习建设，在改革中学习改革，在开放中学习开放，学习在我们党发展壮大的重要历史关口，发挥了不可替代的作用。

进入新时代，中国处在“富起来”向“强起来”发展的关键阶段，只有始终保持本领不够的危机感、加强学习的紧迫感，才能提高党把方向、谋大局、定政策、促改革的能力和定力，始终成为最强有力的领导核心。从党的群众路线教育实践活动到“三严三实”专题教育，从“两学一做”学习教育及其常态化制度化到“不忘初心、牢记使命”主题教育，党中央一鼓作气抓教育，推动全党学习不断深入、形成常态。

十九大报告提出，建设马克思主义学习型政党，推动建设学习大国。十九大闭幕后第三天，十九届中央政治局首次集体学习，习近平总书记向全党发出号召：“贯彻落实党的十九大精神，在新时代坚持和发展中国特色社会主义，要求全党来一个大学习。”

“学而时习之，不亦说乎。”随着一滴水落下激起层层涟漪，手机屏幕上一句古训映入眼帘——2019年初，这个叫“学习强国”的学习平台“火”了，超过1.3亿用户主动学习、积极打卡。

打开“学习强国”客户端，既有习近平总书记最新讲话、活动的报道与解读，也有围绕中国梦、中国精神等数十个主题的习近平总书记论述摘编，还有中央最新重要会议和文件精神解读。这里，是学习交流习近平新时代中国特色社会主义思想的园地。

开国大典的礼炮为什么要鸣放28响？上海解放初期为什么会发生“米棉之战”？第一个“五年计划”是如何制定的？通过“视听学习”板块收录的《开国大典》《新中国1949》等纪录片，这些问题全能找到答案。央视热播的大型文献专题片《我们走在大路上》，也在“学习强国”同步更新。

这是一个慕课平台，集纳来自国家图书馆、清华大学、北京大学、武汉大学等单位和高校的近200种课程，涵盖了政治经济、理工农医、人文哲学等领域。“国图公开课”中，《怎样认识故宫》《丝绸之路与丝路之绸》《玩出来的智慧——人类思维的三次飞跃》最受欢迎。“每日金句”“每日评论”“每日科技名词”等栏目，内容短小精炼，便于用户利用碎片时间学习。

把党的创新理论成果搬到线上，“学习强国”让学习有组织、有管理、有指导、有服务，更多样、更个性、更智能、更便捷。

“我们好多同志总以为只要一天到晚不停地工作，就算尽了我们对党的全部责任，这种想法是很不全面的。”陈云在《学习是共产党员的责任》一文中指出：“一天到晚工作而不读书，不把工作和学习联系起来，工作的意义就不完整，工作也不能得到不断改进。”

今天，学习正在成为共产党人的一种追求、一种爱好、一种健康的生活方式。

好学才能上进。我们的干部要上进，我们的党要上进，我们的国家要上进，我们的民族要上进，就必须大兴学习之风，坚持学习、学习、再学习，坚持实践、实践、再实践。我们党之所以能从小到大、由弱到强，学习是一个重要原因。越是关键节点，越强调加强学习，这是党的优良传统，也是强大的政治优势。理论创新每前进一步，理论武装就要跟进一步。新时代，必须深入学习习近平新时代中国特色社会主义思想，用以武装全党、教育人民，凝聚起全民族奋进向上的力量。

中国共产党人依靠学习走到今天，也必然要依靠学习走向未来。

从“两个务必”到全面从严治党

韩亚栋　李　鹃

进入新时代，以习近平同志为核心的党中央站在党和国家事业发展全局高度，坚持打铁必须自身硬，强调办好中国的事情关键在党，关键在坚持党要管党、全面从严治党。

1949年3月，革命即将取得全国胜利，党的七届二中全会在西柏坡召开。进入繁华城市、执掌全国政权的历史条件下，如何始终保持党的先进性和纯洁性？毛泽东鲜明提出："务必使同志们继续地保持谦虚、谨慎、不骄、不躁的作风，务必使同志们继续地保持艰苦奋斗的作风。"这实际上为在全国执政后党的建设指明了方向。

“两个务必”提出两个月后，人民解放军上海警备区三营八连进驻上海，执勤于繁华的南京路。

一些人预言，上海是个大染缸，共产党的军队红着进去，不出三个月就会黑着出来。在灯红酒绿的闹市中，八连官兵们克勤克俭、坚守初心。他们住在旧仓库里，睡地铺，穿粗布衣服和老布袜子，人人三件宝：草鞋、自糊信封和针线包。连队和各班排自备“三箱”：修理箱、木工箱和理发箱。战士们自己动手缝补衣服鞋袜，修理桌椅板凳，互相理发，把节约下来的衣服和钱捐献给灾区人民。从“南京路上好八连”身上，上海人民看到了共产党和人民军队全心全意为人民服务和艰苦奋斗的本色。

然而，也有一些党员干部在“糖衣炮弹”面前打了败仗、当了俘虏。

宋德贵，原公安部行政处处长。1935年加入红军，1936年入党，战争年代曾出生入死，立下战功。1951年，宋德贵被派往东北采购木材，结识了天津东华货栈经理赵溪桥。赵溪桥抓住宋德贵“花钱大方，喜好奉承”的弱点，每天请他下馆子，经常送钱送礼。他们在东北住最好的旅馆，在北京吃最好的饭馆。单请宋德贵吃饭一项，赵溪桥就花费1.6万元。宋德贵腐化后，与奸商勾结，大肆贪污、盗窃国家资财，被判处死刑。

面对这一腐化典型，时任公安部部长罗瑞卿在公安部大会上说，“我们内部如果有很多像宋德贵等这样的共产党员，还得了吗？如果这样，我们就有亡党的危险”。

能否清除侵蚀党的健康肌体的病毒，关乎党能否巩固执政地位、经受执政考验。新中国成立后，我们党成立中央和各级纪律检查委员会，发起“三反”“五反”运动，处决刘青山、张子善等一批特大贪污犯，开展整风、整党，加强思想建设、组织建设和作风建设，用事实作出回答。

总结历史经验，1962年11月29日，邓小平在接见参加组织工作会议和全国监察工作会议人员时明确提出，“党要管党，一管党员，二管干部。对执政党来说，党要管党，最关键的是干部问题，因为许多党员都在当大大小小的干部”。

十一届三中全会后，面对新形势、新任务，中国共产党人保持清醒头脑，深入思考长期执政中如何管党治党问题，作出“执政党的党风问题是有关党的生死存亡的问题”重大论断，把端正党风、严肃党纪作为加强执政党建设的头等大事。

丰泽园，20世纪七八十年代北京有名的高级饭庄。这里一度常有“特殊宾客”光顾，一顿饭菜几十元，而他们只付一二元，名为“吃客饭”，实为搞特权。其中一位，是时任商业部部长王磊。对这些“特殊宾客”，饭庄职工表面不敢吭声，背地里却常议论。

陈爱武，丰泽园饭庄青年厨师，全国劳动模范、新长征突击手。为了“吃客饭”的事，他先后反映到饭庄党支部、北京市服务局，都得不到解决。怎么办？他一封举报信寄到了中央纪委。

中央纪委立即派人调查，情况属实，随即向全党发出通报。通报批评商业部部长王磊在饭店吃喝不照付费用，对陈爱武同不正之风进行斗争的精神予以赞扬，责成有关部门整改。商业部党组就商业系统存在的特权思想进行检查，部长王磊写了书面检查，检讨自己的特权思想和错误行为。《中国青年报》《人民日报》相继进行了报道。

面对改革开放以后消极腐败现象在一些地方和领域滋生蔓延等问题，我们党坚持加强和改善党的领导，坚持党要管党、从严治党，积极应对在长期执政和改革开放条件下面临的各种风险考验，将一手抓改革发展、一手抓惩治腐败贯穿改革开放全过程。

此事在高级干部中引起不小震动，有的认为处理过重。对此，时任中央纪委常务书记的黄克诚在列席中央书记处会议时严肃地说：“现在老百姓对领导干部搞特殊不满，不就是因为领导干部不自觉、搞特殊化吗？难道就不能批评了，不能见报了？有什么不得了？舆论监督，听听老百姓的声音有什么不好？”

2014年12月，习近平总书记在江苏省调研时，提出“全面从严治党”。调研期间，老党员崔荣海握着总书记的手说：“你是腐败分子的克星，全国人民的福星！”（该图片在“伟大的变革——庆祝改革开放40周年大型展览”中展示）（庄志阳　摄）

面对改革开放以后消极腐败现象在一些地方和领域滋生蔓延等问题，我们党坚持加强和改善党的领导，坚持党要管党、从严治党，积极应对在长期执政和改革开放条件下面临的各种风险考验，将一手抓改革发展、一手抓惩治腐败贯穿改革开放全过程。1992年10月，十四大党章首次将“从严治党”写入总纲，“从严治党”正式成为管党治党的总遵循和根本原则。

进入新时代，以习近平同志为核心的党中央站在党和国家事业发展全局高度，坚持打铁必须自身硬，强调办好中国的事情关键在党，关键在坚持党要管党、全面从严治党。2014年12月13日至14日，习近平总书记在江苏调研，第一次提出“全面从严治党”，并将其提升到战略高度，与全面建成小康社会、全面深化改革、全面依法治国并列提出，形成“四个全面”战略布局。战略引领征程。党的十八大以来，我们党不断深化对管党治党规律的认识，不断创造新的经验，全面从严治党成效卓著。

“有了全面从严治党，我们才起死回生！”吉林省四平市科学技术研究院的老员工，这样谈起科研院几年来的生死起伏。

科研院曾是四平市效益最好的生产性事业单位，很多人挤破头想进去。然而自

1998年起，先后两任院长肆无忌惮的贪腐行为，带坏了全院风气。23名中层以上干部22人先后“沦陷”，职工盗窃成风，偷原料、偷产品、偷工具。领导贪腐、家底败光、歪风盛行、人心涣散，科研院最终陷入长期停产停工、负债8000余万元的境地。员工大规模集体上访，甚至有党龄20年的老党员因太失望而提出退党。“如果没有全面从严治党的大环境，科研院就彻底完了！”时任四平市委常委、副市长徐绍刚回忆说。

党的十八大后，雷霆万钧的全面从严治党之势下，科研院的“污染源”被全面铲除：2016年5月，已调离两年的原院长董卫东接受审查；8月，原院长程晓民受到留党察看、撤职处分，科研院原班子除一人外全部撤职，所有中层干部全部撤职；9月，科技局原局长调离、驻局纪检组长被勒令辞职。

不正之风和腐败问题只是表，党的观念淡漠，党的领导虚化、弱化，党的建设缺失，组织涣散、纪律松弛才是里。科研院新班子认识到，肃贪反腐只是“止损”，关键还得“立”，得把企业救活，让职工重新过上好日子。

加强党对科研院的全面领导，重拾群众信任、改变干部职工精神状态，精简机构、选举各部门负责人和职工监督员，调研市场、修复设备、谋划恢复生产，一系列正本清源之举下，科研院再现干事创业的清正风气。2016年，停产三年的科研院重新开工。曾经的上访带头人于飞为了给院里节省2000块钱，58岁仍爬到车间房顶维修电路；年届六十、即将退休的刘伟亭，一头扎进生产车间搞技术革新；曾提出退党的常文，不但主动交纳党费，还时时关心企业生产。领导带头、党员争先、职工奋发，科研院迈开了凤凰涅槃的脚步。

全面从严治党为党和国家事业发展提供了坚强政治保证，赢得人民群众衷心信任和拥护。“越到基层、越到群众中间，对这一点体会得越深。全面从严治党，真的一点都不能退、一点都不能松！”徐绍刚说出了科研院干部职工的共同体会。

全面从严治党是一场自我革命。党的十八大以来，以习近平同志为核心的党中央把全面从严治党摆上战略布局，坚持思想建党和制度治党相统一，坚持使命引领和问题导向相统一，坚持抓“关键少数”和管“绝大多数”相统一，坚持行使权力和担当责任相统一，坚持严格管理和关心信任相统一，坚持党内监督和群众监督相统一，推动破解了许多长期想解决而没有解决的难题，办成了许多过去想办而没有办成的大事，解决了党和国家事业发展带有全局性、根本性、方向性的问题，党在革命性锻造中更加坚强，焕发出新的强大生机活力。

“在全面从严治党这个问题上，我们不能有差不多了，该松口气、歇歇脚的想法，不能有打好一仗就一劳永逸的想法，不能有初见成效就见好就收的想法。”党的十九大后，习近平总书记回应党内和群众期盼，要求深刻认识党面临的“四大考验”的长期性和复杂性，深刻认识党面临的“四种危险”的尖锐性和严峻性，坚持问题导向，保持战略定力，推动全面从严治党向纵深发展。

勇于自我革命、从严管党治党，是我们党最鲜明的品格。在领导中国革命、建设、改革的九十多年奋斗历程中，我们党为什么能够在各种政治力量反复较量中脱颖而出？为什么能够始终走在时代前列、成为中国人民和中华民族的主心骨？根本原因就在于我们党始终保持了自我革命精神，一次次拿起手术刀来革除自身病症，一次次靠自己解决了自身问题。

全面从严治党永远在路上。中国革命胜利时，党中央向领导干部提出三点要求，一是时刻不能脱离群众、自觉接受人民监督，二是永远不能骄傲自满、始终艰苦奋斗，三是时刻防范糖衣炮弹、永葆政治本色。这三点，没有过时。

图书在版编目（CIP）数据

礼赞70年：从站起来、富起来到强起来/中国纪检监察报社中央纪委国家监委网站著．—北京：中国方正出版社，2019.10

ISBN 978-7-5174-0742-3

Ⅰ.①礼…　Ⅱ.①中…　Ⅲ.①社会主义建设成就—中国　Ⅳ.①D619

中国版本图书馆CIP数据核字（2019）第227143号

礼赞70年

——从站起来、富起来到强起来

LIZAN 70 NIAN：CONG ZHANQILAI FUQILAI DAO QIANGQILAI

中国纪检监察报社　中央纪委国家监委网站　**著**

责任编辑： 陶　莹

责任校对： 李兴格

出版发行： 中国方正出版社

（北京市西城区广安门南街甲2号　邮编：100053）

编辑部：（010）59594615　发行部：（010）66560950

出版部：（010）59594625　门市部：（010）66562733

邮购部：（010）66560933

网　址：www.lianzheng.com.cn

经　　销： 新华书店

印　　刷： 北京新华印刷有限公司

开　　本： 787毫米×1092毫米　1/16

印　　张： 17

字　　数： 345千字

版　　次： 2019年11月第1版　2019年11月北京第1次印刷

ISBN 978-7-5174-0742-3　　定价：59.00元